cursodeespañol

esespañol 1
beginnerlevel

libro del alumno
student's book

esespañol 1
beginnerlevel

libro del alumno
student's book

DIRECCIÓN LINGÜÍSTICA
Santiago Alcoba
de la Universidad Autónoma de Barcelona

ASESORÍA LINGÜÍSTICA Y METODOLÓGICA
José Gómez Asencio y Julio Borrego Nieto
de la Universidad de Salamanca

DIRECCIÓN EDITORIAL
Pilar Cortés

COORDINACIÓN EDITORIAL
Alegría Gallardo

EDICIÓN
Ana Prado

ASESORÍA LINGÜÍSTICA Y METODOLÓGICA
José Gómez Asencio y Julio Borrego Nieto
Universidad de Salamanca

CONSULTORÍA DIDÁCTICA Y CURRICULAR
Rafael Sánchez Sarmiento
Instituto Cervantes

DESARROLLO DE PROYECTO: MIZAR MULTIMEDIA, S. L.
DIRECCIÓN EJECUTIVA
José Manuel Pérez Tornero
Universidad Autónoma de Barcelona

DIRECTORA DE PLANIFICACIÓN Y COORDINACIÓN
Claudia Guzmán Uribe

DIRECCIÓN LINGÜÍSTICA Y DIDÁCTICA
Santiago Alcoba
Universidad Autónoma de Barcelona

DIRECCIÓN DE CONTENIDOS
José M.ª Perceval

EDITOR LINGÜÍSTICO
Agustín Iruela

COORDINACIÓN LINGÜÍSTICA
Nuria Soriano Cos

EQUIPO LINGÜÍSTICO
Carmen Carbó, Marta Inglés y Ana Irene García

EDITOR DE CONTENIDOS
Diego Blasco

MAQUETACIÓN
Borja Ruiz de la Torre

AYUDANTES DE MAQUETACIÓN
Lidia Bria y Meritxell Carceller

ILUSTRACIONES
Gumersindo Reina Lara y Valentín Ramón Menéndez

INVESTIGACIÓN Y CONTROL DE CALIDAD
Juan Manuel Matos López

DOCUMENTACIÓN GRÁFICA
Mizar Multimedia, S. L.

DISEÑO INTERIOR Y DE CUBIERTA
Tasmanias, S. A.

Este método se ha realizado de acuerdo con el Plan Curricular del Instituto Cervantes, en virtud del Convenio suscrito el 25 de abril de 2001

Cuarta edición: octubre, 2007

DEPÓSITO LEGAL: M. 46.220-2007
ISBN: 978-84-239-2915-3

Impreso en España / Printed in Spain
Impresión: Fernández Ciudad, S. L.

EDITORIAL ESPASA CALPE, S. A.
Complejo Ática, Edificio 4
Vía de las Dos Castillas, 33
28224 Pozuelo de Alarcón (Madrid)

INDEX

Introduction 7

Contents 10

Part 1 15
- Lesson 1: Hello friends! 17
- Lesson 2: To be or not to be, what a question! 31
- Lesson 3: Friends forever 45
- Evaluation of part 1 59

Part 2 61
- Lesson 4: Home sweet home! 63
- Lesson 5: The global village. Be a part of it! 77
- Lesson 6: Going shopping! 91
- Evaluation of part 2 105

Part 3 107
- Lesson 7: Wake up, wake up. Days and times. 109
- Lesson 8: And what do you think? 123
- Lesson 9: A gathering of friends 137
- Evaluation of part 3 151

Part 4 153
- Lesson 10: Do you want to get to know our friends a little better? 155
- Lesson 11: Experiences and memories 169
- Lesson 12: Julián is going on vacation 183
- Evaluation of part 4 197

Visual dictionary 199

Grammar appendix 207

Tapescripts 243

Answer key 255

Bienvenido al mundo del español

Welcome to the world of Spanish

¡Hola! Con este libro vas a aprender español. Solo o con ayuda del profesor, pero siempre divirtiéndote. Eso esperamos y deseamos. ¡Bienvenido!

Hello! You're going to learn Spanish with this book. Alone or with a teacher, you're sure to have fun. We certainly hope so. Welcome!

Presentación
Introduction

Es español 1 will help you reach levels A1 and A2 of the *European Framework.*

In this book you'll find activities, readings, listenings, and enough vocabulary and grammar resources for you to understand and express basic concepts in Spanish. You'll be able to communicate with others in daily situations and express your feelings and opinions.

This book is made up of ***12 lessons***, which are divided into ***four parts***. In each lesson, you'll find exercises and activities organized into the following sections:

En portada (Headlines) presents the topic. In ***En esta lección vas a aprender*** (In this lesson you'll learn), you will find the characters, the situation and the main communicative objectives of the lesson. Always take a look at it before beginning the lesson.

In ***Escenas*** (Scenes), you'll practice communicative functions. The activities are generally based on oral comprehension. This means that you'll listen to the tape or CD when indicated and read the tapescript found in the Appendix whenever you think is best: before or after listening.

In ***Primer plano*** (First Look), you'll find and practice the vocabulary and grammar found in the previous section.

In ***Recursos*** (Resources), you can study the main grammatical and functional content of each lesson. You can go to this section whenever you want: before beginning a lesson or activity, or to remind yourself of the content after finishing a lesson. The symbol (§), which you'll find at several points in this section, indicates that you can learn even more about the grammar point through the detailed explanations found in the **Grammar Appendix** at the end of the book.

In ***La lengua es un juego*** (Language is a game), we offer you a relaxed, fun way to review grammar or vocabulary from the lesson.

In ***La lengua es un mundo*** (Language is a world), you'll have the opportunity to learn about the different cultures in the Spanish-speaking world and compare them to your own culture.

Encontrarás actividades, lecturas, audios y suficientes recursos para comprender y expresar lo esencial en español.

You'll find activities, readings, listenings, and enough vocabulary and grammar resources for you to understand and express basic concepts in Spanish.

In the section ***Evaluación*** (Evaluation), you will find exercises which will help you keep track of your progress in learning Spanish. You should go to the ***Evaluación del bloque*** (Evaluation of the part) every three lessons for a more comprehensive evaluation. In this evaluation, there are two parts: ***Así puedes aprender*** (This is how you can learn) and ***Reflexión*** (Thinking it over), which will help you improve the way you learn Spanish.

Apéndice gramatical (Grammar appendix)

In this section you'll find all the resources you need to complete the activities, with clear and detailed explanations.

Léxico en imágenes (Visual dictionary)

This is an opportunity for you to visually review and learn some of the vocabulary in the book, organized according to subject area.

Icons

Next to the activities, you will find a series of **icons** that offer you useful information or recommendations:

 Indicates that there is a listening which corresponds to the activity.

 Recommends that you use a dictionary.

 Suggests similar activities found in the resource and activity book.

Establece tu propio itinerario de aprendizaje, a tu medida y en función de tu tiempo, o déjate conducir por tu profesor.

Set your own learning goals according to the time you can spend, or let yourself be guided by a teacher.

Methodology

If you are studying in a group with a teacher

Let the teacher guide you: follow his recommendations and the sequence of activities he suggests.

If you are studying alone

Remember that the book offers you a wide variety of topics and situations that you can relate with your personal experiences and interests.

In order to progress, follow the order of the lesson. Begin with the activities that you find the easiest and continue with those that you find more difficult. Set your own learning goals according to the time you can spend. Review the activities periodically: listenings, readings, transcripts, resources, appendices, etc. Look for the answers to the activities in the **Answer Key**, but don't check the answers before making an effort to answer the questions yourself. Remember that you shouldn't be afraid of being wrong; you can only learn a language by making mistakes and correcting them slowly but surely. If you need more activities, remember that there is a **Resource and Activity Book**, which is a valuable companion to this book.

What ***Es español*** recommends is that you organize your own learning according to your needs and situation. Feel free to go from part to part as you wish. For instance, you can read the **Resources** section and the **Grammar Appendix** before, while or after doing the activities in a lesson. There are many possible learning styles. You can be sure that the method you hold in your hands has enough supportive structure to allow you many possibilities to organize your own learning.

To learn more and more quickly

Then, this is your book, and you'll find it's a dependable tool to help you learn Spanish. ***Es español*** also offers you more learning opportunities which will help you progress more quickly and easily. These are the possibilities available to you:

2 videotapes which include 13 programs that reinforces each lesson in the book. In these videos you'll find an entertaining soap opera, documentaries on daily life and learning activities.

2 totally interactive ***CD-ROMs*** with new activities, resources, grammar, vocabulary, expressions, listening, and videos.

Supplementary materials
Two collections to complete your learning: *"Es para leer"* (graded readers), and *"El español es fácil"* (exercises on theme-based linguistic resources).

Dictionaries
A complete collection of multilingual dictionaries, or monolingual Spanish dictionaries.

A web site (www.esespasa.com)
Used to practice, make contacts and friends, find out about reality and current events in the Spanish-speaking world, and have fun — play and make progress in your Spanish!

Es español **te ofrece más oportunidades de aprendizaje para avanzar más rápido y con más facilidad.**

Es español **also offers you more learning opportunities which will help you progress more quickly and easily.**

Relating to others

Lesson 1

TOPICS AND SITUATIONS	COMMUNICATIVE FUNCTIONS	GRAMMAR	VOCABULARY
Making contact with the language and your classmates	• Greeting and saying good-bye. • Introducing oneself and others. • Asking one's name, nationality and age. • Spelling.	• Question words: **dónde**, **de dónde**, **cuántos** y **cómo** • Noun gender. • The verbs **llamarse**, **ser**, **tener** and **vivir** in the singular forms **yo**, **tú**, **usted**, **él** and **ella**.	• Words found in different languages. • The alphabet. • Nationalities and countries. • Numbers (1-100).

Lesson 2

TOPICS AND SITUATIONS	COMMUNICATIVE FUNCTIONS	GRAMMAR	VOCABULARY
Identifying people	• Controlling communication. • Asking and saying one's profession. • Physically describing a person. • Identifying a person within a group.	• Gender and number agreement in adjectives. • Possessive adjectives **mi**, **tu** y **su**.	• Main parts of the body. • Physical descriptions. • The family. • First and last names. • Jobs.

Lesson 3

TOPICS AND SITUATIONS	COMMUNICATIVE FUNCTIONS	GRAMMAR	VOCABULARY
Activities and hobbies	• Talking about hobbies. • Expressing intentions and goals.	• Regular verbs in present tense. • Irregular present tense of **estar**, **ser** and **ir**. • Irregular present tense of : **u→ue** (**jugar→juego**). • Stressed personal pronouns: **nosotros**, **vosotros**, **ellos**. • The expression **para** + **infinitivo**. • Sentence order. • The adjectives posesives: posesivos **nuestro**, **vuestro** and **su**.	• Hobbies and sports. • Daily activities.

EVALUATION OF PART 1

About your surroundings

Lesson 4

COMMUNICATIVE FUNCTIONS	GRAMMAR	VOCABULARY	TOPICS AND SITUATIONS
• Finding things indoors. • Describing parts of a house.	• Possessive adjectives and pronouns, stressed forms. • The difference between **hay** and **está(n)**. • Definite and indefinite articles. • The irregular present **o→ue**. • Quantifiers (**demasiado, mucho, bastante, poco**,...). • Adjectives that don't vary according to gender.	• Furniture, household, office and classroom objects. • Parts of a house.	Your house

Lesson 5

COMMUNICATIVE FUNCTIONS	GRAMMAR	VOCABULARY	TOPICS AND SITUATIONS
• Asking for and giving directions. • Finding things outside. • Ordering in a restaurant.	• Demonstrative adjectives and pronouns. • The irregular present **e→ie**. • Adverbs of place: **aquí, ahí, allí**. • Ordinal numbers.	• Neighborhood and city. • Food and menus.	The neighborhood and food

Lesson 6

COMMUNICATIVE FUNCTIONS	GRAMMAR	VOCABULARY	TOPICS AND SITUATIONS
• Asking how much things cost. • Describing objects.	• Direct object pronouns. • The use of **qué** and **cuál**. • Most frequent comparatives. • Most frequent superlatives.	• Colors. • Clothes. • Types of stores and departments in a supermarket. • Numbers (**100**...). • Money and currencies. • Packaging, weights and measures.	Going shopping

EVALUATION OF PART 2

Bloquetres3
Partthree3

Relating to reality

Lesson 7

TOPICS AND SITUATIONS	COMMUNICATIVE FUNCTIONS	GRAMMAR	VOCABULARY
Daily activities	• Asking for and giving the time. • Talking about public and private schedules. • Expressing daily routines. • Comparing actions.	• The irregular present **e→i**. • The irregular present: first person ending in **-go**. • The expression **estar** + **gerundio**. • Reflexive verbs. • The difference between **lavar** (to wash) and **lavarse** (to wash oneself), **costar** (to put to bed) and **acostarse** (to go to bed), etc. • Time references (**por la mañana**, **por la tarde**, and **el fin de semana**,...). • Frequency adverbs (**normalmente**, **a veces**, **casi nunca**,...).	• Days of the week. • Daily habits.

Lesson 8

TOPICS AND SITUATIONS	COMMUNICATIVE FUNCTIONS	GRAMMAR	VOCABULARY
Entertainment	• Expressing likes and dislikes, emotions and opinions. • Expressing physical sensations and pain. • Expressing agreement and disagreement.	• Constructions with the pronouns (**a mí me gusta**, **a mí me duele**,...). • The difference between **ser** and **estar**. • The present perfect. • The use of **ya** and **todavía no**.	• Free time and entertainment. • Parts of the body.

Lesson 9

TOPICS AND SITUATIONS	COMMUNICATIVE FUNCTIONS	GRAMMAR	VOCABULARY
Relationships	• Expressing and asking if something is an obligation or a possibility. • Accepting and rejecting offers. • Asking permission and asking for objects. • Offering or asking for help, accepting it or rejecting it. • How to give thanks. • Asking for forgiveness. • Offering congratulations. • Differences between **tú** and **usted**.	• Verb constructions: **hay que** + **infinitivo**, **tener que** + **infinitivo**, **se puede** + **infinitivo**,... • The imperative. • Pronoun placement. • Double pronouns. • Conditionals.	• Meetings and get-togethers.

EVALUATION OF PART 3

Relating to time

Lesson 10

COMMUNICATIVE FUNCTIONS	GRAMMAR	VOCABULARY	TOPICS AND SITUATIONS
• Referring to actions in the past. • Explaining past lives and past experiences. • Expressing knowledge and lack of knowledge. • Expressing probability.	• Simple past. • Time markers (**ayer**, **el otro día**, **el año pasado**, **en abril**, etc.). • Contrasting the present perfect and the simple past.	• Months of the year.	Actions in the past and biographies

Lesson 11

COMMUNICATIVE FUNCTIONS	GRAMMAR	VOCABULARY	TOPICS AND SITUATIONS
• Referring to past events and circumstances. • Relating events in the past. • Reacting to a story. • Talking about the weather.	• The "used to" form of the verb or past continuous. • Contrasting the "used to" form of the verb with the simple past and present perfect. • Putting a story in sequence (**primero**, **después de**, **luego** and **al final**). • The use of **algo**, **nada**, **alguien**, **nadie**, **alguno** and **ninguno**.	• The weather.	Experiences and memories

Lesson 12

COMMUNICATIVE FUNCTIONS	GRAMMAR	VOCABULARY	TOPICS AND SITUATIONS
• Talking about future plans. • Referring to plans and projects. • Making appointments. • Suggesting activities and reacting when activities are suggested. • Talking on the phone. • Locating things in space.	• Verb forms that refer to the future (**ir a** + **infinitivo**, **querer** + **infinitivo** and **pensar** + **infinitivo**). • Future time markers (**mañana**, **pasado mañana**, **el próximo verano**, etc.). • Using the present to refer to future events. • Verbs used with prepositions (**ir a**, **pasar por**, **pasear por**, **salir de**, **volver a** and **volver de**, **llegar a**, **entrar en**, **quedarse en**). • Relative clauses (**donde** and **que**).	• Trips and services. • Modes of transportation. • Geographical features.	Making plans and talking about trips

EVALUATION OF PART 4

bloqueuno1

partone1

lección1
lección2
lección3

lesson 1
lesson 2
lesson 3

Índice

Lección 1
Lesson 1

¡Hola, amigos!
Hello, friends!.......................17

Lección 2
Lesson 2

Ser o no ser, ¡vaya cuestión!
To be or not to be, what a question!.......................31

Lección 3
Lesson 3

¡Amigos para siempre!
Friends forever!.......................45

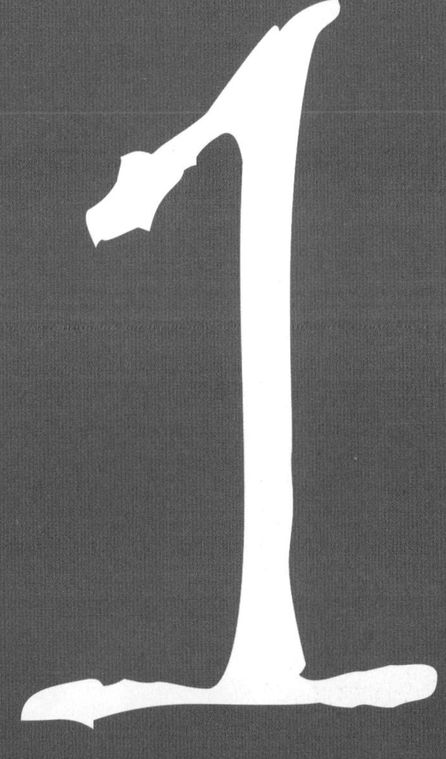

lecciónuno 1

lessonone 1

¡Hola, amigos!

Hello, friends!

Lección 1 Lesson 1 En portada (Headlines)

¡Hola, amigos! (Hello, friends!)

Te presentamos a Andrew, Julián, Begoña y Lola. Ellos son tus nuevos amigos. Sigue sus aventuras. ¡Aprende español con ellos!

(We'd like to introduce you to Andrew, Julián, Begoña and Lola. They're your new friends. Follow their adventures. Learn Spanish with them!)

In this lesson you will learn:

- Greetings and saying good-bye
- How to introduce yourself and another person
- How to ask someone's name, nationality and age
- How to spell

1 Can you read Andrew's registration card?
Fill in the blank card with your information.

FICHA DE INSCRIPCIÓN

DATOS PERSONALES

NOMBRE: *Andrew*
APELLIDOS: *White*
FECHA DE NACIMIENTO: *05-12-73*
N.º PASAPORTE: *380.108.859*
DIRECCIÓN: *Lane Road 67b NW2 (Los Angeles)*
TELÉFONO: *0181456457*
PAÍS: *U.S.A.*

Firma:

FICHA DE INSCRIPCIÓN

DATOS PERSONALES

NOMBRE: Esther
APELLIDOS: Malvan
FECHA DE NACIMIENTO: 13-02-83
N.º PASAPORTE: —
DIRECCIÓN: Delafield Rd, 20, SE7 (London)
TELÉFONO: 077 4 56987
PAÍS: UK

Firma:

Escenas

Nos empezamos a conocer: saludos, presentaciones y despedidas.

We're getting to know each other: greetings, introductions and saying good-bye.

2 Our friends are at a reception in the drama school. Can you fill in the names that are missing?

a
Hola, ¿cómo te llamas?
Andrew, ¿y tú?

b
Éste es Andrew. Es estadounidense.
Encantado. Yo soy Julian. Soy mexicano.
Mucho gusto.

5

3a Listen and complete the dialogues with the words in the box.

hasta mañana • cómo estás • ~~está usted~~ • qué tal • y usted

a1 Luis, te presento al señor Gómez.
Mucho gusto, señor Gómez. ¿Cómo *está usted*?
Muy bien, gracias.

2 ¡Hola Eva! ¿ qué tal ?
Bien, ¿y tú?
¡Muy bien!

3 Bueno, me voy. Tengo prisa. (hurry) ¡Hasta mañana!
Vale. ¡ hasta mañana !
Adiós.

4 ¡Hola! Ésta es mi amiga Eva.
¡Hola, Eva! ¿ cómo estás ?
Muy bien, ¿y tú?
Bien.

5 Buenas tardes, ¿cómo está usted?
Bien gracias, ¿ y usted ?
¡Muy bien!

3b Now classify the previous dialogues.

saludo (greeting) • presentación (introduction) • despedida (good-bye)

formal *usted* • informal *tú*

1	*presentación*	*formal*
2	saludo	informal
3	despedida	informal
4	presentación	informal
5	saludo	formal

4 Match the nationalities with the countries.

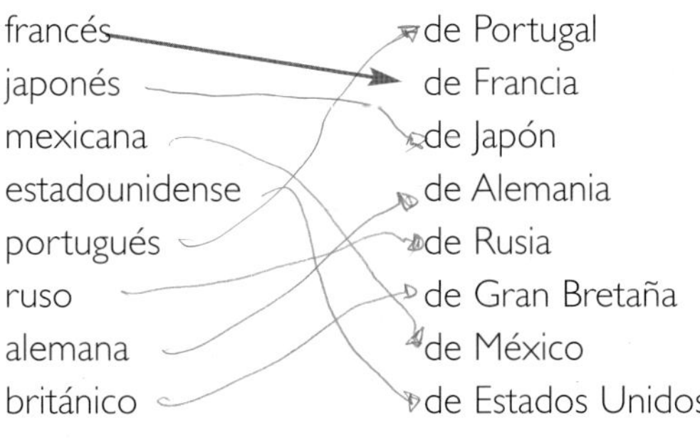

francés	de Portugal
japonés	de Francia
mexicana	de Japón
estadounidense	de Alemania
portugués	de Rusia
ruso	de Gran Bretaña
alemana	de México
británico	de Estados Unidos

6, 7, 8

5 Now, underline the correct nationalities according to the dialogue.

JULIÁN: Escucha: "Yo soy mexicano, y no mexicana. Ella es española, no español, y tú eres norteamericano y no norteamericana".

ANDREW: Comprendo. Y también soy estadounidenso.

BEGOÑA: Estadounidense. Se dice estadounidense. Tú eres estadounidense, no estadounidenso.

ANDREW: ¡Oh, my God...!

LOLA: Pero, si es muy fácil. Mira: "Hola, buenos días, me llamo Andrew y soy estadounidense".

JULIÁN: Sí, o mejor, "Hola, buenas tardes, soy estadounidense, me llamo Andrew y hablo al revés".

6 These students are our friends' classmates. Listen to the introductions and personal information, and then write down the information in the address book.

AGENDA (ADDRESS BOOK)

Nombre (Name)	Nacionalidad (Nationality)	Edad (Age)	¿Dónde vive? (¿Where does she/he live?)	Teléfono (Telephone number)
Marie	francesa	32	Lyon	943578254
Peter	británico	30	Londres	914587982
Jacques	belga	29	brujas	
Pietro	Italia	35	Florencia	
Rose	irlandesa	20	Dublin	—
Matthew	norteamericano	36	San Francisco.	94578625

6, 7, 8

Primer plano

¿De dónde eres?
¡Aprende
tu
nacionalidad
y la
de tus
amigos!

7a Read the names of these nationalities.
Which countries do they represent?

chino: *China* ________ española: ________
italiana: ________ alemán: ________
francés: ________ estadounidense: ________

7b Can you match these flags with the nationalities in the previous exercise?

a ________ b ________ c ________

d ________ e ________ f ________

7c Do you know any other nationalities?
Write them and check in your dictionary to see if they're correct.

________ ________
________ ________
________ ________
________ ________
________ ________
________ ________
________ ________

Where are
you from?
Learn how to say
your nationality
and your friend's
nationalities!

8 Julián has traveled a lot through Latin America. Mark the countries he's been to and those that he hasn't with an (x).

Conoce		No conoce
X	Colombia	
X	Cuba	
X	Puerto Rico	
	Argentina	X
X	Bolivia	
	Chile	X
X	México	
	El Salvador	X
	Uruguay	X
X	Venezuela	
	Ecuador	X
X	Panamá	
	Perú	X

9 Where are you from? Write the name of each country in the continent where it is located.

América	Europa	África	Asia	Oceanía
Estados Unidos				

Canadá • Alemania • Estados Unidos • Australia • Chile • Brasil • Cuba • Japón
Argentina • Egipto • Francia • Guinea Ecuatorial • Italia • Namibia • Sudán
Marruecos • Gran Bretaña • Etiopía • Grecia • Nueva Zelanda • China • India
Mongolia • Indonesia • Vietnam • España

6, 7, 8

Primer plano

First look

Aprende a deletrear tu nombre. ¿Veintinueve letras son suficientes?

10a Listen to how the letters are pronounced in Spanish.

A	Be	Ce	Che	De
E	eFe	Ge	Hache	I
Jota	Ka	eLe	eLLe	eMe
eNe	eÑe	O	Pe	Q cu
eRre	eSe	Te	U	uVe
W uve doble		X equis	Y i griega	Zeta

10b Now for sure you can spell your name.
Notice first how Begoña does it.

Be - e - ge - o - eñe - a.

Ahora hazlo tú: ______________________ 9

11 Now that you know the letters, mark the word that you hear.

1 sola ☐ hola ☒ bola ☐	4 Roma ☐ coma ☐ cosa ☐	7 cana ☐ casa ☐ cama ☐
2 caro ☐ carro ☐ barro ☐	5 lente ☐ gente ☐ veinte ☐	8 hora ☐ Lola ☐ hola ☐
3 rota ☐ jota ☐ bota ☐	6 coche ☐ coge ☐ cose ☐	9 aro ☐ año ☐ hago ☐

12 Now listen and complete the words with the missing letters.

1 _gente 3 __ombre 5 espa__ol 7 __uso
2 __etras 4 fá__il 6 __onido 8 __einte 9

Learn to spell your name. Are twenty-nine letters enough?

13 Can you fill in the table with information from the loudspeakers?

Flight	Destination	Boarding	Gate
AO475			
		09.20	5
LA171	LEÓN	17.05	

14 How old is each person? Find the correct age for each person.

veinticinco • treinta y tres • cincuenta • ochenta
cinco • diez • dieciocho • ocho meses

ocho meses

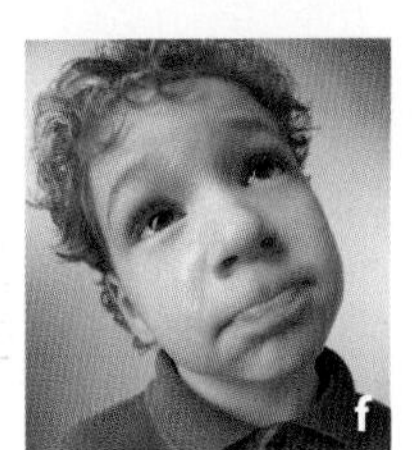

 14

Recursos

Resources

Hola

GIVING AND ASKING FOR PERSONAL INFORMATION.

colloquial	formal
¿Cómo te llamas? Me llamo Julián.	¿Cómo se llama usted?
¿De dónde eres? Soy mexicano. Soy de México.	¿De dónde es usted?
¿Dónde vives? Vivo en Barcelona.	¿Dónde vive usted?
¿Cuántos años tienes? Tengo veinticinco años.	¿Cuántos años tiene usted?

INTRODUCTIONS

colloquial	formal
Hola, soy Begoña. Hola Begoña, ¿qué tal? Soy Lola.	Hola, buenos días. Me llamo Begoña. Encantado. Mucho gusto.
Éste es Andrew. Hola Andrew, ¿qué tal?	Le presento al señor Calvo. Mucho gusto. ¿Cómo está usted, señor Calvo?

GREETINGS

colloquial	formal
Hola, ¿qué tal estás? ¿Cómo estás? (Muy) Bien gracias, ¿y tú?	¿Qué tal está? ¿Cómo está usted? Bien gracias, ¿y usted?

Buenos días.
Buenas tardes.
Buenas noches.

SAYING GOOD-BY

Adiós.

Hasta mañana.
Hasta luego.
Hasta la vista.

Adiós

GENDER §8

masculine	feminine
argentin**o**	argentin**a**
italian**o**	italian**a**
brasileñ**o**	brasileñ**a**

masculine	feminine
inglés	ingles**a**
alemán	aleman**a**
francés	frances**a**

SPELLING §1

¿Cómo te llamas?
Begoña. Be-e-ge-o-eñe-a.

VERBS

llamarse
(to be called / named)

yo	*me* llamo
tú	*te* llamas
él/ella/usted	*se* llama

ser §40
(to be)

yo	soy
tú	eres
él/ella/usted	es

vivir §29
(to live)

yo	vivo
tú	vives
él/ella/usted	vive

tener §37
(to have)

yo	tengo
tú	tienes
él/ella/usted	tiene

NUMBERS §18

1 uno	**11** once	**21** veintiuno	**31** treinta y uno
2 dos	**12** doce	**22** veintidós	**32** treinta y dos
3 tres	**13** trece	**23** veintitrés	**40** cuarenta
4 cuatro	**14** catorce	**24** veinticuatro	**41** cuarenta y uno
5 cinco	**15** quince	**25** veinticinco	**50** cincuenta
6 seis	**16** dieciséis	**26** veintiséis	**60** sesenta
7 siete	**17** diecisiete	**27** veintisiete	**70** setenta
8 ocho	**18** dieciocho	**28** veintiocho	**80** ochenta
9 nueve	**19** diecinueve	**29** veintinueve	**90** noventa
10 diez	**20** veinte	**30** treinta	**100** cien

15 Let's play bingo! Choose nine numbers between one and thirty and write them on the bingo card below. Then listen to the audio, and... good luck!

16 In the word search look for eight countries where Spanish is spoken.

A	M	E	X	I	C	O	S	Z
L	S	C	E	A	C	C	X	Q
R	Y	U	R	U	G	U	A	Y
B	L	A	Y	M	L	D	P	L
O	Ñ	D	Q	C	H	I	L	E
L	S	O	E	U	B	L	T	S
I	P	R	E	B	V	W	N	P
V	T	T	P	A	X	R	M	A
I	P	R	J	O	S	Q	V	Ñ
A	R	G	E	N	T	I	N	A

17 In this text you can learn something about Spanish...

- En el 2020 todo el mundo va a hablar español o inglés.
- Y chino.
- Sí, en China... El español va a ser, con el inglés, la lengua de cultura y de negocios más importante del mundo. Su importancia cultural y comercial aumenta año tras año. Hoy, 360 millones de personas hablan español como lengua materna.
- ¿Y sabes dónde?
- Pues en Centroamérica, en el Caribe, en muchos países de Latinoamérica... ¿Sabes que es lengua oficial en Guinea Ecuatorial y que también se habla en Filipinas? ¡Ah, también hablan español en una parte del norte de África y muchos millones de personas en Estados Unidos!

Where do they speak these languages? Fill in the columns with the names of the countries in the box.

Estados Unidos • Ecuador • España • Filipinas • Alemania • Suiza • Austria
Canadá • Gran Bretaña • Bélgica • Colombia • Francia

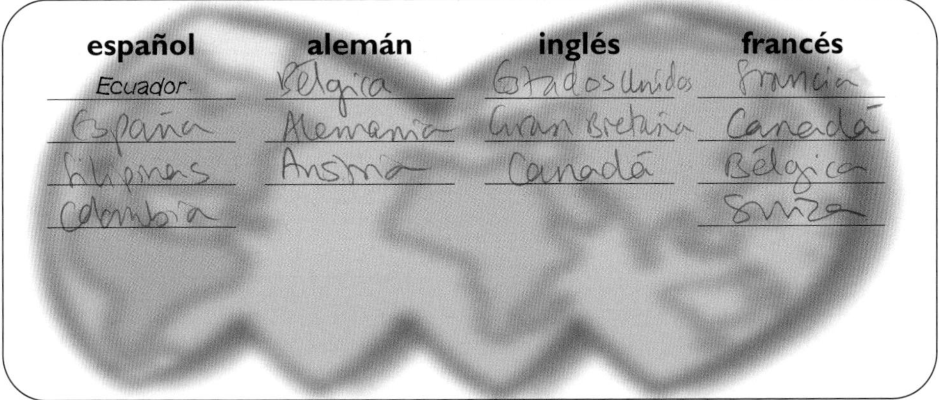

18 And finally, why don't you fill in your own card?

¿Quieres aprender español? Éste es el momento. Internet libros, CD-ROM, vídeos... Todo está a tu alcance.

Do you want to learn Spanish? Now is the time. Internet, books, CD-ROM, videos,... it's all within your reach.

Internet addresses:

Ours:
www.esespasa.com

Cervantes Institute:
www.cervantesvirtual.com

Spanish Royal Academy:
www.rae.es

Evaluación

1 Fill in the blank spaces.

a ¿De dónde (SER, tú) ________________ ?
(SER, yo) ________________ de Alemania, pero (VIVIR, yo) ________________ en España.

b ¿Cuántos años (TENER, usted) ________________ ?
(TENER, yo) ________________ (43) ________________ años.

2 The following dialogues are mixed up. Can you put the dialogues in order?

a
- ¿Cuál es tu teléfono? ________________
- De Irlanda. ________________
- ¿Cómo se escribe? ________________
- En México. ________________
- Me llamo Susana. ________________
- El 6958714. ________________
- ¿De dónde eres? ________________
- ¿Cómo te llamas? ________________
- Ese-u-ese-a-ene-a. ________________
- ¿Dónde vives? ________________

b
- No, yo soy venezolano. ________________
- De Caracas, ¿y usted? ________________
- Perdone, ¿es usted alemán? ________________
- Yo soy de Berlín. ________________
- ¿De dónde es usted? ________________

3 Write the following numbers.

17 ________________ 31 ________________
58 ________________ 15 ________________
26 ________________ 79 ________________

Now I can:

- ☐ Greet and say good-bye
- ☐ Introduce myself and introduce another person
- ☐ Ask someone's name, nationality and age
- ☐ Spell
- ☐ I can also: ________________

Check out our web site www. esespasa. com

lecciónd os2

lessontwo2

Ser o no ser, ¡vaya cuestión!

To be or not to be, what a question!

Lección 2
Lesson 2

En portada

Headlines

Ser o no ser, ¡vaya cuestión!

To be or not to be, what a question!

¿A qué te dedicas? Nuestros amigos son estudiantes de teatro. ¿Sabes describir a Lola o a Andrew? No te preocupes, te vamos a enseñar.

What do you do? Our friends are drama students. Do you know how to describe Lola or Andrew? Don't worry, we'll show you how.

In this lesson you will learn:

- How to ask about jobs
- How to describe a person's physical appearance
- Sentences to hold a conversation

1 Our friends are very different from each other. Look at the picture and choose the correct answer.

1 ¿Cuántos chicos hay en la foto?

- [ ] Siete.
- [ ] Dos.
- [X] Tres.

2 ¿De qué color tiene el pelo Julián?

- [ ] No tiene pelo.
- [ ] Pelirrojo.
- [X] Moreno.

3 ¿Cómo es Begoña?

- [ ] Alta, delgada y rubia.
- [X] Alta, delgada y pelirroja.
- [ ] Baja, gorda y pelirroja.

4 ¿Quién lleva barba?

- [X] Andrew.
- [ ] Antonio.
- [ ] Begoña.

5 ¿Quién lleva gafas?

- [ ] Lola.
- [X] Antonio.
- [ ] Begoña.

6 ¿A qué se dedica Antonio?

- [ ] Es arquitecto.
- [ ] Es peluquero.
- [X] Es profesor de teatro.

Lección 2
Lesson 2

Escenas

Cada familia es diferente. Juan tiene una familia muy numerosa. ¿Y tú?

2a Maria wants to meet Juan's family.

Listen to the dialogue and try to fill in the chart.

2, 3, 4,

	Carlos	Sofía	Luis	Marta
relación familiar		*madre*		
aspecto físico				*rubia*
profesión			*policía*	
edad	*sesenta y cinco*			

2b Listen to the dialogue again and try to answer these questions.

a ¿María quiere ver la foto de Juan? ____________________

b ¿Cómo es la foto? ____________________

c ¿Es guapa la madre de Juan? ____________________

d ¿Cuántos hermanos tiene Juan? ____________________

3 Do you need help?

Listen to these dialogues and mark the order in which the questions are asked.

- ☐ ¿Puedes hablar más alto?
- ☐ ¿Puedes repetir?
- 1 ¿Cómo se dice *moustache* en español?
- ☐ ¿Cómo se pronuncia autobús?
- ☐ ¿Puedes hablar más despacio, por favor?
- ☐ ¿Cómo se escribe?

11

Each family is different. Juan is from a big family. What about you?

4a Listen to the conversation between Lola and Begoña.
Can you write the names of the people that are mentioned in the dialogue? Try to fill in the table of last names, too.

Nombre	Apellido
____________	*Sr. Martínez*

4b Listen to the dialogue between Lola and Begoña again.
Can you fill in the blank spaces?

8, 9, 10

	Profesión (Profession)	Relación de parentesco (Family relationships)	Descripción física (Physical description)
Señor Martínez	*abogado*	*marido de Antonia* y *padre de Manuel*	*moreno* y *pelo rizado*
Antonia Alonso	enfermera	~~marido~~ mujer de Señor Martínez y Madre de Manuel	Pelo largo
Manuel Martínez	periodista	novio de Carmen y hijo Sr. Martínez y Antonia	rubio y Pelo corto
Carmen Iglesias	estudiante	novia de Manuel y hija de Arturo	alto y delgado
Don Arturo	el profesor	Padre de Carmen	tiene barba.

Primer plano

Aprende la profesión y no olvides las herramientas.

5 First look for the names of the tools on the left. Then match them with the jobs on the right.

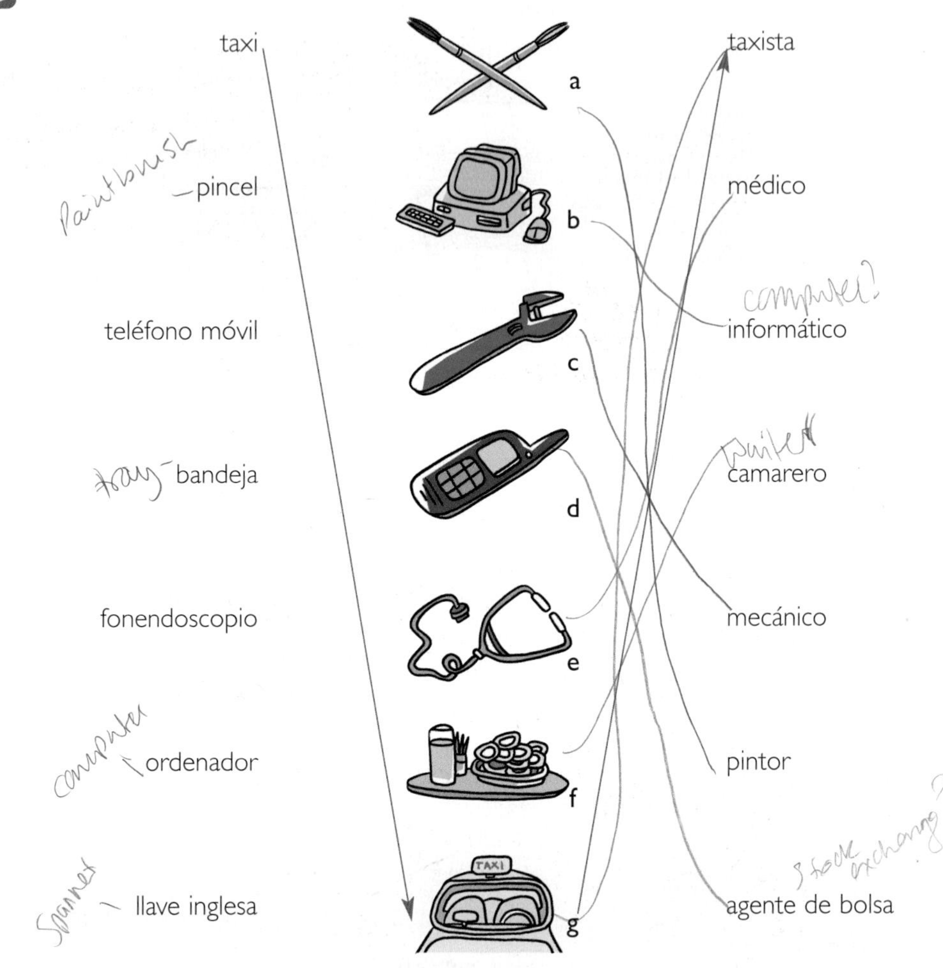

6 Can you complete these sentences with the jobs in the box? Look at the example.

enfermera • peluquero • ~~arquitecto~~ • estudiante • florista • profesora

1 Mi hermano diseña los planos de los edificios, es *arquitecto*.
2 Su padre es Peluquero, peina y corta el pelo.
3 María vende flores y plantas, es florista.
4 Sí, sí es Profesora; enseña matemáticas a los chicos de quince años.
5 No, mi sobrina no trabaja. Es estudiante.
6 ¿Tu abuela es enfermera, verdad? Sí, mi abuela trabaja en el Hospital General.

Learn the jobs but don't forget the tools!

7 Different jobs and professions appear in these want ads. Look at them closely and answer the questions.

presa situada a 25 km al Norte de Barcelona, precisa

CRETARIA DE DIRECCIÓN CUALIFICADA

REQUIERE: Edad de 25 - 40 años. Francés hablado y rito (impecable). Buenas nociones de contabilidad. rmática a nivel de usuario. Flexibilidad de horario. Alta acidad de comunicación, presencial y telefónica.
OFRECE: Incorp. inmediata. Gran posibilidad de desa o profesional. Salario bruto mes de 350.000 - 500.000 pts. itir CV a ASEMGES,SL, Aptdo.18, 17200–Palafrugell. Rf CLP11.

Se requiere:
- Edad de 24 a 30 años.
- Formación BUP o similar.
- Buena presencia, iniciativa y trato agradable.
- Habituada a trabajar con soporte informático.

Se ofrece:
- Buen ambiente de trabajo.
- Incorporación inmediata.

Interesadas enviar C.V. + foto reciente a la ref. 6074 de Ronda de Universitat, 31-3º, 4º - 08007 Barcelona

2

VENDEDOR/A

Marca de prestigio busca vendedor/a para tienda en el Paseo de Gracia de Barcelona

Se requiere: Persona mayor de 25 años, con experiencia en ventas y dominio del inglés a nivel conversación.

3

RED DE TIENDAS DE PRENDAS INFANTILES PRECISA PARA SUS ESTABLECIMIENTOS DE BARCELONA Y PROVINCIA:

DEPENDIENTAS

REQUISITOS:
- Incorporación inmediata.
- Experiencia mínima 1 año.
- Edad 20 a 27 años.

Interesadas enviar Currículum con FOTO a:
AURORA
c/. Badajoz, 32 - 08005 Barcelona

FEIXAS

4

1, 2

1 ¿A quién buscan en la oferta 1, a un hombre o a una mujer?
En la oferta *1 buscan a una mujer* .

2 ¿En qué otras ofertas buscan sólo a mujeres?
En los números: ________ , ________ y ________ .

3 ¿En qué oferta se requiere tener de veinticuatro a treinta años?
En la oferta de ________________ .

4 De estas profesiones, ¿cuál es para hombre y cuál para mujer?
La de ________________ .

5 ¿En qué ciudad necesitan dependientas?
Necesitan ________________ en ________________ .

Primer plano

First look

La familia de Juan está reunida. ¡Vamos a conocerlos!

8a Do you remember Juan's family? Here they all are...

Complete this text with the names that appeared in the picture.

Carlos y *Sofía* tienen cinco hijos. *Luis* es el mayor, *Juan*, *Marcelo*, *Victoria* son los medianos, y Eva es la menor.
Luis está casado con Marta, Victoria vive con Sergio. Eva, Juan y Marcelo están solteros.
Juan y Marcelo no tienen novia y Eva tiene novio, Vicente.
Carlos y Sofía ya son abuelos. Tienen dos nietos, Diego y Julia. Luis y Marta son los padres de Diego. Victoria y Sergio, los de Julia. Diego y Julia son primos.

8b Do you know how to explain family relationships? Try to explain the relationships in Juan's family in sentences as in the example.

3, 4, 5

1 Carlos ↔ Sofía: *Carlos es el marido de Sofía. Sofía es la mujer de Carlos. Carlos y Sofía están casados.*

2 Luis ↔ Marta: ______

3 Eva ↔ Vicente: ______

4 Diego ↔ Julia: ______

5 Carlos y Sofía ↔ Diego y Julia: ______

6 Juan y Marcelo ↔ Marta: ______

Juan's family is all together. Let's meet them!

9 Try to describe our friends. Do you need help? Look at the vocabulary box.

alto/a • rizado • joven • liso • feo • mayor • gordo/a
rubio/a • bigote • barba • guapo/a • pelo corto • pelo largo
pelirrojo • nariz • moreno/a • gorra • bajo

1 Julián es *joven, alto y guapo*. Tiene el pelo *corto, liso y moreno*.

2 Begoña es ________ y ________. Tiene el pelo ________, ________ y ________.

3 Andrew es ________, ________ y ________. Lleva ________. Tiene el pelo ________ y ________.

4 Lola es ________ y ________. Tiene el ________ ________, ________ y ________.

5 Lázaro es ________ y ________. Lleva una ________.

5, 6

Recursos

Resources

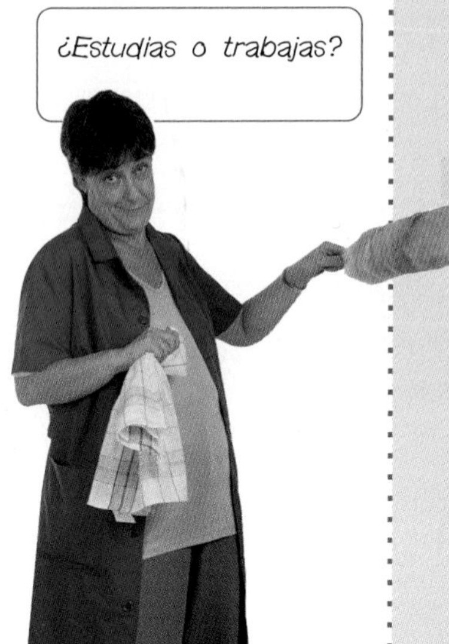

HOLDING THE CONVERSATION

¿Cómo se pronuncia?
¿Cómo se escribe?
¿Puedes repetir?
¿Puedes hablar más alto?
¿Puedes hablar más despacio?
¿Cómo se dice blond *en español?*
¿Qué significa parentesco?

ASKING SOMEONE'S JOB

informal	**formal**
¿A qué te dedicas?	*¿A qué se dedica usted?*
¿Qué haces?	*¿Qué hace usted?*
¿En qué trabajas?	*¿En qué trabaja usted?*

SAYING YOUR JOB OR PROFESSION

[TRABAJAR] +	COMO / DE	+ [PROFESIÓN]	*Trabajo como médico.* *Trabajo de médico.*
	PARA	+ [EMPRESA]	*Trabajo para el Hospital General.*
	EN +	[EMPRESA]	*Trabajo en el Hospital General.*
		[LUGAR]	*Trabajo en un hospital.*
[SER]		+ [PROFESIÓN]	*Soy médico.*

ESTUDIAR §29
(to study)

yo	estudi**o**
tú	estudi**as**
él/ella/usted	estudi**a**

TRABAJAR §29
(to work)

yo	trabaj**o**
tú	trabaj**as**
él/ella/usted	trabaj**a**

ADJECTIVE AGREEMENT IN GENDER AND NUMBER §8

masculine singular

es alt**o**
fotógraf**o**
profesor

está solter**o**
casad**o**
viud**o**

masculine plural

son alt**os**
fotógraf**os**
profesor**es**

están solter**os**
casad**os**
viud**os**

feminine singular

es alt**a**
fotógraf**a**
profesor**a**

está solter**a**
casad**a**
viud**a**

feminine plural

son alt**as**
fotógraf**as**
profesor**as**

están solter**as**
casad**as**
viud**as**

POSSESSIVE ADJECTIVES (I) §16

	yo **(I)**	**tú** **(you)**	**él / ella /usted** **(he / she / you)**
singular	mi	tu	su
plural	mis	tus	sus

mi amigo/a **mis** amigos/as
tu hermano/a **tus** hermanos/as
su hijo/a **sus** hijos/as

10 And now, your family. Draw your family tree and write in the names. Why don't you also write in the family relationships?

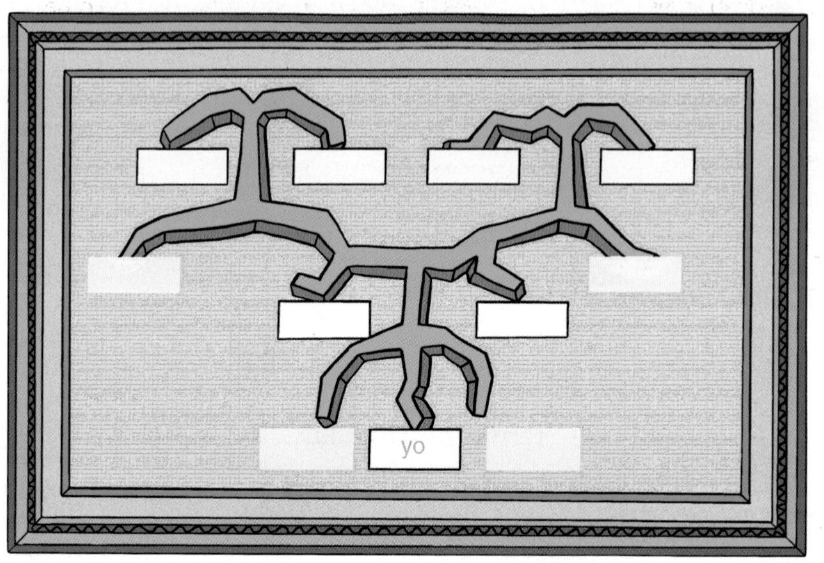

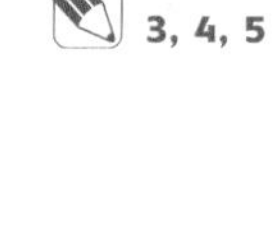

11 Write each job in the correct place.

La lengua es un mundo (Language is a world)

12a **Do you want to know what happens with the last names in Spain and Latin America?**

Los hispanohablantes conservamos toda la vida los apellidos. Son el regalo de nuestros padres. En los países de habla hispana, cada persona tiene dos apellidos: el primero es el del padre y el segundo el de la madre. Cuando un hombre y una mujer se casan conservan sus apellidos de solteros.

And now read this dialogue between Altolaguirre and his friend.

- Enhorabuena Altolaguirre, me han dicho que has tenido una hija.
- Sí.
- ¿Y cómo se va a llamar?
- Eva. Ya tengo cuatro niñas.
- Se llaman... Julia, Juana... ¿Cómo se llama la otra?
- Gabriela.
- Ah, sí. Es verdad. Oye, tu apellido es muy raro, y si no tienes un niño se va a perder.
- No importa, mis hijas y mis nietos van a conservar el apellido toda su vida...

12b **Now that you know what happens in Spanish-speaking countries, tell us what happens in your country!**

¿Cuántos nombres y apellidos tienen las personas de tu país? ________________

¿Cambia el apellido de las mujeres casadas? ________________

13 **Look at these pictures and answer the questions.**

a ¿Cómo es el médico? ________________

b ¿Qué profesión tiene el chico joven? ________________

5, 6

Nombre y apellidos siempre van contigo.

(Your first name and last name are always with you.)

Internet addresses:

Internet business people: **www.lafactoriadeinternet.com**

Asociación Internacional de Webmasters Hispanos: **www.aiwh.org**

Engineers and architects: **www.eporticus.com**

Evaluación

1 Can you use the words in the box to complete the text?

casado • soy • años • tengo • Málaga • mi • vivo • pelo
norteamericana • rubia • ojos • soy

Yo ________ cuarenta y tres años, ________ español, de ________, pero ________ en Los Ángeles. Tengo los ________ marrones, el ________ corto y rizado. ________ de estatura mediana.
Estoy ________ con una actriz ________, guapa, ________ y delgada. Tenemos una hija, Estela, de tres ________.
Muchas veces cambio de nombre y de aspecto por ________ trabajo. ¿Ya sabes quién soy?

What's the name of the character in the text?

____

2 Read the questions and choose the correct answers.

1 ¿A qué ______ dedica?
- ☐ nos
- ☐ se
- ☐ te

2 ¿En ______ trabajas?
- ☐ nos
- ☐ qué
- ☐ te

3 Mi tía trabaja ______ actriz.
- ☐ en
- ☐ para
- ☐ como

4 Su padre trabaja ______ el hospital.
- ☐ como
- ☐ de
- ☐ en

5 Luis ______ mecánico.
- ☐ está
- ☐ somos
- ☐ es

6 ______ nieto es rubio.
- ☐ Tus
- ☐ Sus
- ☐ Su

7 Nuestra nieta ______ soltera.
- ☐ estamos
- ☐ está
- ☐ estás

Now I can:

- ☐ Recognize names of jobs and professions
- ☐ Give physical descriptions of people
- ☐ Use sentences to hold a conversation
- ☐ I can also: ________________________________

Check out our web site

lecciόntres3

lessonthree3

¡Amigos para siempre!

Friends forever!

Lección 3
Lesson 3

En portada

(Headlines)

¡Amigos para siempre!

(Friends forever!)

¿Qué hace Julián en su tiempo libre? ¿Y Begoña? ¿Acompañamos a Andrew a su primera entrevista de trabajo? Además, asistiremos a una sesión de radio por Internet. ¡Uf! ¿Vamos a tener tiempo? ¡Claro que sí!

(What does Julián do in his free time? And Begoña? Let's go with Andrew to his first job interview! We'll also listen in on a radio program via Internet. Wow! Are we going to have enough time? Yes, of course!)

In this lesson you will learn:

- How to talk about hobbies
- How to express intentions with *para* (to/for) and clauses with *porque* (because)

1 Our friends are showing each other some pictures. Try to match the pictures with the sports.

golf

____

____

____

____

____

____

____

atletismo • esgrima • esquí • gimnasia • montañismo
golf • ciclismo • natación

Lección 3 Escenas

Lesson 3

Scenes

Trabajo, deporte y aficiones. Cada cosa a su tiempo.

2 Andrew is looking for a job in Spain with a computer company. Can you answer the questions after listening to the dialogue?

a ¿Qué deportes practica Andrew? ______

b ¿Qué colecciona Andrew? *Andrew colecciona cómics.*

c ¿Y la secretaria? ______

d ¿Para qué necesitan esta información? ______

3 We're looking for friends.
What is this radio program on the Internet about?
Try to complete the chart with all the information.

7, 8

Se llama (name is)	Tiene (has)	Vive en (live in)	Profesión (es...) (profesion is)	Descripción física (es / tiene...) (phisical, description is / has)	Llama (para / porque...) (is calling)
Antonio	*27 años*	*Sevilla*	*Pintor*	*Moreno, con el pelo castaño y los ojos verdes*	*Porque necesita una modelo*

Work, sports, free time activities and hobbies. Each at its own time.

4 Let's listen to a conversation between Lola and Begoña. Can you help us fill in the blanks?

LOLA: ¿Qué haces?

BEGOÑA: Escribo a *mi* madre.

LOLA: ¡Ah, muy bien!, pero... ¿Y para qué?

BEGOÑA: Para saber cómo están ella y _______ perro.

LOLA: ¿Tenéis un perro?

BEGOÑA: Sí, un mastín.

LOLA: ¡Ah! ¡Qué bien! ¿Y _______ padres pasean al perro cada día?

BEGOÑA: _______ padre no. Están separados ¿recuerdas?... pero _______ madre cada día cuando sale del trabajo.

LOLA: ¡Parece un deporte!

BEGOÑA: Sí, _______ madre y _______ amiga Arancha pasean a _______ perros durante dos horas. ¡Es fantástico!

LOLA: Oye, ¿y en _______ ciudad hay muchos parques?

BEGOÑA: Sí, claro, hay muchos.

LOLA: ¡Cómo me gustaría tener un perro! ¡Sería _______ perro!

BEGOÑA: Sí, pero lo sacas a pasear tú.

11, 12

5 Can you complete these dialogues with words from the box?

van de • ~~jugar al~~ • voy de • vamos a la • vamos al • montar en

1 — ¿Quieres *jugar al* golf?
— Vale, ahora cojo mi equipo.

2 — ¿Sabes _______ bicicleta?
— Claro, ¿tú no?

3 — _______ compras, ¿vienes?
— No, no puedo.

4 — ¿Adónde vais?
— _______ cine.

5 — Esta noche _______ ópera.
— ¡Qué bien! ¿Puedo ir?

6 — ¿Adónde van tus padres?
— _______ paseo.

2

Primer plano

(First look)

Fútbol o baloncesto.
¿A qué juegas?
Kárate o natación.
¿Qué practicas?

6 Try to classify the sports in the box.

lucha libre • natación sincronizada • fútbol • ciclismo • esquí • motociclismo
patinaje sobre hielo • baloncesto • boxeo • natación • rugby • kárate
salto de trampolín • automovilismo • voleibol • hockey sobre hielo

Deporte de balón (Sports involving a ball)	Deporte de lucha entre dos (Fighting sports)	Deporte con vehículo (Sports involving a vehicle)	Deporte acuático (Water sports)	Deporte de invierno (Winter sports)

7 The words in column 1 are related to column 2.
Can you find the related words?

1	2
Montar a	golf
Jugar al	esquí
Montar en	fútbol
Practicar	baloncesto
	tenis
	kárate
	natación
	bicicleta
	caballo

2

Soccer or basketball.
Which do you play?
Karate or swimming.
Which do you do for fun?

8 Now we're detectives.

With help from the words in the box, try to complete the information about these people. The example can help you.

10 años • casado • estudiante • golf • ~~jardinería~~ • 65 años • informático patinaje • 35 años • informática • ~~50 años~~ • ~~abogado~~ • 45 años • divorciado baloncesto • desempleado • jubilada • viuda • soltera • ~~casado~~

edad: ________
estado civil: ________
profesión: ________
aficiones: ________

edad: ________
estado civil: ________
profesión: ________
aficiones: ________

edad: *50 años*
estado civil: *casado*
profesión: *abogado*
aficiones: *jardinería*

edad: ________
estado civil: ________
profesión: ________
aficiones: ________

edad: ________
estado civil: ________
profesión: ________
aficiones: ________

Lección 3 Primer plano

Lesson 3 — First look

Cantar,
bailar,
ir al teatro,
coleccionar
sellos.
¿Cuáles son
tus aficiones?

9 Match the verbs in column A with the elements in column B.

A	B
Ver	en un grupo de rock
Ir	novelas
Hacer	la televisión
Aprender	deporte
Coleccionar	puzzles
Escribir	al teatro
Leer	español
Cantar	postales
	sellos
	al cine

2

10 Why are you studying Spanish?
Maybe you can find your reasons in the following phrases.
Can you mark them?

7, 8

- ☐ **Para aprender** un nuevo idioma.
- ☐ **Para vivir** en ______________________ .
- ☐ **Para estudiar** en ______________________ .
- ☐ **Para trabajar** en una empresa española.
- ☐ **Para hablar** español con mis amigos.
- ☐ **Para viajar** por Hispanoamérica o España.
- ☐ **Para leer** libros en ______________________ .
- ☐ **Para escribir** cartas.
- ☐ **Para conocer** personas interesantes.
- ☐ **Para ver** películas en ______________________ .
- ☐ **Para comprender** canciones en ______________ .
- ☐ **Para hacer** negocios.
- ☐ **Para tener** nuevos amigos.

Singing, dancing,
going to the theater,
collecting stamps.
What are your free
time activities?

11 We're back with our friends. What do they do in their free time?

escuchar música • hablar por teléfono • escribir • hacer deporte
estudiar • montar en bicicleta • cocinar • ~~leer~~

1 *Julián y Andrew leen.*

2 escuchar música

3 montar en bicicleta

4 hacer deporte

5 estudiar

6 escribir

7 cocinar

8 hablar por teléfono

Recursos

TALKING ABOUT FREE TIME ACTIVITIES

[JUGAR] + { AL / A LA } + [NOMBRE DEL DEPORTE] — *Juego al golf / al tenis.* *Juego a la petanca.*

PLEASE NOTE!
It is not correct to say *juego a esquiar (I play skiing)* or *juego a natación (I play swimming).*
We say *esquío (I ski)* or *nado (I swim).*

[IR] + { AL / A LA } + [LUGAR] — *Voy al cine / al teatro.* *Voy a la playa / a la ópera.*
[IR] + DE + [NOMBRE EN PLURAL] — *Voy de compras / de copas.*

MONTAR + EN +[VEHÍCULO] — *Monto en bicicleta / en moto*

INTENTIONS AND GOALS §21

Asking

{ ¿PARA QUÉ / ¿POR QUÉ } + [PRESENTE] + ...? — *¿Para qué estudias español?* *¿Por qué estudias español?*

Answering

PARA + { [INFINITIVO] + [MOTIVO] / [NOMBRE] } — *Para vivir en México.* *Para mi trabajo.*

PORQUE + [FRASE] — *Porque tengo muchos amigos en Colombia.* *Porque sus abuelos son argentinos.*

Sentence

VERBS IN THE PRESENT TENSE

Regular verbs §27

	estudi**ar** (to study)	beb**er** (to drink)	viv**ir** (to live)
yo	estudi**o**	beb**o**	viv**o**
tú	estudi**as**	beb**es**	viv**es**
él/ella/usted	estudi**a**	beb**e**	viv**e**
nosotros/nosotras	estudi**amos**	beb**emos**	viv**imos**
vosotros/vosotras	estudi**áis**	beb**éis**	viv**ís**
ellos/ellas/ustedes	estudi**an**	beb**en**	viv**en**

Irregular verbs §36 y §40

The most frequent verbs are *estar*, *ser* and *ir*.
The verb *jugar* undergoes the following changes: u → ue

	estar (to be)	**ser** (to be)	**ir** (to go)	**jugar** (to play)
yo	estoy	soy	voy	**jue**go
tú	estás	eres	vas	**jue**gas
él/ella/usted	está	es	va	**jue**ga
nosotros/nosotras	estamos	somos	vamos	jugamos
vosotros/vosotras	estáis	sois	vais	jugáis
ellos/ellas/ustedes	están	son	van	**jue**gan

WORD ORDER §58-61

¿Cómo es ***Antonio****?*
Antonio *es alto.*

POSSESSIVE ADJECTIVES (II) §16

	nosotros/as (**we** - masculine and feminine)	**vosotros/as** (**you** - familiar plural, masculine and feminine)	**ellos/as/ustedes** (**they** - formal plural, masculine and feminine)
singular	nuestro/a	vuestro/a	su
plural	nuestros/as	vuestros/as	sus
	*Nuestr**o** herman**o***	*Vuestr**a** cas**a***	*Su**s** amig**as***

La lengua es un juego

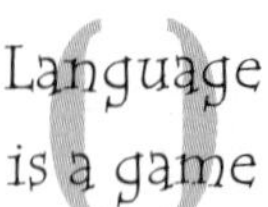

12 Put the letters in the correct order to identify a sport you know.

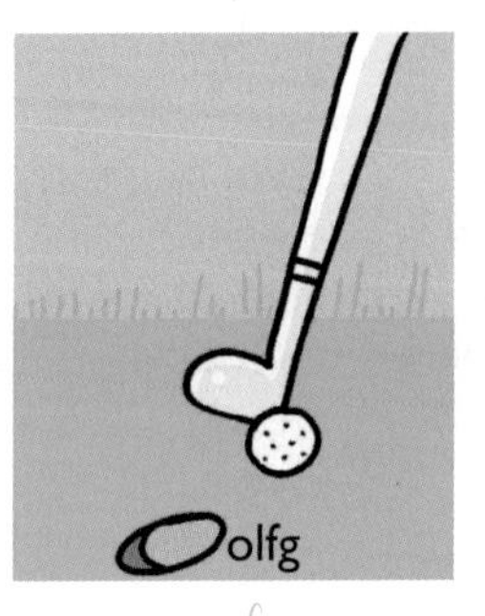

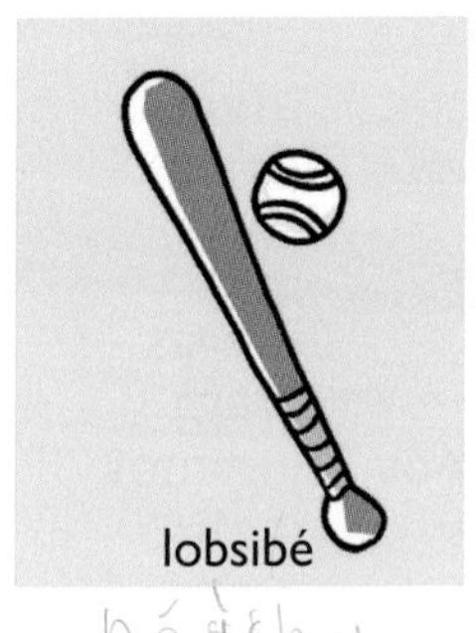

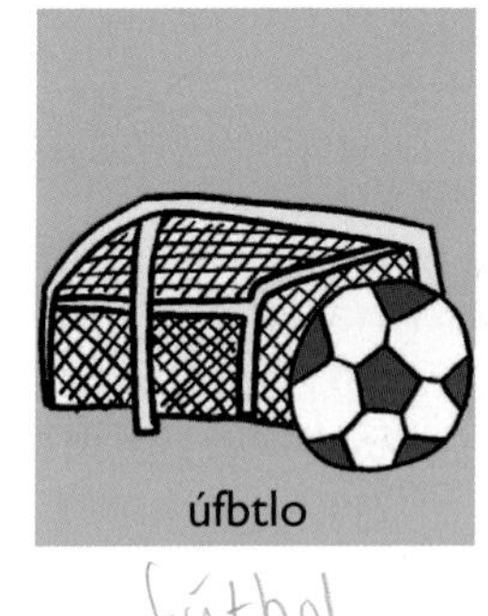

13 What do you do in your free time?
With these clues you can begin to play.

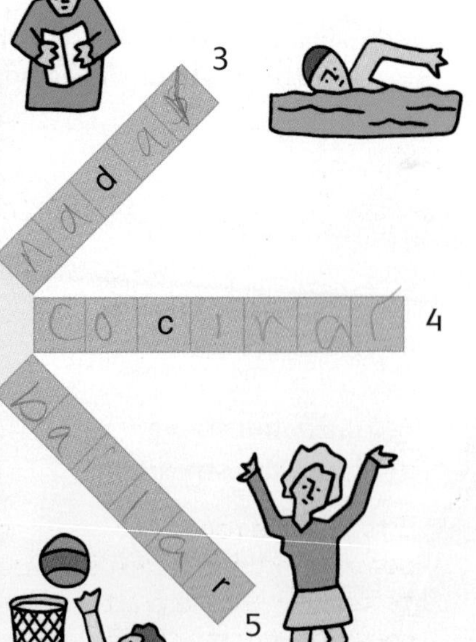

La lengua es un mundo (Language is a world)

14 Sports in Spain and Latin America.

El fútbol es el deporte más popular de España y de casi todos los países de Latinoamérica. Es un deporte sencillo, sólo necesitas un balón para practicarlo y dos porterías. Cualquier lugar sirve para jugar al fútbol: la calle, el campo, un parque, la playa, etc. En otros países como México, Cuba y Venezuela se practica otro deporte muy común: el béisbol. Para jugar al béisbol sólo necesitas un bate y una pelota. El baloncesto también es muy popular, pero se practica menos, porque se necesitan una pelota y las canastas.

What equipment do you need to play these sports?

Fútbol	un balón y dos porterías
Béisbol	un bate y una pelota
Baloncesto	una pelota y las canastas

15 Can you match the text with one of the pictures?

El ciclismo

El atletismo

El esquí

El ciclismo

Este deporte nace a finales del siglo XIX, hoy en día es uno de los deportes más populares y tiene numerosas especialidades: en carretera, en pista, en montaña, etc. Las pruebas en pista se practican en el velódromo. Francia, Italia y España celebran tres competiciones muy importantes durante los meses de verano.

Goles,
puntos, vueltas,
juegos
y carambolas.
Todos
son puntos.
¿Jugamos
un partido?

(Goals, points, laps,
games of chance.
They're all worth
something.
Let's play a game?)

Internet addresses:

Sports web site:
www.deporweb.com

Sports web site:
www.infodeporte.com

Soccer web site:
www.servifutbol.es

Lección 3
Lesson 3

Evaluación

Evaluation

1a To read this letter, put the words in the correct space.

periodistas • alta • escribo • estudia • mis • juego al
tengo • hermano • viven • rizado

Querido Marcos:
Tú no me conoces pero vivo muy cerca de tu casa. ________ diecisiete años.
Soy delgada y no muy ________ , tengo los ojos marrones y el pelo largo y ________ .
Estudio en el mismo instituto que tú.
Mis padres son ________ , trabajan en un periódico de la ciudad; mi hermana María ________ periodismo para trabajar con ________ padres; mi ________ Juan es ingeniero y vive en Londres.
En mi tiempo libre ________ voleibol con el equipo del instituto. También veo la tele y ________ correo electrónico a mis primos porque ________ en Holanda y no nos vemos mucho.
Bueno, por el momento ya sabes mucho de mí. Espero verte pronto, ¡quizá me reconozcas!

1b Who do you think wrote this letter to Marcos?

a ☐ b ☐ c ☐ d ☐

Now I can:

- ☐ Ask others about their free time activities
- ☐ Explain why I do things
- ☐ I can also: ________

Check out our web site 

Evaluación del bloque 1

Evaluation of part 1

1 Andrew found a letter in his mail box. Who do you think it's from? Can you help Andrew guess who wrote it? Complete the letter with the words in the box.

> aficiones • profesora • nombres • oscuros • años • normales
> practicamos • tocamos • qué • conocer

¡Hola! ¿Cómo estáis?
Somos estudiantes de la Escuela Chambucú de Cartagena de Indias, en Colombia. Tenemos entre quince y diecisiete _______ *. ¿Os preguntáis para* _______ *escribimos esta carta? Nuestra* _______ *de español nos ha animado a conectar con vosotros para* _______ *estudiantes de español de otras culturas.*
En nuestra clase, casi todos somos morenos y con los ojos _______ *. Los* _______ *más típicos de chica son Estébana y María Eugenia, y de chico, Jon Elton. Y los apellidos más* _______ *son Carulla y Chaparro. ¿Cuáles son los apellidos más normales de tu país? En el colegio* _______ *mucho deporte, mucho fútbol y mucho béisbol. También* _______ *la guitarra y cantamos. Queremos tener amigos de otros países y saber cómo son, qué* _______ *tienen, etc. Queremos recibir muchas cartas de ustedes.*

¡Hasta pronto!

COLOMBIA

2 Can you choose the correct answer?

1 ¿Cómo está usted?
- ☐ Encantado.
- ☐ Bien, gracias.
- ☐ Está en Segovia.

2 ¿A qué te dedicas?
- ☐ Trabaja en una farmacia.
- ☐ Es profesora.
- ☐ Soy ingeniero.

3 ¿De dónde sois?
- ☐ Soy hijo único.
- ☐ Son de Murcia.
- ☐ De Mallorca.

4 ¿Cuántos años tienes?
- ☐ Tengo cuatro hijos.
- ☐ Veintisiete.
- ☐ Tengo los ojos azules.

5 ¿Estás casada?
- ☐ No, estoy bien gracias.
- ☐ Sí, estoy bien gracias.
- ☐ No, estoy soltera.

Evaluación del bloque 1
Evaluation of part 1

This is how you can learn

Do you know what these mean?
Find the meaning of each symbol.

1 ☐ Ejercicio con audio

2 ☐ Usa el diccionario

3 ☐ Relación con el *Cuaderno de recursos y ejercicios*

4 ☐ Ampliación en el *Apéndice Gramatical*

5 ☐ Sección de *Recursos*

6 § ☐ Evaluación de lección

7 ☐ Búscanos en Internet

Think over your work in these three lessons:

I've learned	☐ a lot	☐ quite a lot	☐ a little
I've considered the activities to be	☐ easy	☐ difficult	☐ very difficult
I've cooperated with my colleagues	☐ a lot	☐ quite a lot	☐ a little

What I liked most is ____________________

What I liked less is ____________________

bloquedos2

parttwo2

lección4
lección5
lección6

lesson 4
lesson 5
lesson 6

Índice

Lección 4
Lesson 4

¡Hogar, dulce hogar!
Home sweet home!....................63

Lección 5
Lesson 5

La aldea global. ¡No te pierdas!
The global village. Be a part of it!....................77

Lección 6
Lesson 6

¡De compras!
Going shopping!....................91

lecciónCuatro4

lessonfour4

¡Hogar, dulce hogar!

Home sweet home!

Lección 4
Lesson 4

En portada

Headlines

¡Hogar, dulce hogar!

Home sweet home!

Una casa es un mundo. ¿Quieres ver de cerca la casa de Lola, Andrew, Julián y Begoña, su mundo? ¿Cómo es tu casa favorita? Hay muchas casas diferentes. También hay asientos diferentes: sillas, sofás, sillones, etc. ¿Quieres conocerlos? ¡Toma asiento y disfruta!

A house is a world. Do you want to see Andrew's, Lola's, Julián's and Begoña's house up close –their world? What's your favorite house like? There are so many different kinds of houses. There are also different kinds of seats: chairs, sofas, easy chairs, and so on. Do you want to learn about them? Have a seat and enjoy yourself!

In this lesson you will learn:

- How to describe the parts of a house and household objects
- How to find your way around indoors

1a Our friends are at home. Look at the picture and complete these sentences with the help of the words in the box.

~~sala de estar~~ • sofá • cocina • mesa • encima • comedor • detrás del entre • al lado • delante de • encima

1 Begoña está en la *sala de estar* , sentada en el __________ .
2 Andrew está en el __________ , al lado de la __________ .
3 Lola y Julián están en la __________ , __________ del mostrador.
4 El instrumento de música está __________ del sofá.
5 Los cojines están __________ de Begoña, __________ del sofá.
6 La columna está __________ Andrew y Lola.
7 Begoña está __________ Julián y Lola.

1b Can you write down the rooms in this floor plan? The words in the box can help you.

comedor • cocina • ~~dormitorio~~ • baño • sala de estar

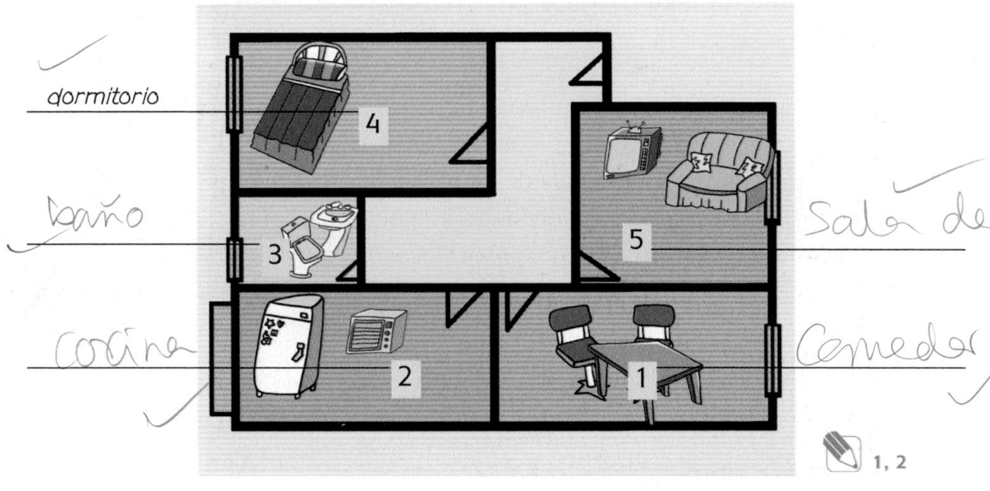

1, 2

Escenas

Cada casa es un mundo lleno de objetos que debes conocer. Begoña y Antonio tienen problemas. Y necesitan tu ayuda.

2 Begoña is describing her new house to her mother. Listen to their dialogue and mark what her house is like.

		T	F
1	El piso de Begoña es grande.	X	
2	La habitación de Begoña es oscura.		X
3	La habitación de Begoña es un poco ruidosa.	X	
4	El barrio es triste.		X
5	La cocina es amplia.	X	
6	La cocina es un poco vieja.		X
7	El salón, el comedor y la cocina están en el mismo espacio.	X	
8	El piso tiene agua caliente.	X	
9	Begoña comparte piso con un chico y dos chicas.		X
10	Andrew tiene la habitación más grande.		X

1, 12

3 This is Alberto's new office. He is one of Julián's friends. After listening to Julián's and Alberto's conversation, can you put in the missing parts of his office?

2

Each house is a world full of objects familiar to you. Begoña and Andrew are having problems and need your help.

4a Begoña is forgetful. Lola always helps her find her things. After listening to the dialogue, write down where are the things that she's looking for.

La agenda *está en la habitación, encima de la mesa.*
Las gafas de sol están al lado de la televisión
Las llaves están en la mesa del recibidor, detrás del florero
La dirección de Internet está en la agenda de Begoña.
La tarjeta del metro está en el comedor, al lado del teléfono. 2, 4, 5

4b Can you find Begoña's pen?
We'll give you a hint: it's very close to the lamp.

5 The moving company is a disaster. Antonio is calling them to complain. Where are the pieces of furniture? And where does Antonio want them to be?

¿Dónde están los muebles?

La cama está *debajo de la ventana.*
La mesa del comedor está dejas en el pasillo.
El sofá está *en el dormitorio.*
El frigorífico está en el recibidor

¿Dónde los quiere Antonio?

Quiere la cama enfrente de la puerta
Quiere la mesa en el comedor en el comedor
Quiere el sofá en el salón
Quiere el frigorífico en la cocina 2, 4, 5

Primer plano

Juega con planos de pisos y aprende el vocabulario de habitaciones y objetos.

6a Lázaro is helping a friend to look for an apartment in the city, but he's not sure which ad goes with the floor plan below. Why don't you help

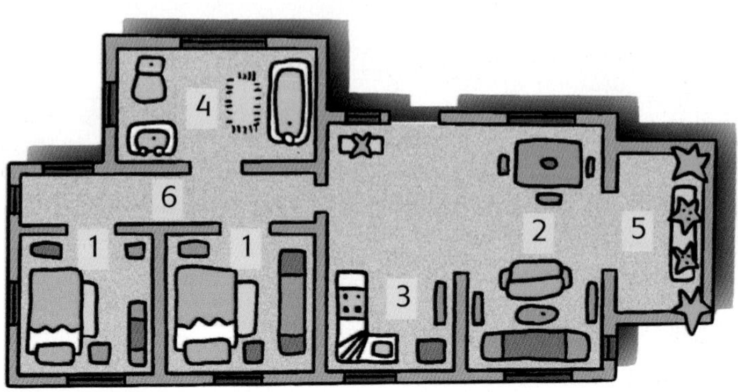

Anuncio 1	Anuncio 2	Anuncio 3
c/ Ricardo, 18. ☐ 1 dormitorio, comedor, cocina, balcón, un baño amplio, recibidor, ascensor. Finca seminueva. Euros 85.945	Plaza Cervantes. ☐ 4 dormitorios, salón-comedor, 2 baños completos, cocina, gran terraza, amplio recibidor. Euros 149.652	Gran Vía, 25. ☐ 2 dormitorios, cocina, salón-comedor, 1 baño completo, terraza soleada. Euros 179.703

6b Now, can you name the numbered parts in the floor plan?

1 *dormitorio* 3 ______ 5 ______
2 ______ 4 ______ 6 ______

7 These are the things that our friends have in their apartment. Which room are these usually found in?

lavadora

mesita

lavabo

sofá

televisor

mesa

microondas

cama

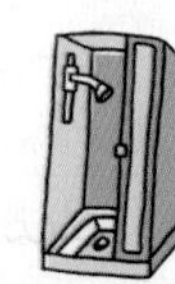
ducha

váter

nevera

silla

salón o comedor: *sofá,* ______
cuarto de baño: *ducha,* ______
cocina: *nevera,* ______
dormitorio: *cama,* ______

Play around with apartment floor plans and learn the vocabulary of rooms and household objects.

8a On the bulletin board in the drama school, there are three announcements for apartments. After reading them, can you answer the following questions?

Anuncio 1	Anuncio 2	Anuncio 3
50 metros cuadrados. Sala, cocina, baño, un dormitorio, balcón. Alto sin ascensor. Euros 81.137	90 m^2. Tres dormitorios, salón, cocina, dos baños, terraza con vistas. Garaje dos plazas. Euros 210.354	70 m^2. Salón, comedor, dos dormitorios, baño, terraza. Todo exterior. Ascensor. Euros 111.187

1 ¿Qué piso tiene más metros? *El número 2* .
2 ¿Los tres pisos tienen ascensor? ____________ .
3 ¿Qué piso tiene más de un baño? ____________ .
4 ¿Qué piso no tiene terraza? ____________ .
5 ¿Qué piso tiene garaje? ____________ .
6 ¿Qué piso es todo exterior? ____________ .

8b And now, why don't you help these people who work in the school find the right apartment?

1

Lección 4
Lesson 4

Primer plano

First look

Los mismos objetos están en el salón y en el cuarto de baño.

The same household objects are in both the living room and the bathroom.

9 So many pieces of paper! Where are they? Complete the sentences using the words in the box.

debajo de • encima de • al lado de • dentro de • enfrente de • entre

2, 4, 5

1 Hay papeles *encima de* la mesa.
2 Hay papeles ________ la mesa.
3 Hay papeles ________ la papelera.
4 Hay papeles ________ el ordenador.
5 Hay papeles ________ las macetas.
6 Hay papeles ________ el armario.

10 What do our friends usually do in the rooms in their apartment? Write what they do, found in the box, next to the corresponding room.

mirar la calle • leer • hablar por teléfono • estudiar
trabajar con el ordenador • comer • ver la televisión • ducharse
despedirse • recibir a las personas • entrar • salir • tomar el aire
escuchar música • dormir • cocinar • pasar de una habitación a otra

En el comedor: *comer*.
En el salón: ______, ______, ______, ______.
En el baño: ______.
En el recibidor: ______, ______, ______, ______.
En el balcón: ______, ______, ______.
En la cocina: ______, ______, ______, ______.
En el pasillo: ______.
En el estudio: ______, ______, ______, ______.
En el dormitorio: ______, ______, ______.

1

11 What a mess! Andrew is cleaning up his room. Look how it was before (drawing A) and how it is now (drawing B).

teléfono • lámpara • libro • dos cuadros
equipo de música • mesa • ordenador

dibujo A

dibujo B

2, 4, 5

Now you can fill in the chart.

¿Qué objetos (7) hay en la habitación? (What objects (7) are there in the room?)	¿Dónde están en el dibujo A? (Where are they in drawing A?)	¿Dónde están en el dibujo B? (Where are they in drawing B?)
Hay un teléfono	*Está en el suelo*	*Está encima de la mesa*

Recursos

HOUSEHOLD OBJECTS AND PARTS OF A HOUSE

- *¿Tienes aire acondicionado en tu piso?*
- *No, es un piso poco caluroso.*
- *¿Cuántas habitaciones tiene el piso?*
- *Tres, un dormitorio de matrimonio y dos habitaciones pequeñas.*
- *¿Qué tiene el piso nuevo, terraza o balcón?*
- *Balcón, pero es muy grande.*

THE DIFFERENCE BETWEEN THERE **HAY** (IS/ARE) AND **ESTÁ/N** (TO BE) §43

HAY + { UN/UNA/UNOS/UNAS, DOS, TRES..., MUCHOS/MUCHAS, POCOS/POCAS } + [NOMBRE] + [LOCALIZACIÓN]

- *¿**Hay un** libro debajo de la mesa?*
- ***Hay dos** libros debajo de la mesa.*

- *¿**Hay una** caja en el pasillo?*
- ***Hay muchas** cajas en el pasillo.*

EL/LA/LOS/LAS + [NOMBRE] + ESTÁ(N) + [LOCALIZACIÓN]

- *¿Dónde **está el** lavabo?*
- *El lavabo **está** a la derecha.*

- *¿Dónde **están los** disquetes?*
- *Los disquetes **están** debajo del libro.*

ADJECTIVES AND POSSESSIVE PRONOUNS §16

adjectives	pronouns
mi	mí**o/a/os/as**
tu	tuy**o/a/os/as**
su	suy**o/a/os/as**
nuestr**o/a**	nuestr**o/a/os/as**
vuestr**o/a**	vuestr**o/a/os/as**
su	suy**o/a/os/as**

- *¿Éste es **mi** libro?*
- *No, este libro es **mío/el mío**.*
- *¿Ésta es **nuestra** mesa?*
- *Sí, esta mesa es **nuestra/la nuestra**.*

HOW TO DESCRIBE LOCATION INSIDE §52

delante (de) | detrás (de)

encima (de) | debajo (de)

DEFINITE AND INDEFINITE ARTICLES §9 y §10

¿Dónde está ***el*** *libro?*
Hay ***unos*** *papeles por aquí.*

CONTRACTIONS §9

Delante ***del*** *armario.*
Delante ***de la*** *mesa.*

ADJECTIVE GENDER §8

*El cuart**o** de baño es ampli**o**.*
*La sal**a** de estar es pequeñ**a**.*
*El barri**o** / La zon**a** es alegr**e**.*

PRESENT TENSE IRREGULAR VERBS, SUCH AS TO DORMIR → DUERMO §36

	dormir (to sleep)
yo	d**ue**rmo
tú	d**ue**rmes
él/ella/usted	d**ue**rme
nosotr**os**/**as**	dormimos
vosotr**os**/**as**	dormís
ell**os**/**as**/ustedes	d**ue**rmen

Other verbs that have the same irregular pattern:
*p**o**der, rec**o**rdar, m**o**rder, m**o**ver.*

La lengua es un juego

Language is a game

12 Find eleven differences between the two drawings and write the names of the different household objects in the boxes below.

13 In this spiral you will find twenty words that you already know. All of them are related to houses; they can be verbs, household objects or parts of a house. Look for them, but notice that the last letters of a word may be the first letter of the following word.

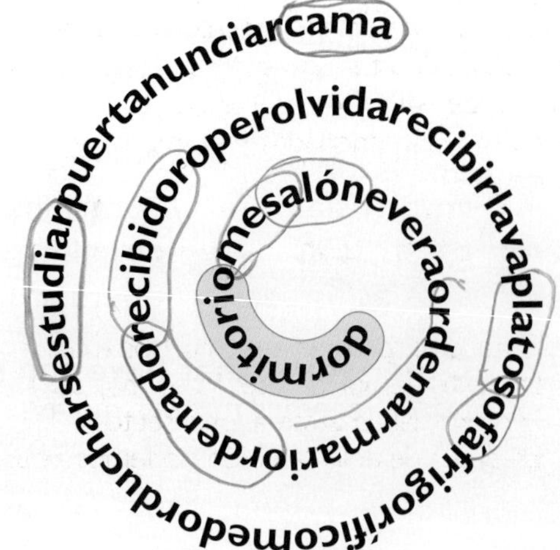

La lengua es un mundo

Language is a world

14 Get comfortable to read this text!

¿Dónde estás más cómodo, en un enorme **sillón** o en un **sillín** de bicicleta? ¿Te has estirado alguna vez en el **trono** de un rey? ¿Ves tu deporte favorito en los estrechos **asientos** de un estadio o sentado en tu **sofá** favorito con los pies sobre la **butaca**? En invierno, seguro que pasas horas y horas leyendo en la **mecedora** encima de un **cojín** y, en verano, en la hamaca de tu jardín, ¿o eres de los que son capaces de estar en las duras **sillas** de las bibliotecas? ¿Qué **asientos** te faltan por probar? ¿La **silla** del dentista? ¿El **banquillo** de los acusados? ¿El **diván** del psicoanalista? ¿El **escaño** de un diputado? ¿La **trona** de un bebé? ¿La **silla de montar** de un caballo?
No te preocupes, seguro que tu **sillón** es mucho más cómodo.

Now, can you tell us the name of these seats?

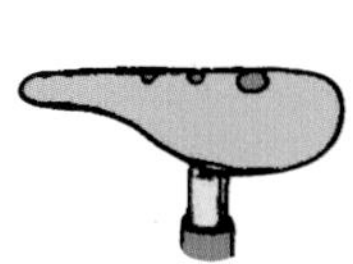

Sillas, hamacas, sillones, taburetes... todos son asientos.

Chairs, hammocks, easychairs, stool,... they're all seats.

15 The south of Spain

Andalucía está en el sur de España. Muchos turistas visitan la zona por sus playas, su comida y sus fiestas. La gente del sur es muy simpática y alegre. En ciudades como Sevilla, Málaga o Cádiz verás que las casas de los barrios típicos son de color blanco, también se llaman casas encaladas porque se blanquean con cal. La razón de esta costumbre es muy sencilla: la cal limpia las paredes, reduce el número de insectos y evita las enfermedades. Las casas del sur de Grecia, de Italia y del norte de África también están encaladas y el motivo es el mismo.

Based on the text, are these sentences true (T) or false (F)?

1 El sur de España atrae a muchos turistas.
2 La gente del sur de España es muy seria.
3 El color blanco atrae a los insectos.
4 En el sur de Italia también podemos encontrar casas encaladas.

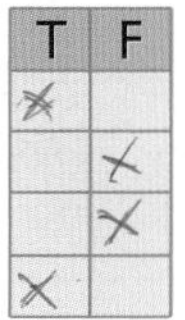

T	F

Internet addresses:

Spanish Youth Institute:
www.mtas.es/injuve

Tourism in Spain web site:
www.tourspain.es

Design web site:
www.designmp.es

Evaluación

Evaluation

1 Andrew is going to Salamanca for July and August.
He's going to live in his friend Juan's home. In this letter Juan explains what his apartment is like.

> Querido Andrew:
>
> ¿Cómo estás? Yo estoy bien, contento porque estas vacaciones voy a Roma, y como tú vienes este verano a Salamanca... puedes usar mi piso. ¡A ver qué te parece!
> En mi dormitorio hay una gran cama, enfrente de la cama está la televisión, encima hay un cuadro, y tengo el equipo de música al lado de la ventana. Siempre escucho ópera en la cama.
> El salón es muy grande y luminoso. Sólo tengo un sofá y una lámpara al lado para leer.
> La cocina es muy pequeña y hay una nevera vieja. ¡Ah! También hay una terraza con pocas plantas, para tomar el sol cómodamente.
> Bueno, escribe pronto.
>
> Un abrazo,
>
> Juan

Now, can you tell us if the sentences are true (T) or false (F)?

		T	F
a	La televisión está en su dormitorio.		
b	Hay un cuadro nuevo encima del sofá.		
c	La casa tiene un dormitorio.		
d	La casa tiene un salón amplio.		
e	En la terraza hay muchas plantas.		
f	La televisión está detrás de la cama.		

Now I can:

- ☐ Describe the parts of a house and household objects
- ☐ Explain where things are inside a house
- ☐ I can also: ____________________

Check out our web site 

leccióncinco5

lessonfive5

La aldea global. ¡No te pierdas!

The global village. Be a part of it!

En portada

Headlines

La aldea global. ¡No te pierdas!

The global village.
Be a part of it!

¿Dónde viven nuestros amigos? Su ciudad es luminosa, alegre y está cerca del mar. ¿Cómo es tu ciudad? ¿Vienes con nosotros a comer a un restaurante típico? ¡Te esperamos!

Where do our friends live? Their city is full of light, lively, and near the sea. What's your city like? Why don't you come with us to eat in a typical restaurant? We'll see you there!

In this lesson you will learn:

- How to ask for and give directions
- How to find your way around
- Ways to order in a restaurant

1 Do you know what these buildings are? With the help of the words in the box and the hints given, you can surely figure out their names.

cibercafé • museo • hospital • ~~centro comercial~~ • farmacia parque • cine • iglesia • ayuntamiento • zona industrial • aeropuerto

1 
ayuntamiento

2 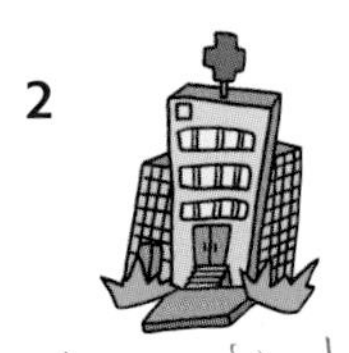
hospital

3 
centro comercial

4 
farmacia

5 
cibercafé

6 
parque

7 
cine

8 
zona Industrial

9 
aeropuerto

10 
museo

11 
iglesia

Lección 5
Lesson 5

Escenas

Scenes

Cada
ciudad
es un laberinto.
¿Quieres
un consejo?
Piérdete
en ella,
pero lleva
una guía
o un
teléfono.

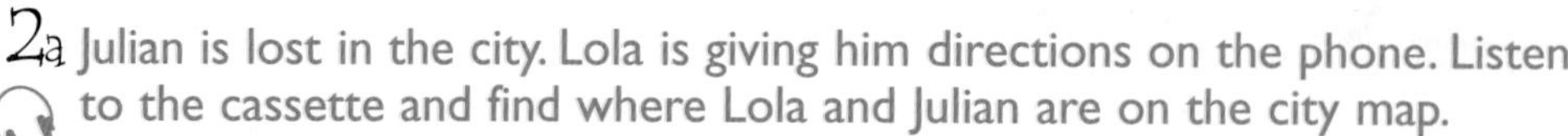

2a Julian is lost in the city. Lola is giving him directions on the phone. Listen to the cassette and find where Lola and Julian are on the city map.

2b Then mark the places that Lola mentions and draw Julian's route.

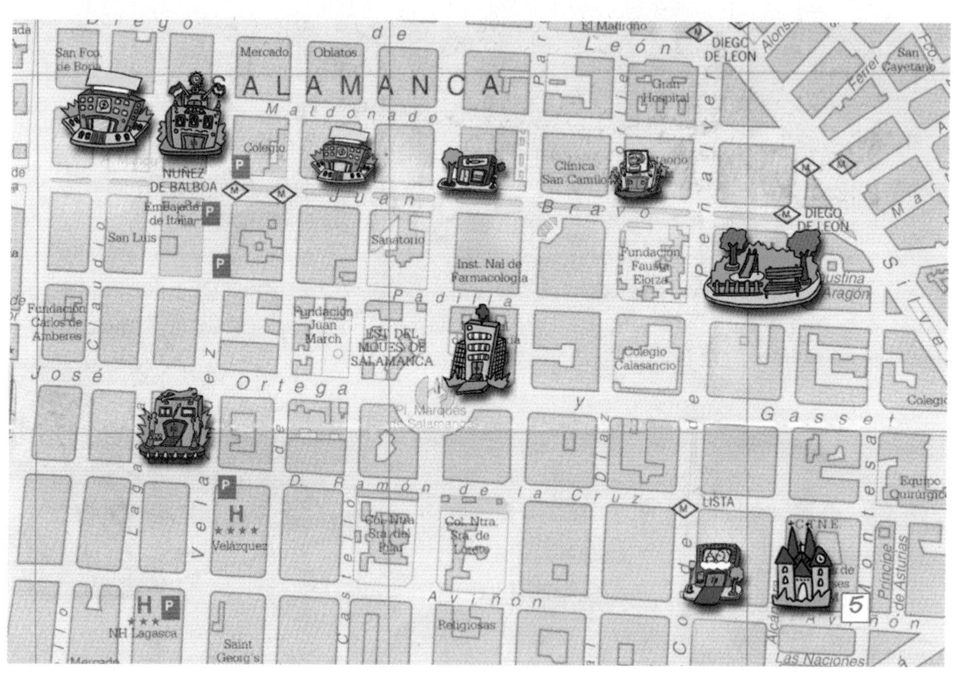

1, 4, 7, 8

3 Listen to this conversation between Lázaro's friends. Now why don't you complete the sentences with the words in the box?

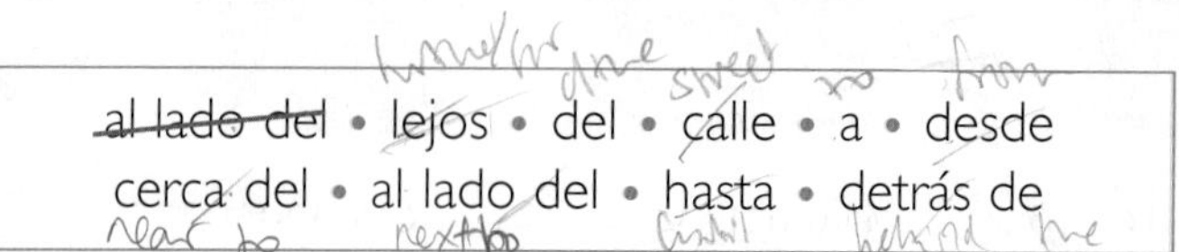

al lado del • lejos • del • calle • a • desde
cerca del • al lado del • hasta • detrás de

1 José trabaja *al lado del* Ayuntamiento.
2 Juan trabaja un poco más ________, en la ________ Huertas
3 Hay quince minutos ________ la calle Huertas ________ la casa de Juan.
4 José vive ________ trabajo de Juan, ________ parque.
5 Juan come en un restaurante ________ su trabajo.
6 José come en casa porque ________ trabajo ________ su casa sólo hay cinco minutos a pie.

4, 7, 8

Each city is a maze. Do you want some advice? Get lost in them but carry a guide book or a telephone.

4a In this restaurant there are two set-price meals: the tourist meal and the gourmet meal. Which of the dishes are found in both meals?

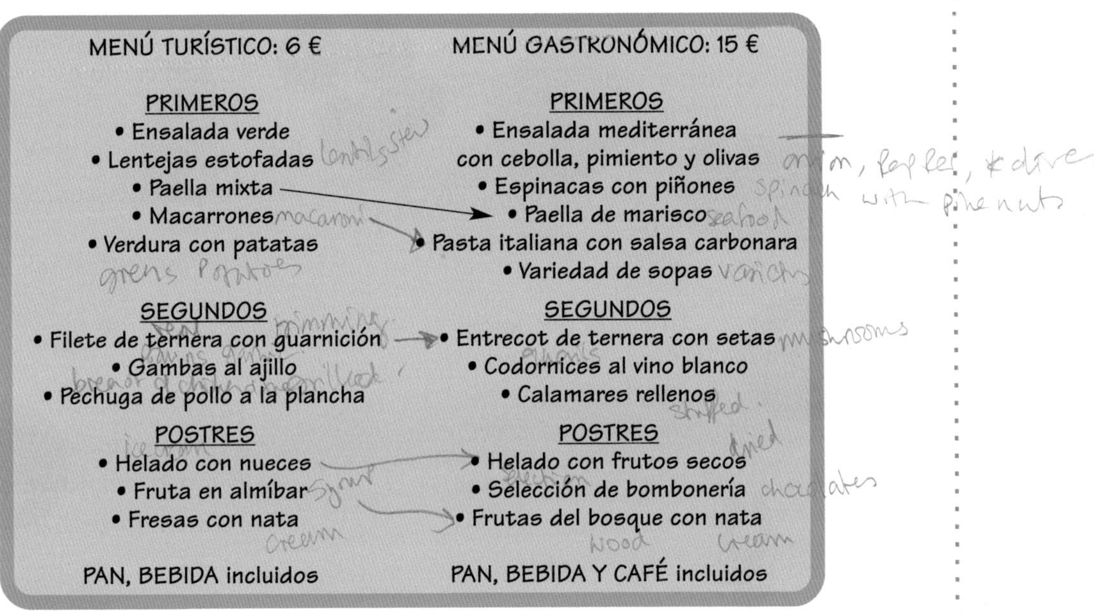

MENÚ TURÍSTICO: 6 €

PRIMEROS
- Ensalada verde
- Lentejas estofadas
- Paella mixta
- Macarrones
- Verdura con patatas

SEGUNDOS
- Filete de ternera con guarnición
- Gambas al ajillo
- Pechuga de pollo a la plancha

POSTRES
- Helado con nueces
- Fruta en almíbar
- Fresas con nata

PAN, BEBIDA incluidos

MENÚ GASTRONÓMICO: 15 €

PRIMEROS
- Ensalada mediterránea con cebolla, pimiento y olivas
- Espinacas con piñones
- Paella de marisco
- Pasta italiana con salsa carbonara
- Variedad de sopas

SEGUNDOS
- Entrecot de ternera con setas
- Codornices al vino blanco
- Calamares rellenos

POSTRES
- Helado con frutos secos
- Selección de bombonería
- Frutas del bosque con nata

PAN, BEBIDA Y CAFÉ incluidos

4b Julian and Lola are in the restaurant and are eating the tourist meal. Why don't you help the waiter write down what they want?

4c There are three people at a table next to Julian and Lola. They have chosen the gourmet meal. We're going to listen to what they want to eat. Notice the dishes: the waiter needs your help.

	Primer plato	Segundo plato	Postre	Bebida
Señor 1.°	*Espinacas con piñones*			
Señora				
Señor 2.°	*Espinacas con piñones*			

2, 3, 5, 6

Lección 5 Primer plano

Lesson 5 — First look

Aprende a guiarte en la ciudad. Lee los mapas y da indicaciones a los demás.

Learn to find your way around a city. Read maps and give directions to other people.

5 Match the foods with the corresponding drawing.

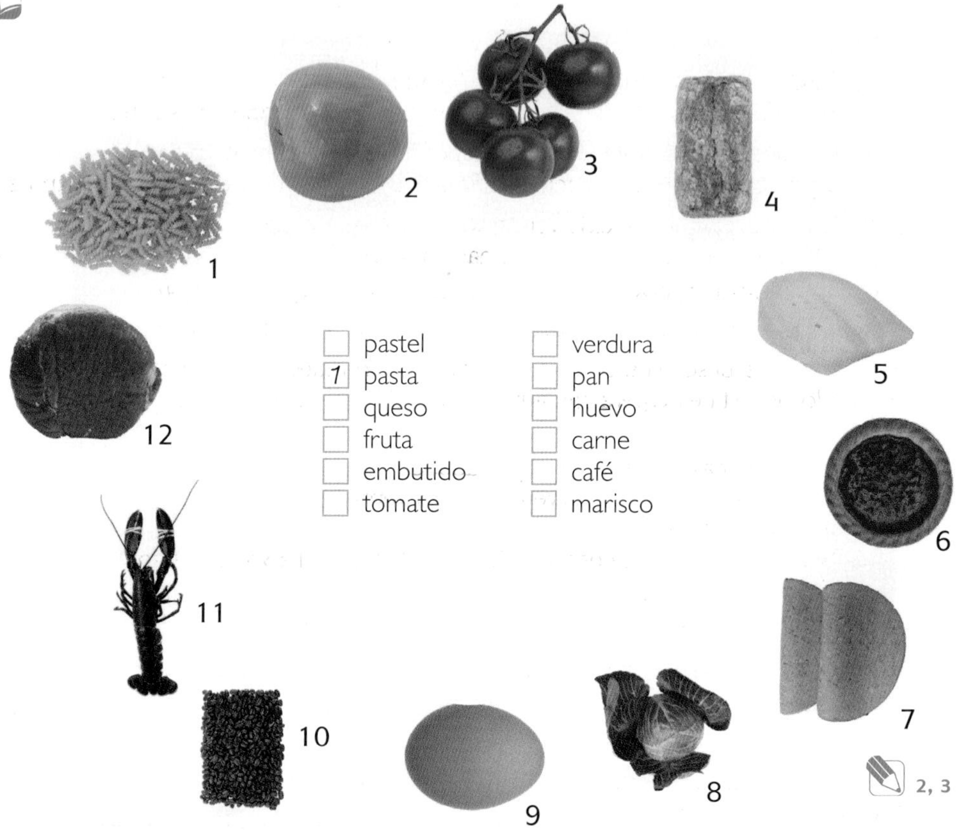

1 2 3 4 5 6 7 8 9 10 11 12

☐ pastel	☐ verdura
1 pasta	☐ pan
☐ queso	☐ huevo
☐ fruta	☐ carne
☐ embutido	☐ café
☐ tomate	☐ marisco

2, 3

6 Can you read these envelops and answer the questions?

Luisa Rodríguez
c/ Santa Susana, 10, 1.º 2.ª
28023 Madrid

Carlos Martínez
c/ Anglí, 39, 5.º 3.ª
08017 Barcelona

Javier Llanes
avda. Santa María, 5542
Santiago de Chile

Diario El Clarín
c/ Tamarí 1846B
1140 Buenos Aires
Argentina

Rosa Angulo
avda Libertador, 539, 9.º 1.ª
1010-A Caracas, D.F.
Venezuela

4, 7, 8

1 ¿En qué piso y qué puerta vive Luisa? *En el piso primero, segunda puerta*
2 El código postal de Rosa es ____________
3 ¿Quién vive en la avenida Santa María?
En la avenida Santa María vive ____________
4 ¿En qué calle está el diario *El Clarín*? ____________
5 ¿En qué número de la calle Anglí vive Carlos? ____________

7 Read this dialogue and complete the sentences about asking for and giving directions. Look at the examples.

1 — Perdona, ¿sabes dónde está el cine Yelmo?
— Sí, claro. Mira. ¿Ves aquella esquina? Pues está en la siguiente esquina.

2 — Por favor, quiero ir al Parque del Laberinto, pero me he perdido.
— Sigues todo recto hasta aquel edificio alto de allí, y justo detrás está el parque.

3 — Disculpe, para ir a la calle Velázquez, ¿puedo ir a pie o en metro?
— ¡Uf!, mejor en metro. ¿Ve ese semáforo? Pues al lado hay una estación de metro.

4 — ¿El Hospital Clínico, por favor? Está cerca de esta plaza, ¿verdad?
— Sí, aquí mismo. Justo después de esa avenida. Está a diez minutos.

5 — Disculpe, busco la estación de metro Ciudad Nueva. No es ésta, ¿verdad?
— No, no, ésta es Ópera. ¿Ve aquella plaza? Bien, pues todo recto y la tercera calle a la derecha.

6 — Perdone, ¿hay una gasolinera por aquí cerca?
— Sí, hay una no muy lejos. ¿Ve aquel semáforo?
— ¿Ése de la próxima esquina?
— No, el de la siguiente esquina. Pues a mano derecha y todo recto.

To ask for addresses:

Perdona, *¿sabes dónde está...?*
Por favor, ______
Disculpe, ______
¿El ______, por favor?
Disculpe, ______
Perdone, ______

To give addresses:

Sí, claro. *Mira, ¿ves...? Pues está en la siguiente esquina.*
Sigues ______
¿Ve ______
Sí, aquí ______
¿Ve aquella plaza? Bien, pues ______
Pues a mano ______

4, 7, 8

La primera a la izquierda.

Primer plano

First look

Aquí vas a aprender comidas y bebidas. ¿Te apetece algo?

Now you're going to learn about food and drink. What sounds good to you?

8 Do you want to know where the cathedral and the Museum of Modern Art are? Look at the map and complete the text with the words in the box.

cerca • semáforo • ~~enfrente de~~ • al lado del • cruce esquina • a la derecha • plaza • avenida Asturias

Bajas en la estación de metro de Ciudad Nueva. *Enfrente de* la estación está la __________ del Sol, y detrás hay un gran centro comercial. ¡Es muy famoso! Bueno, pues vas por la calle Santa Bárbara, cruzas la __________, sigues hasta el siguiente __________ y giras __________ y ¡ahí está la catedral! ¡Es preciosa!
El museo de arte moderno está muy cerca de la catedral. Bajas la calle Numancia hasta el segundo __________ y el museo está justo en la __________ de la calle Numancia con la calle Levante. El museo está __________ el Café Oriente. ¡Es el café más antiguo de la ciudad!

1, 4, 7, 8

9 We're in the drama school cafeteria. Listen to what they ordered and try to put the correct name below each picture.
Are you finished? Perfect!

 1	 2	 3	 4	 5
una jarra de ____________	una lata de ____________	un ________ ____________	un ________ ____________	una copa de ____________
 6	 7	 8	 9	 10
una taza de ____________	una tapa ____________	un bocadillo ____________	una bolsa de ____________	un pincho de ____________

 2, 3

10a Complete the dialogue with the correct verb form and the corresponding ordinal numbers.

CAMARERO: ¿Qué va a tomar?
CLIENTE: De (1.º) *primero* el gazpacho de la casa.
CAMARERO: ¿Y qué (querer) ____________ de (2.º) ____________ plato?
CLIENTE: Pues... merluza a la plancha.
CAMARERO: Y de postre, ¿qué (preferir) ____________, flan o helado de vainilla?
CLIENTE: Pues (preferir) ____________ el helado.
CAMARERO: ¿Y para beber?
CLIENTE: Para beber (querer) ____________ el vino de la casa.

5

10b Now it should be easy for you to complete this chart.

	Querer (To want)	Preferir (To prefer)
yo		
tú		
él/ella/usted		
nosotros/as	*queremos*	
vosotros/as	*queréis*	
ellos/ellas/ustedes		

 3

Recursos

ASKING FOR AND GIVING DIRECTIONS

asking	giving
¿Dónde está la catedral?	*Todo recto y la tercera a la derecha.*
¿Para ir a la estación, por favor?	*Después de esta plaza, la primera a la derecha.*
¿La calle Alegría, por favor?	*Está aquí mismo, a cinco minutos.*
¿Hay una estación de metro por aquí cerca?	*Hay una en la segunda calle a la derecha.*

EXPLAINING WHERE THINGS ARE OUTSIDE §52

¿Está lejos?
No, aquí mismo, al final de la calle.

El perro está cerca del gato. El perro está cerca.

El perro está lejos del gato. El perro está lejos.

Va a pie desde su casa hasta la oficina.
De su casa a la oficina hay cinco minutos.

ORDERING IN A RESTAURANT

¿Qué van a tomar?
De primero sopa y de segundo pollo con patatas.
Para mí lo mismo.

Quiero ver la carta.
Prefiero pescado.

PRESENT TENSE IRREGULAR VERBS SUCH AS **QUERER** (TO WANT) → **QUIERO** (I WANT)§34

Some very frequently used verbs have irregular forms in the *presente* (simple present):

	querer (To want)	pensar (To think)	entender (To understand)	preferir (To prefer)
yo	qu**ie**ro	p**ie**nso	ent**ie**ndo	pref**ie**ro
tú	qu**ie**res	p**ie**nsas	ent**ie**ndes	pref**ie**res
él/ella/usted	qu**ie**re	p**ie**nsa	ent**ie**nde	pref**ie**re
nosotr**os**/**as**	queremos	pensamos	entendemos	preferimos
vosotr**os**/**as**	queréis	pensáis	entendéis	preferís
ell**os**/**as**/ustedes	qu**ie**ren	p**ie**nsan	ent**ie**nden	pref**ie**ren

ADJECTIVES AND DEMONSTRATIVE PRONOUNS §17

	masculine	feminine
singular	este, ese, aquel	esta, esa, aquella
plural	estos, esos, aquellos	estas, esas, aquellas

Demonstrative adjectives

Este/Ese/Aquel *hospital es muy grande.*
Esta/Esa/Aquella *escuela está cerrada.*

Demonstrative pronouns

Éste/Ése/Aquél *es mi coche.*
Ésta/Ésa/Aquélla *es mi escuela.*

¡PLEASE NOTE!
The forms *ese/esa/esos/esas* mean "that" for objects not very far away.
The forms *aquel/aquella/aquellos/aquellas* mean "that" for distant objects.

ADVERBS OF LOCATION §52

Este coche de ***aquí.***

Ese coche de ***ahí.***

Aquel coche de ***allí.***

ORDINAL NUMBERS §19

primero/a	1.°/1.ª	sexto/a	6.°/6.ª
segundo/a	2.°/2.ª	séptimo/a	7.°/7.ª
tercero/a	3.°/3.ª	octavo/a	8.°/8.ª
cuarto/a	4.°/4.ª	noveno/a	9.°/9.ª
quinto/a	5.°/5.ª	décimo/a	10.°/10.ª

- *¿Dónde vives?*
- *En la calle Maravillas,* ***5*** (número), ***9.°*** (noven**o** pis**o**), ***4.ª*** (cuart**a** puert**a**).

- *María y yo somos vecinas, ella vive en el* ***primer piso*** *y yo en* ***el tercero.***
- *¡Qué casualidad! Yo también vivo en el* ***tercer piso.***

¡PLEASE NOTE!

El ***primer*** *piso / El piso* ***primero*** — *La* ***primera*** *puerta / La puerta* ***primera***
The ***first*** *floor / The* ***first*** *floor* — *The* ***first*** *door / The* ***first*** *door*

11 To describe the route home, you have to answer the following questions. If you don't remember, you can look at *Recursos*.

1 **Completa:** Yo (PENSAR) ________________
2 **¿Qué palabra falta?** Este, ese, ________________
3 **Completa la serie:** Primero, ________________, tercero.
4 **¿Qué es esto?** ________________
5 **¿Cómo se dice "3.º"?** ________________
6 **Completa:** ¿Cuál es tu coche? ________________ coche es éste verde.
7 **¿Qué palabra falta?** ________________, esos, aquellos.
8 **¿Qué es esto?** ________________
9 **Completa:** Ella (QUERER) ________________
10 **¿Cuándo se toma el postre, al principio o al final de la comida?** ________________
11 **Utiliza la palabra apropiada:** Mira ________________ árbol de aquí.
12 **¿Qué es esto?** ________________
13 **¿Cómo se dice "9.ª"?** ________________
14 **¿Qué es esto?** ________________
15 **Utiliza la palabra apropiada:** Mira ________________ árbol de allí.

2, 9, 10

12 City or country. This text can help you decide.

En el año 2025 un 65% de la población mundial, 4.500 millones de personas, va a vivir en las grandes ciudades. Las razones de este éxodo masivo desde el campo a la gran ciudad son evidentes: la comodidad y los servicios. Las ciudades dan a sus habitantes todas las ventajas de la modernidad: buenas comunicaciones, cultura, información, negocios, asistencia sanitaria, escuelas de idiomas, estadios de fútbol, etc. Sin embargo, las personas que prefieren vivir lejos de la ciudad pueden obtener la mayor parte de estas ofertas gracias a Internet. Conectados en la red pueden ir de compras, invertir en bolsa o aprender idiomas independientemente de si viven en el desierto o en un pueblecito de las montañas.

Put an X if the following statements are true (T) or false (F).

1 En el año 2025, más de la mitad de la población vivirá en las ciudades.
2 La ciudad ofrece más servicios que el campo.
3 El texto dice que sólo hay escuelas de idiomas en las grandes ciudades.
4 Es más fácil encontrar trabajo y diversiones en las grandes ciudades que en las zonas rurales.

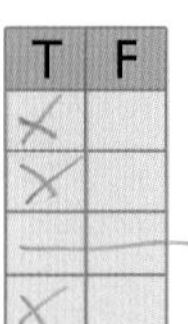

5 Según el texto, en muchas ciudades no hay hospitales.
6 Hay pocos museos en las grandes ciudades.
7 El texto afirma que los pueblos no tienen hospitales.
8 Puedes estudiar idiomas, informática y cocina conectado a la red.

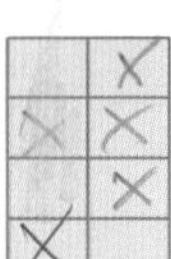

El campo o la montaña, la ciudad o el pueblo. ¡Decídete!

The country or the mountains, the city or the village. You decide!

13 Mediterranean foods

Los principales cultivos de la zona del Mediterráneo son el trigo, las aceitunas y la vid (uva). Estos productos básicos son los principios de la cocina mediterránea, y su éxito es fácil de explicar: el énfasis en los cereales, la fruta fresca, las verduras y el pescado. Además, no debemos olvidar dos cosas: el aceite de oliva es el mejor para cocinar, y el vino tinto ayuda a prevenir enfermedades cardíacas. En los países mediterráneos la comida es algo muy importante. Una buena digestión es una parte importante de la dieta y por eso utilizamos el tiempo necesario tanto en la preparación de la comida como en su consumo.

After reading the text, decide if these sentences are true (T) or false (F).

1 El trigo y las aceitunas son cultivos de la zona mediterránea.
2 La carne y los productos lácteos son las piezas claves de la dieta mediterránea.

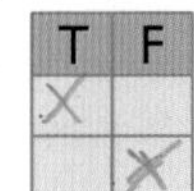

3 El vino tinto puede prevenir las enfermedades cardíacas.
4 Generalmente, en los países mediterráneos se come rápido y con prisas.

5 La digestión es una fase importante en la alimentación diaria.

Internet addresses:

Architecture and art magazine:
www.arquitectura.com

Cooking web site:
www.afuegolento.com

Map of Spanish cities:
callejero.terra.es

Evaluación

Evaluation

1 Can you check the correct sentence?

1 ¿Cuál es tu coche?
- [ ] El mío es ése verde.
- [ ] El mío es aquella verde.
- [ ] El mío es éstos verde.

2 ¿Dónde trabajas?
- [ ] Todos los lunes.
- [ ] En esta farmacia de la esquina.
- [ ] Una cerveza, por favor.

3 ¿Quién es tu padre?
- [ ] La tercera a la derecha.
- [ ] Mi padre es alto, rubio y un poco gordito.
- [ ] Aquel señor de allí es mi padre.

4 ¿Qué quieres de segundo, carne o pescado?
- [ ] Preferimos carne.
- [ ] Preferís carne.
- [ ] Prefiero carne.

5 ¿Perdone, la calle Libertadores, por favor?
- [ ] La primera calle a la derecha.
- [ ] Ésta es mi casa.
- [ ] Prefiero la calle Agricultura.

6 ¿En qué piso vives?
- [ ] En la tercera piso.
- [ ] En el piso tercer.
- [ ] En el tercer piso.

2 Why don't you complete the dialogue between Lola and Julian with help from the words in the box?

séptimo • cerca de • a • ciudad • allí • esquina aquel • enfrente • cuatro • barrio

LOLA: ¡Qué casualidad! He visto a María Ribas, ahora mismo.
JULIÁN: ¿Sí? ¿Y qué hace por este ______ ?
LOLA: Vive aquí, en el barrio, ______ la tienda de ropa de la ______ .
JULIÁN: ¿Dónde? ¿En ______ portal nuevo?
LOLA: No, ______ no. Vive ______ del Banco Español.
JULIÁN: ¿En qué piso vive?
LOLA: En el ______ ______ , es un piso alto y puede ver toda la ______ .
JULIÁN: ¡Ah, qué bien! Oye, ¿cómo va a trabajar?
LOLA: A pie, de su casa ______ la oficina hay 20 minutos.

Now I can:

- [ ] Ask for and give directions
- [ ] Explain where things are outside
- [ ] Order in a restaurant
- [ ] I can also: ______________________

Check out our web site www. esespasa. com

lecciónseis6

lessonsix6

¡De compras!

Going shopping!

Lección 6
Lesson 6

En portada

Headlines

¡Vamos de compras! Andrew no sabe dónde comprar el pan, la leche y el periódico. ¿Y tú? Juntos vais a aprender. ¡No señales con el dedo!

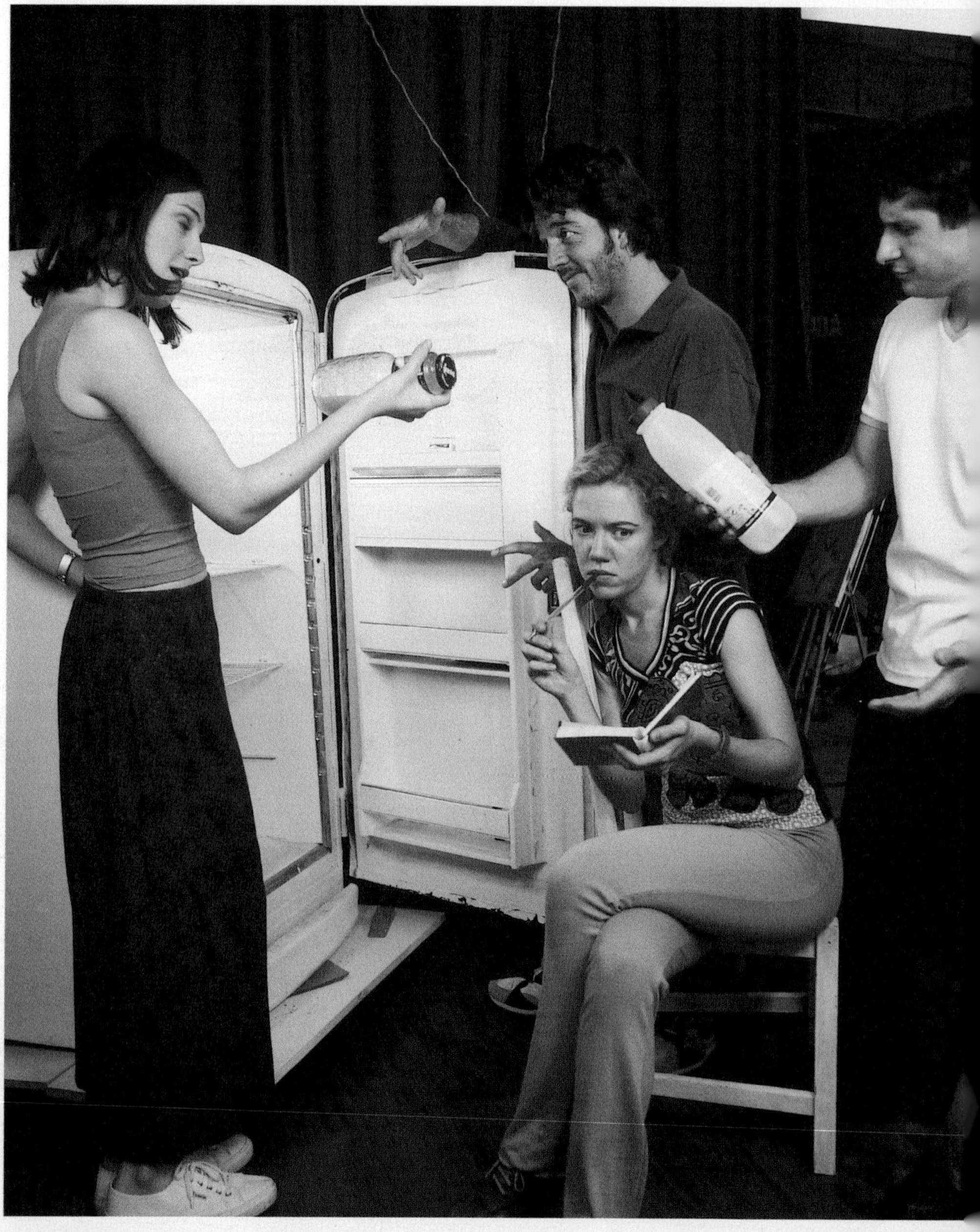

¡De compras!

Going shopping!

Let's go shopping! Andrew doesn't know where to buy bread, milk and the newspaper? Do you? Together you'll learn. Don't point with your finger!

In this lesson you will learn:

- How to buy things in a store
- How to describe things

1a Our friends' refrigerator is empty. Look carefully at the picture and mark the correct answer.

a ¿Cómo están nuestros amigos?
- ☐ Alegres.
- ☐ Tristes.
- ☑ Preocupados.

b ¿Qué hace Lola?
- ☐ Compra en el mercado.
- ☐ Escribe la lista de la compra.
- ☐ Mira una botella de leche.

c ¿Qué nos enseña Andrew?
- ☐ Su camisa nueva.
- ☐ Sus pantalones nuevos.
- ☐ La nevera vacía.

d Y Julián, ¿qué mira?
- ☐ Mira a Begoña.
- ☐ Mira por la ventana.
- ☐ Mira la botella de leche vacía.

e ¿Qué tiene Begoña en la mano?
- ☐ Un libro.
- ☐ Una bolsa de patatas.
- ☐ Una botella de zumo.

f ¿Sabes qué van a hacer los chicos?
- ☐ Van a hacer un puzzle.
- ☐ Van a hacer la lista de la compra.
- ☐ Van a jugar al tenis.

1b Check off which of the following foods have to be kept in the refrigerator.

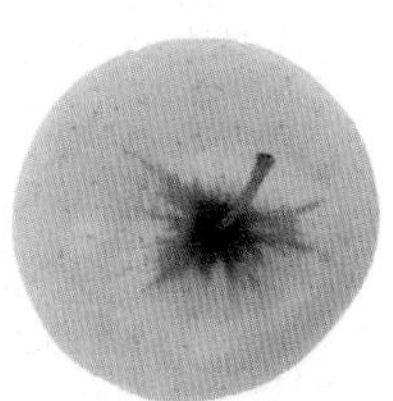

fruta ☐

café ☐

carne ☐

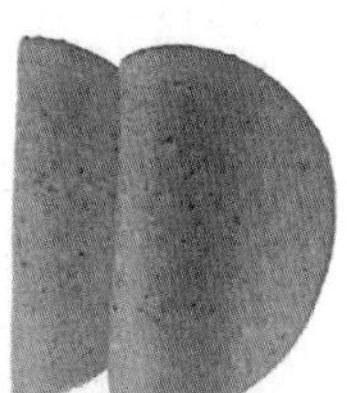

embutido ☐

verdura ☐

queso ☐

patatas ☐

marisco ☐

Escenas

Scenes

Mira qué te falta y llena la nevera. Cada producto en su sitio. ¡Vámonos de tiendas!

2a Begoña is going shopping. Write the name of the clothes with help from the words in the box, and mark the ones that Begoña wants to buy.

camisa • guantes • falda • zapatos • bolso • pantalones • camiseta • calcetines

1 *camisa* ______ [ ]   2 ______ [ ]   3 ______ [ ]   4 ______ [ ]

5 ______ [ ]   6 ______ [ ]   7 ______ [ ]   8 ______ [ ]

2b Listen again. Can you put the dialogue in the correct order?

[ ] DEPENDIENTE: ¿Qué talla tiene de falda?
BEGOÑA: La 40.

[ ] DEPENDIENTE: ¿Cómo las quiere?
BEGOÑA: La camisa la quiero roja, de manga corta y de algodón. La falda la quiero de color azul y larga.

[ ] DEPENDIENTE: De acuerdo. Pase por caja, por favor. ¿Cómo paga, en efectivo o con tarjeta?
BEGOÑA: Con tarjeta, tome.

[1] DEPENDIENTE: Buenos días; ¿qué quería?
BEGOÑA: Hola, quería una falda y una camisa.

[ ] DEPENDIENTE: ¿Qué tal le quedan?
BEGOÑA: Bien.

[ ] DEPENDIENTE: Perfecto. ¿Quería alguna cosa más?
BEGOÑA: Sí, quería también unos zapatos marrones con poco tacón.
DEPENDIENTE: A ver... Acompáñeme a la sección de zapatería, por favor.

[ ] DEPENDIENTE: Mire, aquí la tiene.
BEGOÑA: Muchas gracias. ¿Dónde está el probador?
DEPENDIENTE: Al fondo a la derecha.

[ ] DEPENDIENTE: ¿Éstos le gustan?
BEGOÑA: ¡Qué bonitos! Me los pruebo ahora mismo. ¿Cuánto cuestan?

[ ] DEPENDIENTE: 40 euros.
BEGOÑA: Bueno pues... me lo llevo todo.

3, 4, 5

See what's missing and fill the refrigerator. Each thing in its place. Let's go shopping!

3a Julián has a message from Lola on his answering service. Listen to the message and mark the boxes of the stores where he needs to go.

estanco ☐ panadería ☐ farmacia ☐ supermercado ☐ papelería ☐
zapatería ☐ quiosco ☐ floristería ☐ droguería ☐ carnicería ☐

3b Now, listen again and help Julián finish his shopping list.

1 una ____________ de galletas
2 un ____________ de pilas
3 tres ____________ de atún
4 dos ____________ de patatas fritas
5 un ____________ de flores
6 tres ____________ de pan de cuarto
7 un ____________ de notas

3c Julián has come back from shopping. He bought everything in the supermarket. Listen as he looks over the shopping ticket.
Can you complete the ticket below? Do you know how much he spent?

1, 2, 6. 14

Primer plano

First look

Aprende los nombres de los productos, vete a la tienda y no señales con el dedo.

Learn the names of the products. Go to the store, but don't point with your finger!

4a So many shops! Can you match the three columns? Look at the example for help...

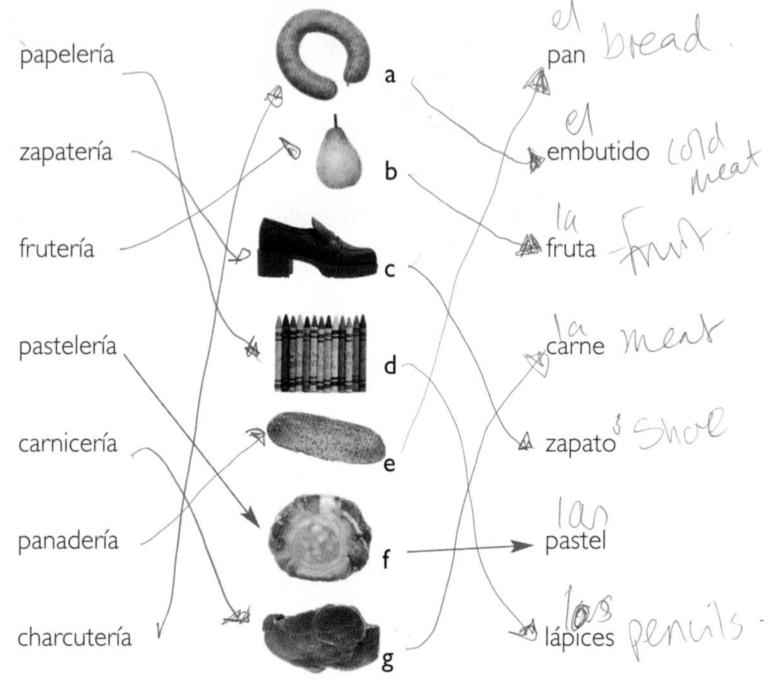

Todos los nombres de las tiendas terminan en ______________ .

4b Now write the names of the shops in the box in the correct place.

estanco • pescadería • bodega • zapatería • carnicería supermercado • frutería • floristería • droguería

1 estanco 4 ______ 7 ______
2 ______ 5 ______ 8 ______
3 ______ 6 ______ 9 ______

5a Our friends are talking about their preferences, but their sentences are in the wrong order. Can you match sentences in column A with the ones in column B?

A	B
1 Estos pantalones son muy anchos,	las busco un poco más baratas
2 Esta falda es demasiado corta,	lo prefiero más grande
3 Estas gafas son demasiado caras,	los prefiero más informales
4 Este jersey es un poco pequeño, ¿no?,	lo prefiero más moderno
5 Este teléfono móvil está muy anticuado,	la quiero un poco más larga
6 Estos zapatos son muy formales,	los prefiero más estrechos

5b Now, read the sentences from the preceding exercise and write the words with opposite meanings. Look at the examples.

1 *anchos* / *estrechos*
2 corta / larga
3 caras / baratas
4 pequeño / grande
5 anticuado / moderno
6 formales / informales

8, 9

6 These are our friends' clothes. Can you match them by colors? Look at the example.

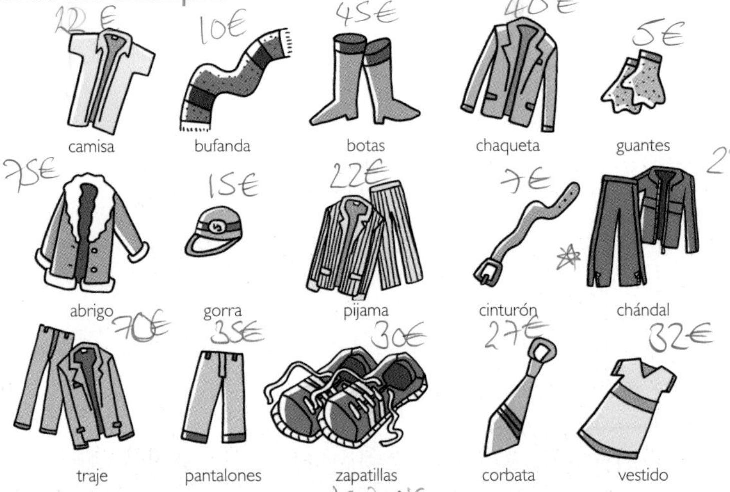

camisa
bufanda
botas
chaqueta
guantes
abrigo
gorra
pijama
cinturón
chándal
traje
pantalones
zapatillas
corbata
vestido

5

rojo: *bufanda,* ____________________
verde: ____________________
azul: ____________________
amarillo: ____________________
marrón: ____________________
gris: ____________________

Primer plano

First look

Aprende
a comprar y
a pagar
con euros.
Con la moneda
única,
¡es más sencillo!

7 Julián is looking at this window display. Look at the underlined words; they are used to compare things.

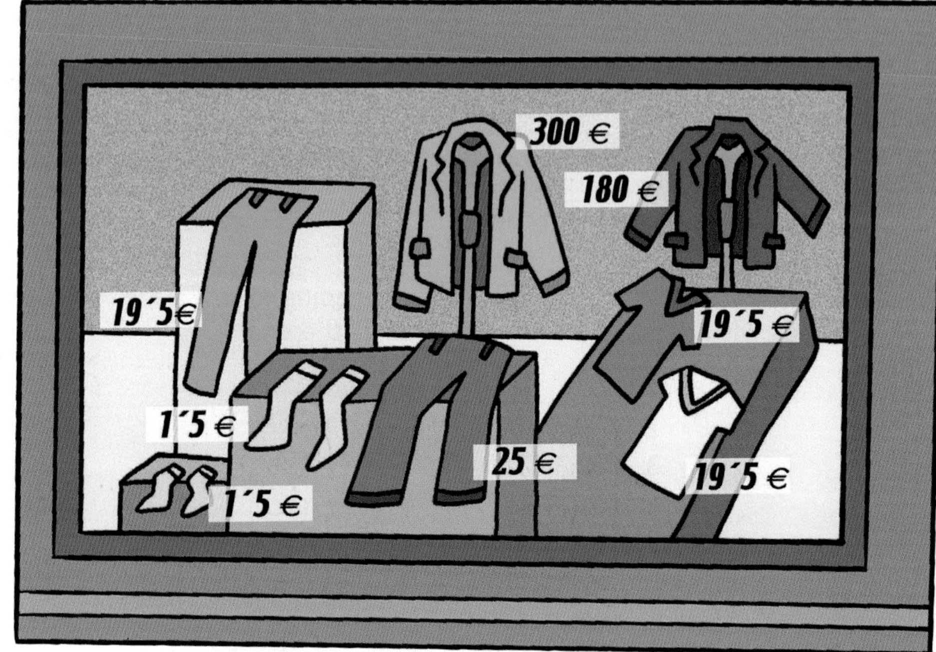

1 Los jerséis son más baratos que las chaquetas.
2 La chaqueta roja es tan bonita como la chaqueta verde.
3 El pantalón estrecho cuesta tanto como los jerséis.
4 La chaqueta verde es la más cara.
5 La chaqueta verde es carísima.
6 Los calcetines cortos son menos caros que la chaqueta roja.  8, 9

Now, can you find the difference in price of the objects in the drawing and write comparisons similar to the previous sentences?

1 **el jersey azul** → **amarillo.** → El jersey azul cuesta *tanto como* el jersey amarillo.
2 **los calcetines largos** → **calcetines cortos.** → Los calcetines largos son tan caros como los cortos.
3 **el jersey azul** → **pantalón estrecho.** → El jersey azul es más barato que el pantalón estrecho.
4 **el pantalón ancho** → **pantalón estrecho.** → El pantalón ancho es mas caro que el pantalón estrecho.
5 **la chaqueta roja** → **pantalón ancho.** → La chaqueta roja es más caro que el pantalón ancho.
6 **los calcetines** → **y el jersey amarillo.** → Los calcetines son más baratos que el jersey amarillo.

Learn to shop
and pay in euros.
With a single
currency,
it's easier!

8a Lola and Begoña are going to make a lemon cake.
Here are lots of ingredients; write the name below each drawing.

naranjas • botella de vino • docena de huevos • paquete de sal
botella de aceite • paquete de harina • limones • paquete de arroz
mantequilla • zumo de limón • ~~sobre de levadura~~ • ~~nata~~
lata de aceitunas • tableta de chocolate

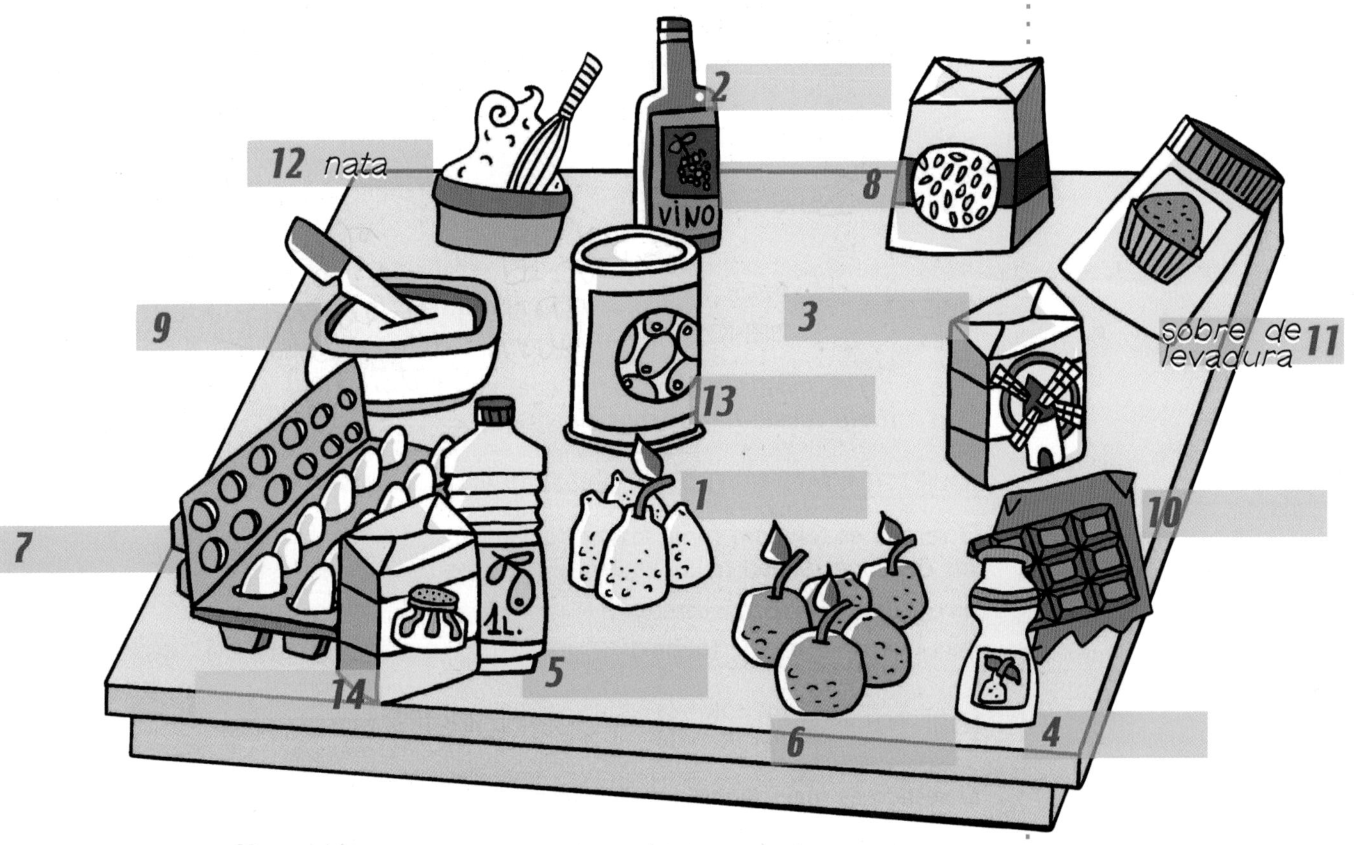

8b How listen to the dialogue and write the weights and measures of the products that Lola and Begoña need to make the cake.

Para hacer el pastel de limón, necesitan:

_____________ _______ de limones, _______ naranjas, _______ _____________ de harina, _____________ _____________ de huevos, _______ _____________ de mantequilla, _______ _____________ de levadura, _______ _____________ de sal y _______ _____________ de nata.

6, 14, 15

Recursos

SHOPPING

QUIERO/QUERÍA ¿TIENEN ¿NO TIENEN ¿PUEDO VER	+ [OBJETO] (?)	*Quiero un diccionario de español.* *¿Tienen diccionarios?* *¿No tienen diccionarios?* *¿Puedo ver ese diccionario?*
¿CUÁNTO +	ES? VALE(N)? CUESTA(N)?	*¿Cuánto es esto?* *¿Cuánto vale esta chaqueta?* *¿Cuánto cuestan estos zapatos?*
¿QUÉ PRECIO TIENE(N)? ¿ME COBRA?		*¿Qué precio tiene esta camisa?* *¿Me cobra, por favor?*

COMPARISONS §53

Adjectives and nouns §54

OBJETO + { MÁS / MENOS } +[ADJETIVO]/[SUSTANTIVO] + QUE + [OBJETO]

Este jersey es más/menos moderno que aquél.
Esta corbata cuesta más/menos dinero que ésa.

[OBJETO] + TAN/TANTOS + [ADJETIVO]/[SUSTANTIVO] + COMO + [OBJETO]

El vestido es tan caro como los pantalones.
Tus calcetines tienen tantos agujeros como los míos.

Irregular comparisons §55
más bueno → mejor (*better*) más malo → peor (*worse*)

[OBJETO] + { MEJOR / PEOR } + QUE + [OBJETO]

El vestido es mejor/peor que el jersey.

For size §55
Both forms can be used:
más grande o **mayor**.
más pequeño o **menor**.

La casa es más grande/mayor que el piso.
El piso es más pequeño/menor que la casa.

For age §55
It can be only used: **mayor** o **menor**.
Mi hermano es mayor/menor que yo.

SUPERLATIVES §56

Absolute superlative
[ADJETIVO] + -ÍSIMO/A

caro/a → car**ísimo/a**
interesante → interesant**ísimo/a**
bueno/a → buen**ísimo/a**
difícil → difícil**ísimo/a**

PLEASE NOTE!
The last vowel of the adjective is omitted.

Relative superlative
EL/LA/LOS/LAS + (SUSTANTIVO) + MÁS/MENOS +[ADJETIVO] + DEL/DE LA
El (cuadro) más/menos caro del mundo.
La (chaqueta) más/menos barata de la tienda.

OBJECT PRONOUNS §12

	masculine	**feminine**
singular	lo	la
plural	los	las

- *Quería* ***un abrigo****.*
- *¿Cómo* ***lo*** *quiere?*
- *¿De qué color quiere* ***la chaqueta****?*
- ***La*** *quiero azul.*
- *Tengo* ***unas faldas*** *azules muy bonitas.*
- *¿****Las*** *puedo ver?*

THE USE OF ¿QUÉ? (WHAT) AND ¿CUÁL? (WHICH) §21

Questions asking you to choose among different types of things
¿QUÉ + [VERBO]?
¿Qué quieres un jersey o una falda?

Questions asking you to choose among similar types of things
¿QUÉ + [SUSTANTIVO] + [VERBO]?
¿CUÁL + [VERBO]?
Tengo dos camisas, una blanca y otra gris.
¿Qué camisa prefieres?/¿Cuál prefieres?

DESCRIBING OBJECTS

Una camisa verde { *de algodón.* / *de 3.000 pesetas.* / *de manga larga.* }

Un anillo { *de oro.* / *con un diamante.* / *como ése de ahí.* }

NUMBERS MORE THAN 100 §18

100	cien
101	**ciento** uno
200	doscient**os/as**

9 Fill in this wheel with the names of the items shown in the pictures. Look carefully! The end of one word may be the beginning of the next one.

10a Do you know what these geometrical shapes are called? Put the letters in order and you'll learn how to describe things.

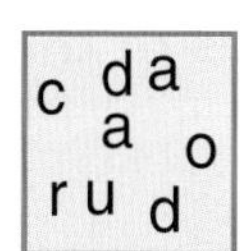

1 *cuadrado*

2 ____________

c o
r c
u l i

3 ____________

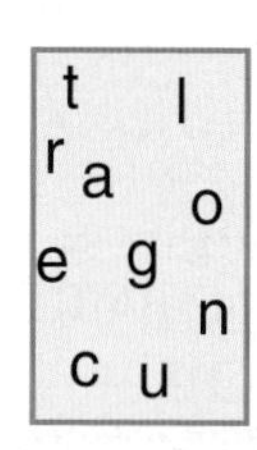

4 ____________

g a
r l r e
r i u

5 ____________

10b Now that you know the names of the shapes, can you complete these sentences?

a Tiene forma de ________________ o es cuadrangular.

b Tiene forma de ________________ o es triangular.

c Tiene forma de ________________ o es circular.

d Tiene forma de ________________ o es rectangular.

e Tiene forma ________________.

 6

11 Going shopping can be lots of fun. After reading this text, you'll surely understand us better. You can use your dictionary.

Hoy en día podemos hacer la compra de distintas maneras. Aquí hay algunas: se puede comprar como las **abejas**, compras tranquilamente de tienda en tienda; como las **hormigas**, compras una sola vez al mes y llenas la despensa; como la **cigarra**, no compras, llamas por teléfono a la pizzería; como el **león**, eres el rey de la tienda y compras todo, todo, todo; como la **jirafa**, compras lo mejor de lo mejor: el tallo más tierno de la copa de los árboles; como la **hiena** o el **buitre**, el vecino hace la compra y tú comes en su casa; y, por último, como el **águila**, que está siempre alerta y es capaz de ver a kilómetros de distancia lo que busca. Cada manera tiene sus ventajas y sus inconvenientes. ¿Conoces alguna más? ¿Cuál prefieres?

Ahora, ¿puedes escribir el nombre de estos animales?

1 *hormiga* ______ 2 ______ 3 ______ 4 ______

5 ______ 6 ______ 7 ______ 8 ______

Dime dónde compras y te diré quién eres.

(Tell me where you shop and I'll tell you who you are.)

12 Imagine fruit, sweets and presents raining down over your head.... Let's solve the mystery. You can use your dictionary.

El misterio se llama piñata. La piñata es una tradición de origen italiano. Luego pasó a España y a Latinoamérica. La elaboración de una piñata es muy sencilla: primero elegimos una olla de barro y ponemos dentro fruta, dulces y pequeños regalos; a continuación la envolvemos en papel de periódico; luego la colgamos de un árbol o de un lugar alto. ¿Ya está? No, ahora empieza lo divertido: escogemos un niño de la fiesta, le vendamos los ojos, le ponemos un palo en las manos y le damos tres vueltas para que pierda la orientación. El niño rompe la piñata con el palo para disfrutar de la lluvia de regalos y dulces. Desde hace más de 450 años, los niños del mundo hispánico han disfrutado en las fiestas con la piñata.

Now answer these questions and afterwards check your answers.

¿Cuál es el origen de la piñata? ______

¿Qué contiene una piñata? ______

¿Con qué se rompe la piñata? ______

¿Cuántas vueltas da el niño que va a romper la piñata? ______

Internet addresses:

Shopping on Internet:
www.elcorteingles.es

Shopping for books on Internet:
www.bol.es

Shopping on Internet:
www.terra.com/compras

Evaluación

Evaluation

1 Complete the text with: names of shops and products, comparisons and pronouns.

En mi ciudad hay un gran centro comercial. La carne siempre _________ compro en la _________ porque es muy buena y _________ barata _________ en otros centros. La _________ tiene todo tipo de frutas; ¡hasta tienen papaya! Aunque la mayoría de las tiendas son muy baratas jamás compro _________. ¡La pescadería es _________ ! Y la calidad no es demasiado buena.

Muchos días paseo por el centro comercial. Si busco zapatos, voy a la _________ *Tacón* porque los precios son _________ _________ baratos de la ciudad.

Si tengo que hacer un regalo voy a la _________ *Rítaca* porque tienen casi todos los libros que existen. A veces voy a la _________ , pero las joyas son _________ caras _________ los libros y no siempre tengo tanto dinero.

La ropa también _________ compro allí. Ahora mismo acabo de comprar una _________ , tenían muchas en la tienda y dudaba entre una gris y otra roja. Al final me quedé la roja. ¡Creo que el rojo me sienta mejor!

2 Which of the three answers is correct?

1 ¿Compramos manzanas?
- ☐ Vale, ¿en la nueva joyería?
- ☐ Bueno, ¡pues vamos a la frutería!
- ☐ No podemos, la pescadería está cerrada.

2 ¿Cuántos años tiene este edificio?
- ☐ Casi doscientos años.
- ☐ Yo diría que trescientas años.
- ☐ Unas doscientas años.

3 ¿Cuánto dinero ha ganado Begoña en la lotería?
- ☐ Cuatrocientas millones.
- ☐ Cuatrocien millón.
- ☐ Cuatrocientos millones.

4 ¿De qué color quiere los pantalones?
- ☐ Las quiero negros.
- ☐ Lo quiere negros.
- ☐ Los quiere negros.

5 ¿El precio de mi televisor es el mismo que el del tuyo?
- ☐ Sí, es más barato como el tuyo.
- ☐ No, es menos barato como el tuyo.
- ☐ No, es más barato que el tuyo.

6 ¿Está bueno el pastel de Lola?
- ☐ Sí, está menos bueno.
- ☐ Sí, está más buenísimo.
- ☐ Sí, está buenísimo.

Now I can:

- ☐ Express myself when I go into a shop
- ☐ Describe objects
- ☐ I can also: ________________________________

Check out our web site: www. esespasa. com

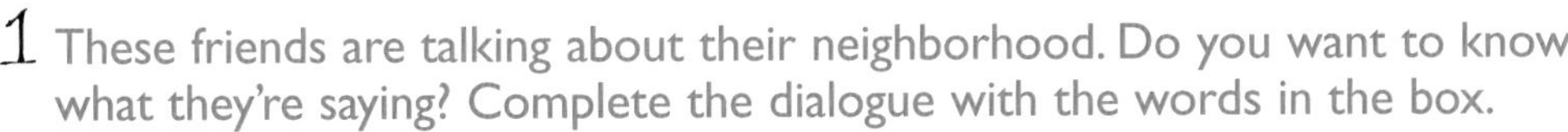

Evaluación del bloque 2
Evaluation of part 2

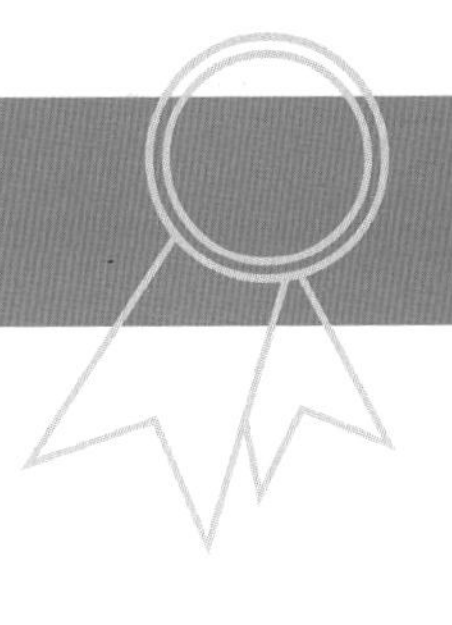

1 These friends are talking about their neighborhood. Do you want to know what they're saying? Complete the dialogue with the words in the box.

barrio • comida • supermercado • tienda • ropa
piso • parque • cine • películas • calle

- Hombre, tú por aquí. ¿Qué tal tu nuevo barrio?
- ¡Muy bien! Estoy muy contenta.
  Es un __________ antiguo, pero parece que hay muchos servicios.
- Uy, sí. Mira, a unos cinco minutos está el ________________.
  Allí compramos casi toda la __________.
- Muy cerca, ¿no?
- Sí, y un poco más lejos está el __________.
  Los niños van a jugar allí todas las tardes.
- Y la farmacia. ¿Está muy lejos?
- No, no. Está al lado de mi __________. Y ¿ya conoces el __________?
- Pues no. ¿Dónde está?
- En la __________ San Miguel, delante del Banco Central. Las __________ son muy buenas, pero los sábados y los domingos siempre hay mucha gente.
- Oye, por cierto. Yo no sé dónde comprar la __________.
- Pero si hay una __________ muy barata en la calle del Mar.
  Yo siempre voy allí. Si quieres podemos ir juntas.
- Muy bien, perfecto.

This is how you can learn

Look at how Begoña has arranged these words into a word map.
Pay attention to the different ways of classifying words:

- by topic (*clothes, shirt, skirt*)
- through association (*dining room, food, to eat*)

Do you think it's useful to remember vocabulary?
Try to add more words to this map.
You can also create new maps about other topics.

Evaluación del bloque 2
Evaluation of part 2

2 Complete these sentences with the correct tense of the verb in parentheses.

1 Disculpe, ¿cuánto (VALER) ______________ estos pantalones?
2 ¿Qué (QUERER, ustedes) ______________ de primer plato?
3 ¿Qué (PREFERIR, tú) ______________ , carne o pescado?
4 En la habitación de mi hotel no (HABER) ______________ cuarto de baño.
5 El ayuntamiento (ESTAR) ______________ en la plaza principal del pueblo.
6 En esta ciudad (HABER) ______________ muchos teatros.
7 ¿(TENER, ustedes) ______________ camisas de manga larga?
8 Mi marido y yo siempre (COMPRAR) ______________ la fruta en el mercado.
9 Mis hermanos pequeños (DORMIR) ______________ en la misma habitación.
10 ¿Qué talla (TENER, usted) ______________?

3 Choose the best answer.

derecha • encima • lado

1 Disculpe, ¿el Museo de Historia?
Sí, está aquí mismo. Siga todo recto y la primera a la __________ .

está/ hay • hay/ está • hay/ están

2 ¿__________ un banco por aquí cerca?
Sí, __________ en esa calle.

primero • beber • postre

3 Y de __________, ¿qué quiere?
Un trozo de pastel de chocolate, por favor.

baratísimos • carísimo • carísimos

4 Estos pantalones son muy caros.
Sí, son __________ .

primera cuarto (1.ª, 4.º) • cuarto primero (4.º, 1.º) • cuarto primera (4.º, 1.ª)

5 ¿Dónde vives?
En la avenida San Juan, número 341, __________ .

Think over your work in these three lessons:

I've learned	☐ a lot	☐ quite lot	☐ a little
I've considered the activities to be	☐ easy	☐ difficult	☐ very difficult

What I liked most is ______________________________
What I liked less is ______________________________
Now I like to learned most: ______________________________

bloquetres3

partthree3

lección7
lección8
lección9

lesson 7
lesson 8
lesson 9

Índice

Lección 7
Lesson 7

Despierta, despierta.
Los días y las horas
Wake up, wake up.
Days and times....................109

Lección 8
Lesson 8

Y tú...
¿qué opinas?
And what do you think?.........123

Lección 9
Lesson 9

Reunión
de amigos
A gathering of friends...........137

lecciónsiete7

lessonseven7

Despierta, despierta.

Los días y las horas

Wake up,
wake up.
Days and times

Lección 7
Lesson 7

En portada

Headlines

Comienza un nuevo día. ¿Qué vas a hacer hoy? Salta de la cama y prepárate para tus citas. Pero recuerda que nosotros te esperamos a cualquier hora.

Despierta, despierta. Los días y las horas

Wake up, wake up.
Days and times

A new day is beginning. What are you going to do today? Get out of bed and get ready for your schedule. But remember that we'd love to see you at any time of the day.

In this lesson you will learn:

- How to talk about daily habits
- How to talk about schedules

1a Our friends spend a lot of time together every day.
Look at the picture and answer the questions.

1 ¿Qué momento del día es?, ¿por la mañana, por la tarde o por la noche? _Es por_ ______

2 ¿Qué hacen nuestros amigos? _Nuestros amigos_ ______

3 ¿Qué desayunan? Fíjate en lo que tienen encima de la mesa ______
______, ______, ______ y ______

4 ¿Crees que alguno de ellos tiene prisa? ¿Quién? ______

1b What time do you usually do the things mentioned in the box?

despertarse • ducharse • afeitarse • cenar • merendar • leer en la cama
ir a pasear • acostarse • dormir • vestirse • ir de fiesta • ir de compras

Por la mañana (In the morning)	Por la tarde (In the afternoon)	Por la noche (At night)

Escenas

¿Qué hora es?
Vamos
a pasear
por las horas
del reloj.
¡Date prisa,
que es tarde!

2a Our neighbor's radio is broken.
Listen to what happens when he calls the technical service.
Can you fill out this table?

¿Cuándo puede el técnico? (When can the technician do it?)	¿Cuándo puede el vecino? (When can the neighbor do it?)	¿Cuál es el horario del taller? (When is the workshop open?)
1 *a las 16:30*	3 ______	5 ______
2 ______	4 ______	6 ______

2b Now listen to the cassette again and write what the neighbor is doing.

12

Hoy a las 4:30 *va al médico*

Mañana a las 9:00 ______

Después ______

Mañana a las 12:00 ______

3 Begoña's mother is on a tour.
Listen to how the tour guide tells the schedule of activities for today.
Then complete the chart.

Actividad (Activity)	Inicio (Beginning)	Final (Ending)
______	--------	9.00
Visita a ______	______	11.45
Visita a la fábrica de ______	12.30	______
Visita a la ______	______	20.30
Fiesta de ______	22.00	--------

12

What time is it?
Let's go through the
hours on the clock.
Hurry – it's late!

4 Listen to the dialogues and write the different times that you hear next to the numbers.

1 *A las 2*
2 ______
3 ______
4 ______
5 ______
6 ______
7 ______
8 ______

4

5 Listen to these dialogues and mark the times that you hear.

a [4] b [ ] c [ ] d [ ] e [ ]

f [ ] g [ ] h [ ] i [ ]

7

6 Ana is talking with a mutual friend of hers, Lola's and Begoña's. Listen to the cassette and complete what Ana is saying.

1 *Lola* sale de casa a las nueve y media *casi siempre.*
2 ______ va al gimnasio ______
3 ______ sale con Lola ______ a las nueve y media.
4 ______ trabaja ______
5 *Ellas* tienen ensayo ______ los martes y jueves.
6 ______ comen ______ en un bar.
7 ______ compran ______
8 ______ de Ana compra ______ por la mañana.

1, 2, 3, 13

Primer plano

First look

¿Qué estás haciendo? Si quieres contestar a esta pregunta... ¡Deja lo que estás haciendo y ven con nosotros!

7 What are these people doing?

1 El señor mayor con gafas (LEER) *está leyendo* un libro.
2 La señora joven morena (BUSCAR) ________________ algo en el bolso.
3 El abuelo (FUMAR) ________________ un cigarrillo.
4 El niño moreno (COMER) ________________ un bocadillo.
5 El niño rubio (LLORAR)________________ .
6 El chico de la izquierda (LEER) ________________ el periódico.
7 El perro (LADRAR) ________________ al gato.
8 La chica sentada a la derecha (ESCUCHAR) ________________ música.
9 La chica morena de pelo corto (HABLAR) ________________ con una amiga.
10 Todos (ESPERAR) ________________ el autobús.

9, 10, 11

What are you doing? If you want to answer this question... stop what you're doing and come with us!

8 Do you remember Begoña's mother? She wants to know what her daughter and her friends are doing. Fill in the blanks after listening to the audio.

1 Begoña está ________________ la tele.
2 Andrew y Julián están ________________ .
3 Lola está ________________ .
4 La madre está ________________ .

9, 10, 11

9a What do we say in the following situations? Read the dialogues carefully. In all of them there is a hint that may help you.

~~¿qué hora es?~~ • ¿me puede decir la hora, por favor?

1

- Oye ¿qué hora es? ______. Es que me he dejado el reloj en casa.
- Son las once y media.
- ¡Qué bien! Es la hora del descanso.

¿tienes hora? • ¿tiene hora?

2

- Perdone, ______________.
- Sí, las seis y cuarto.
- Gracias.
- De nada.

¿tiene hora, por favor? • ¿qué hora es?

3

- Ramón, la reunión va a empezar ya. Prepárate.
- Uy, pero ______________.
- Las cinco.
- ¿Las cinco? ¿Ya? ¡Qué rápido pasan las horas!

¿me puede decir la hora, por favor? • ¿me puedes decir la hora?

4

- Disculpe, ______________.
- Sí, claro. La una menos veinte.
- Gracias.
- De nada.

¿tienes hora? • ¿tiene hora?

5

- Julia, ______________.
- Son las cuatro menos cuarto.
- ¡Qué tarde! Y todavía quedan cosas por hacer.

9b Can you identify in which dialogues *tú* is used and in which dialogues *usted* is used?

1 En los diálogos 1, 3 y 5 hablan de ______.

2 En los diálogos 2 y 4 hablan de ______.

4

Lección 7
Lesson 7

Primer plano

First look

¿Te levantas cada día a la misma hora? ¿A qué hora te acuestas? Aprende con nosotros a expresar lo que haces todos los días.

10a Look at these pictures and put them in order. Then, with the help of the words in the box, write the correct verb below each drawing.

14:00

a

08:00

b

24:00

c

07:10

d

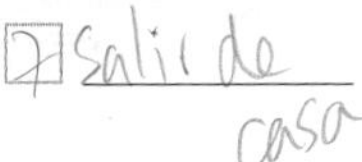

07:20

e

20:30

f

07:00

g

1 *despertarse*

07:30

h

de 08:30 a 19:00

i

07:05

j

20:00

k

07:25

l

despertarse • levantarse • ducharse • vestirse • peinarse • desayunar salir de casa • comer • trabajar • mirar las noticias cenar • acostarse

Do you get up at the same time every day? What time do you go to bed? Learn with us how to express what you do every day.

10b After looking at the drawings, can you answer these questions?

1 ¿A qué hora se despierta? *Ana se despierta a las siete.*
2 ¿A qué hora come?
3 ¿A qué hora trabaja?
4 ¿A qué hora mira las noticias?
5 ¿A qué hora cena?
6 ¿A qué hora se acuesta?

1, 2, 3, 5.

11 Complete the following dialogues with the correct form of the verbs in the box.

decir • tener • vestirse • hacer • ponerse • repetir venir • pedir • seguir • ~~levantarse~~

1 Cada día *se levantá* a las siete.
2 Yo nunca ____________ mentiras.
3 Su hermana ____________ muchos vestidos.
4 ¿Cómo ____________ tú para ir a la fiesta?
5 Siempre ____________ lo que me dices.
6 ¿(Yo) ____________ estos pantalones o esa falda?
7 Tú siempre ____________ mis frases.
8 ¿Y a qué hora ____________ yo?
9 Su hermano siempre ____________ dinero.
10 Sí ya lo sé. Yo ____________ a ese coche.

12

12 Can you find the week days?

S	E	I	A	M	D	M
I	T	L	B	I	O	I
F	A	R	N	E	J	L
M	A	V	E	R	U	U
A	L	D	A	C	E	M
J	U	U	B	O	V	R
O	E	S	N	L	E	R
M	A	R	T	E	S	N
V	I	C	R	S	S	E
I	T	U	R	S	L	V
V	I	E	R	N	E	S

Remember

The parts of the day

Por la mañana	de 7 h.	a 12 h.
A mediodía	de 12 h.	a 16 h.
Por la tarde	de 16 h.	a 20 h.
Por la noche	de 20 h.	a 24 h.
De madrugada	de 0 h.	a 6 h.

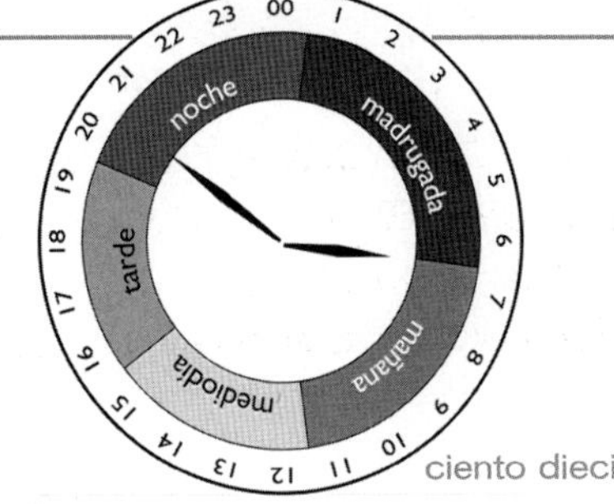

Recursos

Resources

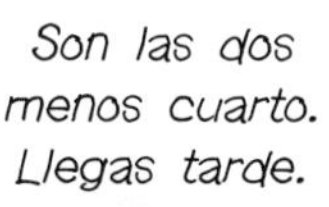

TALKING ABOUT DAILY HABITS

TODOS + { LOS DÍAS / LOS MESES / … }
TODAS + { LAS MAÑANAS / LAS SEMANAS / … }
NORMALMENTE
} + [PRESENTE DE INDICATIVO]

Todos los días me lavo los dientes.

PRESENT TENSE IRREGULAR e → i §35

vestir(se)
(To get dressed)
(Literally translated: to dress oneself)

(me)	visto
(te)	vistes
(se)	viste
(nos)	vestimos
(os)	vestís
(se)	visten

Other verbs with the same irregularity:
pedir, decir, reír, repetir, seguir.

TIME REFERENCES §51

por la mañana
al mediodía
por la tarde
por la noche
de madrugada
de día
de noche

Por la mañana escucha las noticias de la radio.

REFLEXIVE VERBS §13

lavar**se**
(To wash oneself)

me	lavo
te	lavas
se	lava
nos	lavamos
os	laváis
se	lavan

Other pronominal verbs:
acordar**se**, peinar**se**, levantar**se**, duchar**se**, vestir**se**, acostar**se**.

Difference between *wash* and *wash oneself*:

Luis lava el coche.
Luis se lava los dientes.

PRESENT TENSE, IRREGULAR IN FIRST PERSON (-go) §37

salir
(To go out)

sal**go**
sales
sale
salimos
salís
salen

Other irregular verbs that finish with -go:

decir → di**go**, dices...
tener → ten**go**, tienes...
venir → ven**go**, vienes...
hacer → ha**go**, haces...
poner → pon**go**, pones...

ESTAR (TO BE) + GERUND §41

estoy
estás
está
estamos
estáis
están
} + [GERUNDIO]

*El niño **está esperando** en la puerta.*

Structure of the gerund:

trabaj**ar**	com**er**	viv**ir**
trabaj**ando**	com**iendo**	viv**iendo**

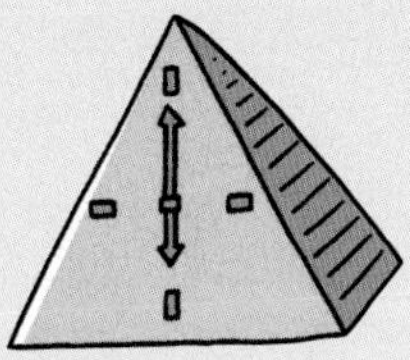

Irregulars:
Leer → le**yendo**; creer → cre**yendo**; oír → o**yendo**.
Dormir → **dur**miendo; vestir → **vis**tiendo.

Structure with the "*to be*" *pronoun* + *gerund*

*Está **levantándose** = **Se** está **levantando**.*

HOW TO TALK ABOUT THE TIME

Ask for the hour

¿Qué hora es?
¿Tiene(s) hora, por favor?
¿Me puede(s) decir la hora?

Give the hour

(SON) LAS ocho EN PUNTO.
(SON) LAS dos MENOS / Y cuarto.
(SON) LAS tres MENOS / Y diez.
(SON) LAS siete Y MEDIA.
(ES) LA una MENOS/Y veinticinco.

ASKING ABOUT SCHEDULES §51g

- *¿A qué hora empieza la película?*
- *A las seis y media.*
- *¿A qué hora cierran / abren, por favor?*
- *A las ocho y media.*

DAYS OF THE WEEK

el lunes
el martes
el miércoles
el jueves
el viernes
el sábado } **el fin de semana**
el domingo
} **la semana**

*Hoy es **martes**.*
***El martes** voy al cine.*
***Los martes** voy al cine.*

COMMONLY USED WORDS

- siempre
- todos los días
- muchas veces
- normalmente
- una vez a la semana
- una vez al mes
- dos veces al año
- a veces
- casi nunca
- nunca

Todos los lunes voy a la piscina.

La lengua es un juego

Language is a game

13 These are the signs that hikers go by in the mountains. Our friends don't know them but you can help them. Can you write sentences so that they can understand what the signs mean? Look at the examples given.

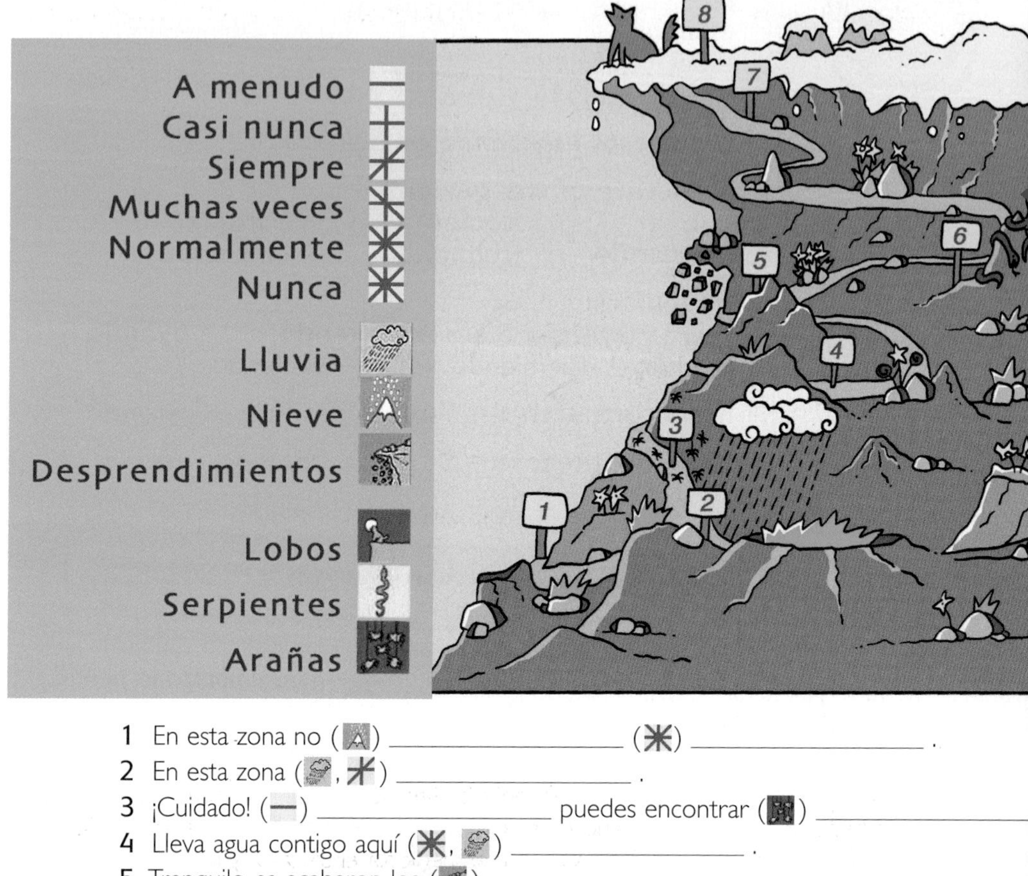

1 En esta zona no ( ) ________________ ( ) ________________ .
2 En esta zona (,) ________________ .
3 ¡Cuidado! ( ) ________________ puedes encontrar ( ) ________________
4 Lleva agua contigo aquí (,) ________________ .
5 Tranquilo, se acabaron los ( ) ________________ .
6 Guarda bien tu comida aquí ( ) ________________ hay ( ) ________________
7 Abrígate bien en el pico (,) ________________ .
8 Atención, ( ) ________________ se han visto ( ) ________________ .

14 Do you already know the four elements?
They are: earth, water, air and fire. Only one of these doesn't help us measure time. Which one is it? ________________.

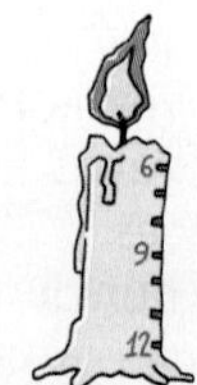

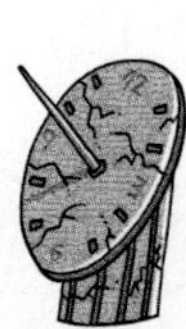

15 Time zones

Como ya sabes, existen diferencias entre los horarios de los distintos países de habla hispana. Cuando en España, o en Guinea Ecuatorial, son las siete de la tarde, en Argentina son las tres y en Bolivia, Venezuela o Chile las dos de la tarde. Entre España y México hay una diferencia de siete horas, u ocho en la zona del Pacífico. Cuando amanece en Tijuana, en España la gente está sentada a la mesa o haciendo la digestión. Una circunstancia curiosa: los ciudadanos de la República Dominicana y Haití, dos estados que comparten una pequeña isla, tienen sus relojes a una hora de distancia.

Now, with the help of the text, can you write down the time on these clocks when it's seven in the morning in Chile?

España

Bolivia

Argentina

Guinea Ecuatorial

12

16 There are lots of kinds of shops, and it's complicated to talk about shopping hours, but we're going to give you some general information:

En España, durante la semana, normalmente las tiendas o establecimientos comerciales abren temprano, a las ocho o nueve de la mañana, y cierran aproximadamente a las nueve de la noche. Algunas tiendas cierran al mediodía, entre las 2 y las 5.

Los fines de semana los horarios de apertura y cierre son distintos. Los sábados se acostumbra a cerrar al mediodía y ya no se abre hasta el lunes, pero hace ya años que muchas tiendas abren los sábados por la tarde.

La mayor parte de los establecimientos se toman el domingo como día de descanso. Los bares y restaurantes acostumbran a descansar entre semana, los lunes o los martes por ejemplo.

Aunque es cierto que los grandes almacenes y los supermercados siguen manteniendo los horarios clásicos, cada día hay más establecimientos que sólo cierran las horas indispensables para limpiar, ordenar y reponer los productos.

Indicate if the following sentences are true (T) or false (F).

	T	F
a Todas las tiendas tienen los mismos horarios.		
b Las tiendas acostumbran a abrir los domingos.		
c Cada vez son más comunes los establecimientos que apenas cierran.		
d Algunas tiendas cierran al mediodía.		

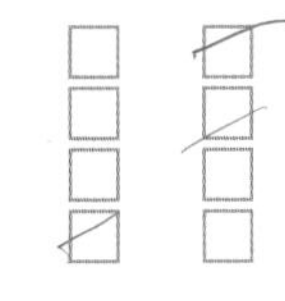

12, 13

La luna y el sol nunca trabajan juntos. ¿Sabes que cuando la mitad del planeta se duerme, la otra mitad se despierta? Caprichos de la naturaleza.

The sun and the moon never work together. Did you know that while half of the planet is sleeping, the other half is awake? Nature's whims.

Internet addresses:

Yellow pages:
www.paginas-amarillas.es

Job search:
www.infojobs.net

Internet portal:
www.eresmas.com

Lección 7 Evaluación

Lesson 7

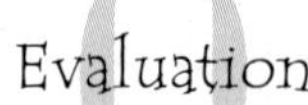

Evaluation

1 What have you learned? Check it here! Choose the correct answer.

1 ¿Tienes hora?
- ☐ A las 17.35.
- ☐ Son las 19.45.
- ☐ Dentro de 20 minutos.

2 ¿A qué hora te levantas?
- ☐ A las 9.00.
- ☐ Son las 8.15.
- ☐ Dos veces por semana.

3 ¿Qué está haciendo tu madre ahora?
- ☐ Mi madre está morena.
- ☐ Mi madre está trabajando.
- ☐ Mi madre es alta.

4 ¿Cuántas veces vas a nadar por semana?
- ☐ Voy cada día tres veces.
- ☐ Voy a comprar.
- ☐ Voy dos veces a la semana.

5 En España, ¿a qué hora se merienda?
- ☐ Normalmente, a las 8 de la mañana.
- ☐ Normalmente, a las 9 de la noche.
- ☐ Normalmente, a las 6 de la tarde.

6 ¿Qué está haciendo Javier?
- ☐ Está enfadado.
- ☐ Está acostando a su hija.
- ☐ Están acostando a su hija.

2 Julian is explaining to a friend how things work in Spain. Can you complete the text with the words in the box?

va • se levantan • estudia • vamos • sale • nos levantamos • trabaja • salen • comemos • desayunan

En España todo sigue igual.

Mis compañeros de piso son muy simpáticos, pero a veces el piso parece una casa de locos. ¡Todos tenemos horarios tan distintos!

Por la mañana Lola y Begoña ____________ primero. Menos mal, porque sólo hay un cuarto de baño y es muy pequeño. ____________ y, a veces, ____________ de casa juntas.

Andrew y yo ____________ más tarde, a las diez. Nunca ____________ a la escuela de teatro antes de las once.

Muchos días ____________ todos juntos en un bar que está cerca de la universidad. El menú está muy bien y es barato.

Por la tarde hacemos muchas cosas. Lola ____________ tres días a la semana y los otros dos días ____________ al teatro. Begoña muchas tardes ____________ en la biblioteca de la universidad con otros compañeros. Andrew siempre ____________ con algún amigo. Y yo, ya me conoces, siempre tengo un montón de cosas por hacer.

Now I can:

- ☐ Express daily habits
- ☐ Talk about schedules
- ☐ I can also: ______________________________

Check out our web site www. esespasa. com

lecciónocho8

lessoneight8

Y tú... ¿qué opinas?

And what do you think?

En portada

Headlines

Y tú... ¿qué opinas?

And what do you think?

Ya sabes que la lengua es un mundo. Ahora te toca explicar tus gustos y tus opiniones: ¿qué te apetece hacer?, ¿cuáles son tus preferencias? ¡Decídete!

You already know that a language is a world. Now it's time to explain your likes, dislikes and opinions. What do you like to do? What are your preferences? You decide!

In this lesson you will learn:

- How to express your likes and dislikes, emotions and opinions
- How to explain physical sensations and pain
- Ways of showing agreement and disagreement

1a Look carefully at the picture that you have on the previous page because we're going to ask you some questions about it. Use logic and you'll get the right answers.

1 ¿Qué están haciendo Lola y Begoña?

- ☐ Lola y Begoña están discutiendo.
- ☐ Lola y Begoña están comiendo.
- ☐ Lola y Begoña están hablando.

2 ¿Qué hacen Julián y Andrew?

- ☐ También discuten.
- ☐ Están escuchando y riéndose.
- ☐ Están ensayando.

3 ¿Dónde están nuestros amigos?

- ☐ En la calle.
- ☐ En el teatro.
- ☐ En el cine.

4 ¿Qué tienen en las manos?

- ☐ Unos bocadillos.
- ☐ El guión que están ensayando.
- ☐ Las notas de la escuela.

5 ¿Por qué crees que discuten?

- ☐ Porque opinan cosas diferentes.
- ☐ Para hacer reír a Andrew y Julián.
- ☐ Porque se aburren.

1b After choosing the correct answers, you can surely fill out this summary.

Lola y Begoña están ______________. Julián y Andrew están ______________ y ______________. Nuestros amigos están ______________. En las manos tienen ______________. Están discutiendo ______________.

Remember

The verb **estar**

yo **estoy**	nosotros **estamos**
tú **estás**	vosotros **estáis**
él, ella y usted **está**	ellos **están**

Lección 8
Lesson 8

Escenas

Scenes

¡Qué bueno! ¡Qué rico! ¡Me encanta! ¡Está para chuparse los dedos! Ahora ya sabes expresar tus gustos.

2 Complete the following dialogues with the words in the box. The pictures can help you.

1

gustan • mucho • ~~gusta~~ • me • te • gusta • me • gusta • me • interesa

1 JULIÁN: Me *gusta* mucho la pasta. ¿Y a ti?
2 ANDREW: ________ gusta jugar al pádel con mis amigos.
3 BEGOÑA: ¿Te ________ esta blusa?
LOLA: Sí, ________ gusta ________ .
4 BEGOÑA: ________ ________ este jersey.
5 JULIÁN: ¿ ________ interesa el arte?
LOLA: Sí, me ________ mucho.
6 JULIÁN: ¡Ya están hechos los macarrones!
ANDREW: ¡Qué bien! Me ________ mucho los macarrones.

How great it is! How delicious! I love it! It's finger-licking good! Now you know how to express your likes.

3 Lola has a problem. After listening to the dialogues, can you answer the questions?

8

1 ¿Por qué no le ha ido bien el examen a Lola? *Porque tiene un dolor de muelas horrible.*
2 ¿Lola quiere ir al dentista? ________
3 ¿Por qué? ________
4 ¿Begoña y Lola han comido? ________
5 ¿Qué tomará Lola después de comer? ________
6 ¿Cuántas veces ha ido Lola al dentista? ________

4 Can you listen to the dialogue and tell if our friends agree or disagree?

Acuerdo (Agreement)		Desacuerdo (Disagreement)
☒	1	☐
☐	2	☐
☐	3	☐
☐	4	☐
☐	5	☐
☐	6	☐
☐	7	☐

2, 3, 4

5 Caroline is getting ready for a trip to Salamanca. Today is her last day in her country. Listen to the cassette and mark what she has already done and what she hasn't done yet.

5

	ya (already)	todavía no (not yet)
1 Ha confirmado la reserva de la residencia.	☐	☒
2 Ha confirmado el billete de avión.	☐	☐
3 Ha comprado ropa de verano.	☐	☐
4 Ha comprado unas sandalias.	☐	☐
5 Ha preparado la maleta.	☐	☐
6 Ha llamado a Andrew.	☐	☐
7 Ha llamado a Lucía.	☐	☐
8 Se ha despedido de la familia.	☐	☐
9 Ha revisado el pasaporte.	☐	☐
10 Ha llevado el perro a casa de su hermano.	☐	☐

Lección 8
Lesson 8

Primer plano

First look

¿Te gusta o no te gusta? Decídete, sobre gustos hay mucho escrito.

Do you or don't you like it? Decide. There's a lot written about tastes.

6 Why don't you try to complete the dialogues with the help of the words that appear on the right?

1
- ¿Has visto la final de fútbol?
- No, no *me interesa* el fútbol, ¿ *y a ti* ?
- *A mí sí* . No me pierdo un partido.

{ me interesa / a mí sí / y a ti }

2
- Hoy estrenan la última película de Berlanga.
- ¿ ______ Berlanga?
- No, no mucho, ¿ ______ ?
- ______

{ y a ti / a ti te gusta, / a mí tampoco }

3
- ¿Puedes poner otro CD?, ¡esta música es aburrida!
- ¡ ______ Camarón de la Isla!
- No, el flamenco ______.

{ me aburre / no te gusta }

4
- ¿ ______ interesante la conferencia?
- No, no nos interesa el tema, ¿ ______ ?
- ______ ______ .

{ a nosotros tampoco / y a vosotros / os ha parecido }

5
- ¿Tus padres ya tienen el billete de avión?
- Sí, ¿ ______ ?
- Yo ______ .

{ y tú / también }

6
- ______ que Andrew está enfadado.
- Sí, ______.

{ a mí también / me parece }

7
- ¡Qué película más buena!
- ¿ ______ ?
- Sí, mucho, ¿ ______ ?
- A mí ______ algo lenta.

{ me ha parecido, / te ha gustado / y a ti }

7 How are you when you get up in the morning? Imagine the situations below and write in how you react to them.

sueño • harto • hambre • despierto • cansado contento • nervioso • relajado • sed

1 7.30, suena el despertador: *Tengo sueño*
2 11.15, has tomado un café: ______
3 13.30, es la hora de comer: ______
4 18.20, terminas de trabajar después de ocho horas: ______
5 18.50, vas a ver a un amigo: ______
6 20.00, todavía no has bebido nada: ______
7 21.00, mañana tienes una reunión importante: ______
8 22.00, tomas una ducha: ______
9 24.00, te llama tu jefe para hablar de la reunión: ______

8

8 After listening to the dialogue, can you mark whether the following sentences are true (T) or false (F)?

	T	F
1 A Julián le ha gustado mucho la obra.	☐	X
2 Lola cree que el escenario es maravilloso por los colores.	☐	☐
3 A Julián le duele la cabeza.	☐	☐
4 A Lola también le duele la cabeza.	☐	☐
5 Julián pide una aspirina.	☐	☐
6 A Lola no le gustan las aspirinas.	☐	☐
7 Lola prefiere descansar y Julián prefiere pasear.	☐	☐

8

9 Can you express the following sentences with the help of the example? Look at the words in the boxes.

ser • estar

~~serio~~ • tranquilo • aburrido • alegre • guapo • nervioso

1 Ana no se ríe nunca. *Ana es muy seria* .
2 Estás en una fiesta y no te gusta nada. ______________ .
3 Andrew y Julián leen en el sofá. ______________ .
4 Lola siempre se ríe. ______________ .
5 Begoña esta noche lleva un vestido de fiesta muy elegante. ______________ .
6 Hoy estás fumando muchísimo. ______________ .

2, 3, 4, 8

10 Begoña wants to go to the movies. Is Lola going with her? Fill in the blanks after listening to the dialogue.

1 Lola *todavía* no *ha visto* la película de Buñuel.
2 Begoña ______________ la ______________ .
3 Julián ______________ ha visto la película y no le ______________ mucho.
4 Begoña ______________ verla antes de opinar.
5 Lola ______________ .

8, 11

Primer plano

First look

¿Has aprendido mucho? Todavía puedes aprender más. Sigue con nosotros.

11 Our friends are talking about the movies. Do you want to know what they're saying? Put the dialogue in the correct order.

- [ ] **a** JULIÁN: Sí, claro. La he visto muchísimas veces y nunca me aburre. Para mí es un clásico del cine español.
- [ ] **b** ANDREW: Sí, ¿y tú?
- [1] **c** JULIÁN: Oye, Andrew, ¿tú conoces algo de Almodóvar?
- [ ] **d** ANDREW: Sí, lo sé, pero yo todavía no la he entendido bien.
- [ ] **e** JULIÁN: Ya sabes que Almodóvar siempre ha sido un poco surrealista.
- [ ] **f** JULIÁN: A mí me encanta Almodóvar. ¿Has visto su última película?
- [ ] **g** ANDREW: Sí, un poco. Siempre me ha gustado mucho. Es muy interesante. ¿Y a ti, qué te parece?

6, 7

12 Try to complete the dialogue with the words in the box. Then listen to the cassette to see if you've done it correctly.

ha parecido • has comprado • has visto • he visto • he comprado he ahorrado • he ido

LOLA: ¡Pareces muy contento!

JULIÁN: Sí, ¡estoy contento! Porque ______ un cuadro precioso de un pintor joven.

LOLA: ¿Ah, sí? y... ¿dónde lo ______?

JULIÁN: En la galería de un amigo. Todos sus cuadros son muy interesantes.

LOLA: Yo nunca ______ a una galería de arte.

JULIÁN: Pues, si quieres, vamos a la de mi amigo. Está aquí mismo.

LOLA: Vale, me apetece ver una exposición de pintores jóvenes, y... ¡quién sabe!, con el dinero que ______ a lo mejor puedo comprar algún cuadro.

JULIÁN: Por cierto, ¿ ______ la exposición de Frida Kahlo en el Museo de Arte Moderno?

LOLA: Sí, ya la ______.

JULIÁN: ¿Y qué te ______?

LOLA: ¡Fantástica! ¡Me encanta esa pintora!

JULIÁN: A mí también.

1, 5

Have you learned a lot? You can still learn more. Stay with us.

13 What do you think about this book? Can you give your opinion?

Me gustan mucho No me gustan mucho Me aburren Me interesan Me encantan	los ejercicios los diálogos las fotos los textos las páginas de gramática los dibujos los temas	+ Me parecen	aburridos divertidos claros confusos útiles interesantes atractivos

Me encantan los diálogos. Me parecen muy divertidos.

5

14 Why don't you mark the incorrect dialogues? Then write the correct answer.

[X] 1 ¿Qué te parece la nueva casa de mi primo?
No me gusta nada.
A mí también. *A mí tampoco*

[ ] 2 ¿Te gusta el conejo?
¡Noooo! ¿Y a ti?
No, no, a mí tampoco.

[ ] 3 A mí, me gusta ir a la playa. ¿Y a ti?
A mí también. Me encanta.

[X] 4 No nos gusta nada comprar en esta tienda.
A nosotros también. A nosotros tampoco

[ ] 5 ¿A quién le gusta el pescado?
A mí no.
A mí tampoco.

[X] 6 ¿Te gusta navegar por Internet?
Sí, ¿y a ti?
A mí tampoco. Es muy lento. A mí no. Es muy lento

[ ] 7 ¿No os gusta viajar en avión?
No, ¿y a vosotros?
No, no, a nosotros tampoco.

1

Recursos

Resources

Nos gusta esta blusa.

LIKES, DISLIKES AND OPINIONS §45

(A mí)	ME				
(A tí)	TE		GUSTA(N)		[INFINITIVO]
(A él/ella/usted)	LE	+	INTERESA(N)	+	
(A nosotr**os**/**as**)	NOS		ABURRE(N)		[NOMBRE SING./PL.]
(A vosotr**os**/**as**)	OS		PARECE(N)		
(A ell**os**/**as**/ustedes)	LES				

PLEASE NOTE!
The infinitive and singular nouns always go with the verb in third person singular.

- *¿Qué os parece salir esta noche?* — *Nos parece bien.*
- *¿A ustedes les interesa el cine de acción?* — *No, no nos interesa.*

The plural noun always goes with the verb in the plural 3rd person.

- *¿Te gustan las patatas fritas?* — *Sí, me gustan mucho.*

PHYSICAL SENSATIONS AND PAIN

¿QUÉ + { TE / LE / OS / LES } + { PASA? / DUELE? }

- *¿Qué te pasa?*
- *Tengo frío.*
- *¿Qué le duele?*
- *Me duelen las muelas.*
- *¿Qué os pasa?*
- *Nos duele la espalda.*
- *¿Qué le pasa a Juan?*
- *Le duele la barriga.*

THE DIFFERENCE BETWEEN SER (TO BE) AND ESTAR (TO BE) §42

*Mi hermana **es** una chica muy tranquila, pero últimamente **está** muy nerviosa por los exámenes.*

*Pepe no **es** muy guapo, pero con ese traje **está** muy guapo.*

SHOWING AGREEMENT AND DISAGREEMENT §25

A person who agrees about something with another one

Me ha gustado mucho la película.
A mí también.

Yo leo todas las noches.
Yo también.

No me gusta hacer deporte.
A mí tampoco.

Yo no fumo.
Yo tampoco.

A person who doesn't agree about something with another one

No me interesa el fútbol.
A mí sí.

No voy al cine nunca.
Yo sí, siempre que puedo.

Me encanta viajar.
A mí no.

Todos los domingos voy al teatro.
Yo no, prefiero ir al cine.

PRESENT PERFECT §32

yo	he	+ PARTICIPIO
tú	has	
él, ella, usted	ha	
nosotr**os**/**as**	hemos	
vosotr**os**/**as**	habéis	
ell**os**/**as**/ustedes	han	

Past participle structure §28

Verbos en **-ar** → **ado**

cant**ar** → cant**ado**

Verbos en **-er** e **-ir** → **ido**

com**er** → com**ido**
ven**ir** → ven**ido**

Lola ha ***estudiado*** *mucho.*

Some irregular participles §40

ver → **visto**, escribir → **escrito**, poner → **puesto**, hacer → **hecho**, abrir → **abierto**, volver → **vuelto**, decir → **dicho**.

Ya he ***visto*** *la película.*
Todavía no hemos ***escrito*** *a Julián.*

THE USE OF **YA** (ALREADY) AND **TODAVÍA** (STILL, YET) §24

*¿**Ya** ha empezado la película?*
*Sí, **ya** ha empezado.*

*¿**Ya** has comido?*
*No, **todavía no**.*

15 A nineteenth century poet created a questionnaire, which he called *The Internal Portrait*. It's quite simple; you only have to answer the following questions:

- ¿Qué cualidades prefieres en el hombre? __________
- ¿Y en la mujer? __________
- ¿Cuál es tu ocupación favorita? __________
- ¿Cuál es tu color favorito? __________
- ¿Y tu flor favorita? __________
- Si no fueras tú, ¿quién te gustaría ser? __________
- ¿Quiénes son tus autores favoritos en prosa? __________
- ¿Y tus pintores y músicos favoritos? __________
- ¿Quién es tu héroe favorito de novela? __________
- ¿Cuál es tu comida favorita?, ¿y tu bebida? __________
- ¿Tienes un nombre favorito? ¿Cuál? __________
- ¿Cuál es el objeto que menos te gusta? __________
- ¿Qué personajes de la historia odias más? __________
- ¿Cuál es tu estado de ánimo actual? __________
- ¿Cuál es tu frase favorita? __________

2, 3, 4

16 For what parts of the body are these people famous?

orejas • manos • bigote • boca • ojos
pelo • piernas • músculos • nariz

Cleopatra
____

La Gioconda
____

Clark Gable
____

Paul Newman
____

Pelé
____

A. Schwarzenegger
____

Groucho Marx
____

Sansón
____

17 Read this news article carefully and tell us which answers are correct. Remember that you don't have to understand every word.

Una decisión inesperada

D. B, de 29 años, ha decidido irse a vivir a una residencia de ancianos. La noticia puede sorprender, pero este joven de Buenos Aires ha adoptado esta decisión después de buscar, sin éxito, un piso de alquiler durante meses. D. B se ha instalado en una de las habitaciones del centro y a cambio se encarga de la limpieza y del mantenimiento de las instalaciones. Después de dos meses de convivencia con los ancianos dice que está muy contento con su nueva residencia: "Es grande y soleada", asegura.

1 D. B está viviendo...
- ☐ en una residencia de ancianos.
- ☐ en un piso de alquiler.
- ☐ en un rascacielos.

2 D. B ha ido a vivir a un residencia de ancianos...
- ☐ porque no ha encontrado un piso de alquiler.
- ☐ porque no encontraba trabajo.
- ☐ porque le gustan los lugares exóticos.

3 La habitación de D. B...
- ☐ es grande y soleada.
- ☐ es muy bonita.
- ☐ no tiene puertas.

4 ¿Cómo se encuentra D. B en su nueva residencia?
- ☐ Un poco deprimido.
- ☐ Muy contento.
- ☐ Aún no se ha acostumbrado.

8

Grita, ríe, disimula, quéjate, sorpréndete. ¡Ahora ya puedes! ¿Verdad?

Scream, laugh, fake, complain, surprise. Now you can, can't you?

18 Self-control can be a good quality. Imagine your're up on a stage and your fellow actor steps on you. It happened to this actor. Try to match the faces with the physical sensations he's experiencing.

dolor • sorpresa • disimulo • alegría • sospecha • grito • reflexión

1 ____________ 2 ____________ 3 ____________ 4 ____________

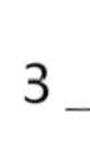

5 ____________ 6 ____________ 7 ____________

8

Internet addresses:

Business web site:
www.guiacom.es

Tourism web site:
www.guiaoro.es

On-line entertainment magazine:
www.guiadelocio.com

Evaluación

Evaluation

1 Try to use the words in the box to complete the text.

> interesante • gusta • todavía • me interesa • músicos
> he decidido • llegado • hemos • a mí • dolor

Mi nombre es Carlos, tengo diecisiete años y ______ muchísimo la música.

Mis hermanos y yo tocamos en un grupo. La verdad es que nuestra música es un poco rara, pero a nosotros nos ______. Casi todos mis amigos son ______ aficionados.

Esta tarde, mi hermana pequeña ha estado escuchando un disco de Enrique Templos. ¿Lo has oído? ¡Es horrible!

Ella ______ no ha ido a ningún concierto, pero quiere ir. Bueno... pues mi hermano Pablo y yo ______ decidido ir al ensayo de unos amigos. Ha sido realmente ______, pero yo he tenido un ______ de espalda terrible y me he vuelto a casa. Pero cuando he ______ a casa, mi hermana seguía con la música a todo volumen. No he podido soportarlo y ______ volver al ensayo.

Como ves, ¡no me gusta toda la música!

2 Can you select the correct answer among the three choices?

1 ¿Qué te ha parecido el concierto?
- ☐ Ha sido muy divertido.
- ☐ Ha sido muy doloroso.
- ☐ Ha sido con el brazo.

2 Tengo un dolor terrible en...
- ☐ mi casa.
- ☐ la espalda.
- ☐ el cine.

3 Me parece que llueve.
- ☐ A mí tampoco.
- ☐ A mí en el teatro.
- ☐ A mí también.

4 ¿Qué te duele?
- ☐ La cena.
- ☐ La película.
- ☐ El brazo.

5 ¿Ya has comido?
- ☐ No, no he tenido tiempo.
- ☐ Sí, he visto la obra.
- ☐ No, no he comprado el tabaco.

6 ¿Te han gustado sus canciones?
- ☐ No, me han invitado.
- ☐ Sí, me han comprado.
- ☐ Me han encantado.

Now I can:

- ☐ Express likes, dislikes and opinions, and ask others, theirs
- ☐ Explain physical sensations and pain
- ☐ Show agreement and disagreement
- ☐ I can also: ______________________

Check out our web site www. esespasa .com

lecciónnueve9

lessonnine9

Reunión de amigos

A gathering of friends

En portada

Headlines

Reunión de amigos

A gathering of friends

Hay muchas maneras de decir las cosas. En esta lección vas a aprender algunas. Cuando te reúnas con tus nuevos amigos vas a saber utilizar las expresiones adecuadas. No importa dónde vayas, siempre serás bienvenido.

There are many ways to say things. In this lesson you're going to learn some of them. When you get together with your new friends, you're going to find out how to use the right phrases. No matter where you go, you'll always be welcome.

In this lesson you will learn:

- How to invite and offer
- How to ask for things
- How to indicate if it's a choice or an obligation to do something

1a Antonio has finally gone to our friends' house! They're having a party. Look closely at the picture and choose the best answer.

1 ¿Dónde están nuestros amigos?

- ☐ En la escuela.
- ☐ En un parque.
- ☐ En casa de Lola.

2 ¿Qué hacen?

- ☐ Están estudiando.
- ☐ Están leyendo.
- ☐ Están haciendo una fiesta.

3 ¿Quién ofrece bebida a Antonio?

- ☐ Julián.
- ☐ Andrew.
- ☐ Begoña.

4 ¿Qué hacen Begoña, Lola y Julián?

- ☐ Están comiendo.
- ☐ Están brindando.
- ☐ Están bailando.

5 ¿Cómo están?

- ☐ Están llorando.
- ☐ Están tristes.
- ☐ Están alegres.

1b Check which of the following objects you might find at a party. Do you know their names? The box can help you.

bicicleta • brújula • globos • cartas • antifaz

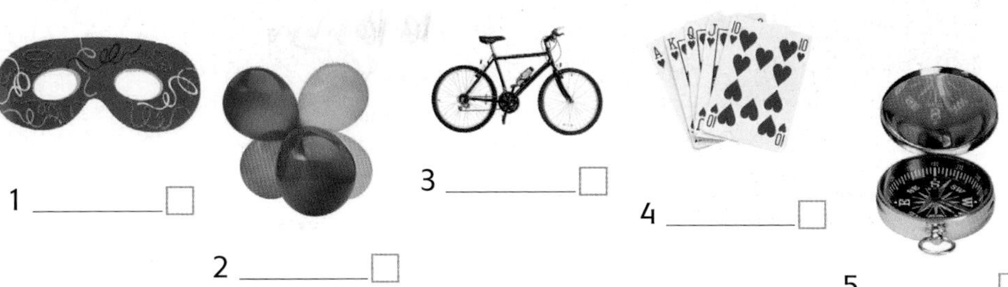

1 ________ ☐

2 ________ ☐

3 ________ ☐

4 ________ ☐

5 ________ ☐

Lección 9 Escenas

Lesson 9

Scenes

¿Quieres venir a una fiesta con nosotros? Nos lo vamos a pasar muy bien. ¡Puedes traer a tus amigos!

Do you want to come to a party with us? We're going to have lots of fun. You can bring your friends!

2a Guess what's happening in the picture.
Now listen to the dialogue and answer the questions.
Notice the example.

1 ¿Quién ofrece zumo a Antonio?
Andrew ofrece zumo a Antonio.

2 ¿Quién de nuestros amigos no quiere tomar nada?
_______________ no quiere _______________ .

3 ¿Qué ofrece Antonio a Lola?
Antonio le _______________ _______________ _______________ .

4 ¿Qué contesta Lola?
_______________ , _______________ . Están buenísimas.

5 ¿Cómo pide Begoña agua a Julián?
¿ _______________ traerme un poco de agua, ________ _______________ ?

6 ¿Qué responde Julián?
Sí, _______________ . ________ quieres con _______________ o ________ hielo?

7 ¿Cómo contesta Begoña?
Sin hielo, _______________ .

8 ¿Qué les dice Antonio a nuestros amigos?
¿Os _______________ cenar en mi casa el _______________ ?

1, 6

2b Can you find the five questions used to **invite** and **offer** in the previous exercise?

Invitar y ofrecer: *¿Quieres un poco más de zumo?*

____

____

____

____

3 Lola and Begoña are talking about giving Julián a birthday party. Listen to them in the dialogue. Who's going to do what?

Begoña		Lola
☐	Comprar el pastel y las velas.	☒
☐	Preparar la comida.	☐
☐	Comprar el regalo de cumpleaños.	☐
☐	Llamar a los amigos.	☐
☐	Avisar a los vecinos.	☐
☐	Traer la música.	☐

4, 5, 6, 7

4a Andrew is learning new customs. Listen to the dialogues. Do you know where they take place?

Hospital ☐

Aeropuerto ☐

Cine ☐

Bar ☐

4, 5, 6, 7

4b Now listen again and complete the sentences.

1 En el bar *se pueden* tirar los papeles al suelo.
2 Dentro del cine ________________ fumar. Hay que salir de la sala.
3 En el hospital ________________ hablar alto. Para fumar ________________ salir a la calle.
4 En los vuelos nacionales ________________ fumar. ________________ estar una hora antes.

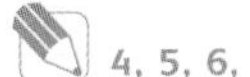

4, 5, 6, 7

Primer plano

First look

¿Podemos ayudarte? ¿Te echamos una mano? Pide lo que necesitas... ¡Aquí estamos!

5a Can you match the questions with the answers?

a ¿Podemos coger la sillas?
b ¿Puedo ayudarte?
c ¿Puedo cambiar de canal la televisión?
d ¿Puedo beber un poco de agua?
e ¿Puedes coger el teléfono?
f ¿Puedo llamar por teléfono?

☐ 1 Es que me estoy duchando. Cógelo tú, por favor.
☐ 2 Bebe, bebe de mi botella.
☐ 3 Por supuesto, llama.
☐ 4 Sí, cámbialo, que éste es muy aburrido.
☐ 5 Sí, coge la mesa de ese lado y muévela a la derecha. Así.
[a] 6 Sí, claro, cogedlas.

2, 3, 8

5b Now indicate in which phrases...

Piden permiso: a ____________
Ofrecen ayuda: ____________
Piden que alguien haga algo: ____________

6 Why don't you match the following things that are prohibited with the corresponding drawing?

a b c d

e f g h

☐ Prohibido pisar el césped.
☐ Prohibido llevar teléfonos móviles.
☐ Prohibido acampar.
☐ Prohibido dar comida a los animales.
☐ Prohibido tocar/hacer fotos/filmar.
☐ Prohibido comer.
☐ Prohibido llevar animales sueltos.
☐ No pasar.

2, 3, 8

Can we help you? Can we give you a hand? Ask for whatever you need... we're here!

7a Read the sentences and decide if you should use **tú** (you informal) or **usted** (you formal).

a Un amigo te presenta a su novia. _Tú_
b Un amigo te presenta a su abuela. ________
c Te diriges a una persona mayor para pedirle una dirección. ________
d Te diriges a un chico joven para pedirle una dirección. ________
e En el autobús pides a un señor que abra la ventanilla. ________
f En el autobús pides a un joven que abra la ventanilla. ________
g Entra en tu casa el técnico para reparar la nevera. ________
h Entra en tu casa un amigo. ________
i Necesitas un lápiz y se lo pides a una señora mayor. ________
j Necesitas un lápiz y se lo pides a un chico joven. ________

2, 3, 8

7b Now look for an appropriate phrase for each situation in the previous exercise.

1 [a] Encantado de conocerte.
2 [ ] Pase, pase.
3 [ ] Perdone, ¿la calle Serrano?
4 [ ] Encantado de conocerla.
5 [ ] ¿Me puede dejar el lápiz, por favor?
6 [ ] ¿Puedes abrir la ventanilla, por favor?
7 [ ] Perdona, ¿la calle Serrano?
8 [ ] Pasa, pasa.
9 [ ] ¿Puede abrir la ventanilla, por favor?
10 [ ] ¿Me puedes dejar el lápiz, por favor?

2, 3, 8

8 These sentences are missing a pronoun. Can you add them?

1 ¿Puedo coger tu pelota?	Sí, claro, cóge_la_ .
2 ¿Podemos usar estos pinceles?	Sí, usad_los_ .
3 ¿Puedo utilizar tu teléfono?	Sí, utilíza_lo_ . Es todo tuyo.
4 ¿Puedo cerrar la puerta?	Sí, ciérra_la_ , ciérra_la_ .
5 Mamá, ¿puedo ponerme esas zapatillas?	Sí, pónte_las_ .
6 ¿Me dejas tus pantalones?	Sí, cóge_los_ .
7 ¿Queréis un pastel?	Sí, dános_lo_ , por favor.

LO LA LOS LAS

2, 3, 8

Primer plano

First look

Si nos necesitas silba. Oiremos tu llamada a cualquier hora y en cualquier momento.

Whistle if you need us. We'll hear your call at any time.

9 Look at the box. Why don't you complete the sentences with the correct form of the verb? Please note: you don't need to use all the verbs in the box.

~~acuérdate~~ • avisas • vas • estudia • has ido • cómpratelos • estudias avísame • te has acordado • ve • id • te los has comprado • te llamas

1 Si vas a la fiesta *acuérdate* de llamar antes.
2 Si tienes sueño ____________ a dormir.
3 Si quieres aprobar el examen ____________ mucho.
4 Si te gustan estos zapatos ____________ .
5 Si os gustan las películas de acción ____________ al cineclub.
6 Si no puedes comprar el pastel ____________ , por favor.

9, 10

10 What things do you think you need for...? Finish the sentences using the expression **hay que** (one must / has to).

~~llevar bañador~~ • tomar el sol • tener novia • llevar botas llevar ropa de abrigo • jugar a la lotería

1 Para ir a la playa, *hay que llevar bañador* .
2 Para ser rico, ____________ .
3 Para estar moreno, ____________ .
4 Para casarse, ____________ .
5 Para ir a la montaña, ____________ ____________ .
6 Para viajar al Polo Norte, ____________ .

4, 5, 6, 7

11 Why don't you substitute the underlined words with pronouns? Try to put them in the correct place.

a TRAER, tú / billetes / a mí — *Tráeme los billetes* — *Tráemelos*
b DEJAR, tú / maletas / aquí — ____________ — ____________
c COMPRAR, tú / maleta / a ti — ____________ — ____________
d DAR, usted / libro / a la señora — ____________ — ____________
e ENSEÑAR, tú / pasaporte / al amigo — ____________ — ____________
f PONER, usted / abrigo / al niño — ____________ — ____________

LAS LOS LA LO

11, 12, 13

12a Guess which are the substitutions for the bold-faced pronouns.

1 Cómpra**sela**.
- ☐ a Compra el reloj a su hermana.
- ☐ b Compra **la** camisa a **su** hermano.
- ☐ c Compra el ordenador a tu hijo.

2 Escríbe**sela**.
- ☐ a Escribe la nota a mi prima.
- ☐ b Escribe el e-mail a tu marido.
- ☐ c Escribe el informe a tu amiga.

3 Envía**selos**.
- ☐ a Envía el mensaje a tu padre.
- ☐ b Envía los mensajes a tu amigo.
- ☐ c Envía las flores a tu novia.

4 Dá**sela**.
- ☐ a Da el dinero a tu padre.
- ☐ b Da la comida al niño.
- ☐ c Da el diccionario a los alumnos.

5 Súbe**selas**.
- ☐ a Sube los regalos a los niños.
- ☐ b Sube las sillas a los vecinos.
- ☐ c Sube los jerséis a tus hermanos.

11, 12, 13

12b Can you tell us what words the pronouns *se* substitute in the previous sentences?

se { *a su hermano*
____
____
____
____

11, 12, 13

13 More pronouns: now we'll use them to complete sentences. Look at the bold-faced words. Good luck!

1 ¿Podemos entregar **los papeles** a **su secretario**?
Sí, claro, entréguen*selos* cuando puedan.

2 Claudia, todavía tengo **tu libro** en casa. **Mi hermana** ahora lo necesita para el instituto y...
Déja_______________ sin ningún problema.

3 ¿**Nos** podéis prestar vuestra **cámara de fotos**? La nuestra no funciona y este fin de semana nos vamos a Mallorca.
Juan, présta_______________, por favor. Está en nuestra habitación.

4 Marina, **la niña** quiere **un helado** y no para de llorar.
Pues cómpra_______________ ya.

5 Papá, ¿le puedo dejar **mi moto** a **Antonio**?
Déja_______________, pero tiene que ir despacio.

11, 12, 13

Recursos

Resources

INVITING AND OFFERING

QUIERES / QUIERE / QUERÉIS / QUIEREN + [INFINITIVO] / [NOMBRE]

- *¿Quieres tomar algo/una cerveza?*
- *Sí, claro. ¿Adónde vamos?*

¿ TE / LE / OS / LES + APETECE + [INFINITIVO] / [NOMBRE] ?

- *¿Te apetece salir esta noche?*
- *Sí, me apetece.*
- *¿Os apetece una cerveza?*
- *Estupendo, tenemos mucha sed.*

OFFERING AND ASKING FOR HELP

Offering

- *¿Te puedo ayudar?*
- *Sí, muchas gracias. Primero vamos al mercado y después a la farmacia.*
- *No, gracias, no es necesario.*

Asking for help

- *¿Me puedes ayudar?*
- *Sí, claro.*
- *Lo siento, pero tengo que irme.*

MAKING EXCUSES

- *Es que tengo que trabajar/estudiar.*
- *Perdona (tú), ya he quedado.*
- *Perdone (usted), tengo prisa.*

ASKING IF IT'S POSSIBLE OR NOT TO DO SOMETHING §41

¿SE PUEDE / ¿NO SE PUEDE + [INFINITIVO]?

- *¿Se puede fumar en esta oficina?*
- *¿No se puede fumar?*
- *No, no se puede.*

ASKING FOR AND GIVING PERMISSION §41

¿PUEDO / ¿PODEMOS + [INFINITIVO]?

- *¿Puedo abrir la ventana?*

IMPERATIVO
NO + MOTIVO

- *Sí, **ábrela**, yo también tengo calor.*
- ***No**, es que hace frío.*

EXPRESSING AND ASKING IF SOMETHING IS AN OBLIGATION §41

Impersonal

HAY QUE + [INFINITIVO]

- *¿Qué hay que hacer para mañana?*
- *Los ejercicios 5, 6 y 7.*

Personal

[TENER QUE] + [INFINITIVO]

- *Tienes que llegar pronto a casa.*
- *¿Tienen que hacer los deberes ahora?*

ASKING FOR AND GIVING THINGS

- *¿Me dejas tu teléfono móvil?*
- *Sí, toma/Lo siento, no es mío.*

IMPERATIVE §33 y §50

	trabaj**ar** (to work)	com**er** (to eat)	viv**ir** (to live)	sent**arse** (to sit down)
tú	trabaj**a**	come	vive	siént**ate**
usted	trabaj**e**	com**a**	viv**a**	siént**ese**
vosotros/as	trabaj**ad**	com**ed**	viv**id**	sent***aos***
ustedes	trabaj**en**	com**an**	viv**an**	siént**ense**

Look at the form ***sentaos***. This is the transformation that happens: sent**ad** + ***os*** = sent***ad̶os***, the **d** disappears and the result is sent***aos***.

POSITION OF PRONOUNS §15

[IMPERATIVO] + { ME / TE / ~~LE~~ SE / NOS / OS / ~~LES~~ SE } + LO/LA/LOS/LAS

PLEASE NOT**!**
Observe that **LE** and **LES** before **LO**, **LA**, **LOS**, **LAS** get transformed to **SE**.

- *Tengo que darle esta carta a Luis.*
- *Pués dá**sela** enseguida.*

- *Tengo que darles estos libros a Luis y María.*
- *Pues dá**selos** enseguida.*

FIRST CONDITIONAL §65

SI + [PRESENTE], [IMPERATIVO]

Si vienes, llama primero.
Si viene, avísame antes de las ocho.

ASKING SOMEONE TO DO SOMETHING AND ANSWERING §65

¿[PODER] + [INFINITIVO]?

- *¿Me puedes dejar el libro, por favor?*

[IMPERATIVO]
NO + [MOTIVO]

- *Toma.*
- *No, es que no es mío.*

CONGRATULATING

Congratulating

¡Felicidades! *¡Feliz cumpleaños!*
¡Feliz aniversario! *Enhorabuena.*
Te felicito. *Muchas felicidades.*

Showing appreciation

Gracias. *Muchas gracias.*
Mil gracias. *Un millón de gracias.*

Responding to appreciation

De nada. *No hay de qué.*
A usted. *A ti.*

La lengua es un juego

Language is a game

14 If you want to play, you only need a coin and your knowledge of Spanish.

Éstas son las reglas:

Coloca una pieza de papel en la casilla de salida y lanza la moneda:

- Si sale cara, adelanta hacia la derecha.
- Si sale cruz, adelanta hacia la izquierda.
- Si contestas, avanza.
- Si no sabes la respuesta, cambia a cualquier pregunta del mismo nivel.
- Si no te quedan preguntas, repasa la sección *Recursos*.

Sencillo, ¿no?

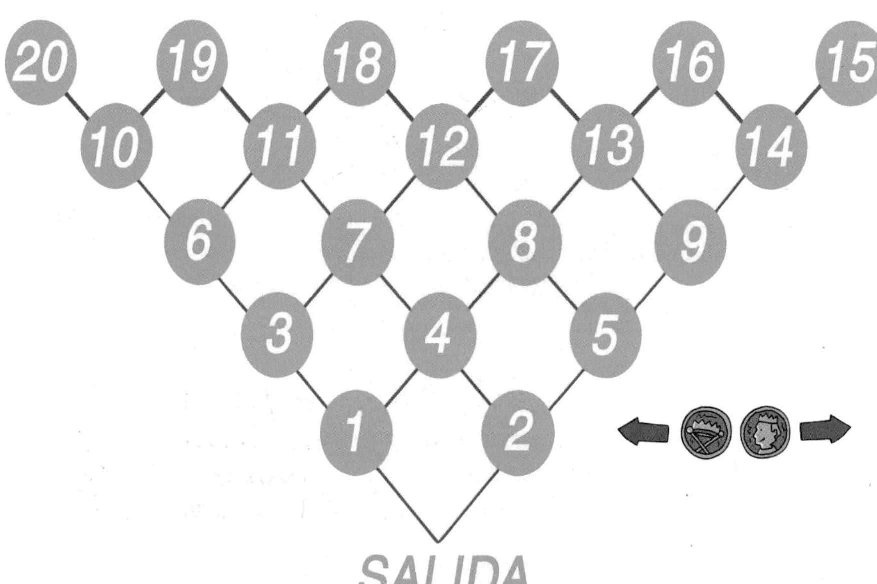

1 Usa el imperativo: (COMER) ______ tú.
2 ¿Quieres (VENIR) ______ al cine?
3 Nosotros ya ______. (VENIR, pretérito perfecto)
4 Imperativo: (SALTAR) ______ tú.
5 ¿Te (APETECER) ______ tomar algo?
6 Tú ______. (PENSAR, presente)
7 Imperativo: (VENIR) ______ vosotros.
8 Ellos ______. (DORMIR, presente)
9 Tengo ______ estudiar mucho.
10 Yo ______. (PODER, presente)
11 Imperativo y pronombre: (DEJAR / el coche / a mí / vosotros) ______.
12 La nevera ______ (¿hay o está?) en la cocina.
13 Tengo que dar______ este libro a Luis.
14 Si (VENIR, él) ______, avísame.
15 Ella ______ (¿es o está?) cansada.
16 Imperativo y pronombre: (TRAER, tú / las naranjas / a mí) ______.
17 Vosotros ______ (LLEGAR, pretérito perfecto) tarde.
18 Imperativo y pronombre: (DAR, tú / la carta / a Ana) ______.
19 Si (IR, tú) ______ al cine, llámame.
20 Imperativo y pronombre: (SUBIR, vosotros / el periódico / a mí) ______.

La lengua es un mundo
Language is a world

15 Who's inviting whom...?

En España nos gusta invitar a nuestros amigos. Por esa razón puede ocurrir que dos amigos íntimos discutan a la hora de pagar la cuenta en un restaurante, o que, después de comer, los dos llamen al camarero, con la tarjeta de crédito en la mano, para pagar la cuenta. A menudo, y para evitar estas discusiones, se llega a un acuerdo: uno paga la comida y el otro los cafés, las copas y los puros. Cuando esto ocurre, ambos pagan más o menos lo mismo y por eso podemos preguntarnos, ¿quién ha invitado a quién? Sin embargo, cuando en un grupo de amigos todos quieren pagar, el camarero hace una pregunta que le ayuda a decidir a quién debe cobrar: "¿Quién me va a dejar más propina?".

After reading the text, try to find the words that match the following definitions:

a *Cuenta* : cantidad que se ha de pagar o cobrar.
b ____________ : conversación donde se enfrentan opiniones contrarias.
c ____________ : pagar la consumición de alguien.
d ____________ : dinero que se da aparte del precio convenido.

16 Taboo subjects

En España cuando se habla con personas que acabas de conocer existen ciertos temas de los que es mejor no hacer preguntas, son temas tabú. A nadie le gusta decir la edad que tiene, sobre todo si tiene más de treinta años, a nadie le gusta tampoco que le pregunten cuánto gana o a qué partido vota. Y, sobre todo, no se te ocurra preguntarle a nadie por qué le gustan las películas de Almodóvar, le gustan y se acabó; para algunas preguntas no existen respuestas. Cuando acabas de conocer a alguien las preguntas que puedes hacerle, sin que se moleste, son: "¿Qué te gustan más, los perros o los gatos?" o "¿De qué equipo de fútbol eres?".

Now, which of the following statements are true (T) or false (F).

	T	F
1 En España existen temas tabúes.	☐	☐
2 Los españoles tenemos claro por qué nos gustan las películas de Almodóvar.	☐	☐
3 Si quieres entablar una conversación con un desconocido pregúntale qué equipo de fútbol es su preferido.	☐	☐
4 Nunca debes preguntar: "¿Te gustan más los perros o los gatos?"	☐	☐

Te invitamos a pasear por nuestras costumbres. ¿Te apetece venir? ¡Será divertido!

We invite you to take a guided tour through our customs. Do you feel like coming? It'll be fun!

Internet addresses:

Spanish train service:
www.renfe.es

Airline company of Spain
www.iberia.com

Health service in Spain:
www.msc.es/insalud

Lección 9
Lesson 9

Evaluación

Evaluation

1 Can you read this invitation?

Querida Lola:

El próximo veintisiete de julio estreno mi obra de teatro y después hago una fiesta. Por supuesto que estás invitada. ¡No puedes faltar!
Te haré algunas recomendaciones:
En la fiesta hay que vestir de color blanco, tienes que llevar alguna prenda blanca, no importa si es la falda, la blusa o lo que tú quieras.
¡Tienes que ser puntual! Recuerda que no se puede llegar tarde a estas citas... ¡y tú siempre llegas tarde!
Se puede ir acompañada, ya lo sabes... Si tienes algún amigo guapo, ¡tráelo!
Espero verte en la fiesta. Si no puedes venir, llámame, por favor.

Un beso, Antonio

Now can you tell us which sentences are true (T) or false (F)?

	T	F
1 Lola puede ir vestida de blanco.	☐	☐
2 Lola puede llegar diez minutos tarde.	☐	☐
3 Lola tiene que ir sola.	☐	☐
4 Lola tiene que llamar a su amigo si no puede ir.	☐	☐

2 Choose the best answer.

1 ¿Puedes cerrar la puerta?
- ☐ Sí claro, toma.
- ☐ Sí claro, dame.
- ☐ Sí claro, ahora mismo.

2 ¿Hay que llevar pantalones?
- ☐ No, no es aquí.
- ☐ No, no es necesario.
- ☐ No, no puedes comer.

3 ¿Quieres venir a la exposición?
- ☐ Es que no quiero más.
- ☐ Es que no traigo más.
- ☐ Es que no puedo.

4 ¡Felicidades!
- ☐ ¡De nada!
- ☐ ¡Muchas gracias!
- ☐ Perdona.

5 ¿Puedes ayudarme a lavar los platos?
- ☐ Si puedo lo lavo.
- ☐ Ahora no puedo, lo siento.
- ☐ Sí claro, mañana la lavo.

6 Tengo que enviar la carta a Lola.
- ☐ Pues envíatela, ¿no?
- ☐ Pues envíanosla, ¿no?
- ☐ Pues envíasela, ¿no?

Now I can:

- ☐ Make invitations
- ☐ Ask for permission, things, or for someone to do something
- ☐ Indicate if something is an obligation or if it's possible to do something
- ☐ I can also: ____________________

Check out our web site www. esespasa. com

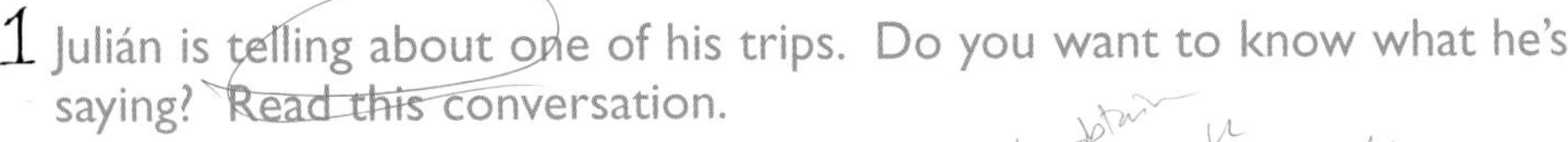

Evaluación del bloque 3

Evaluation of part 3

1 Julián is telling about one of his trips. Do you want to know what he's saying? Read this conversation.

- ¿Qué tal ha ido el viaje por la Patagonia?
- Muy bien, aunque todavía no he conseguido deshacer la mochila... pero bueno, el viaje ha sido muy interesante. He recorrido gran parte del país en bicicleta, he hecho cientos de kilómetros. He estado en el Cabo de Hornos, he pasado el estrecho de Magallanes por punta Arenas. ¡Maravilloso!
- ¿Y el clima?
- El clima es muy variable. Hay que llevar crema solar y gafas de sol. —Debes ponerte camisetas por la mañana y una chaqueta gruesa por la tarde.
- ¿Hay que vacunarse?
- No, no tienes que vacunarte, pero debes tener cuidado con el agua potable en las montañas, también hay que llevar un botiquín, ¡es imprescindible!
- ¿Qué idioma hablan?
- El español, pero si pasas una temporada también tienes que aprender a hablar un poco de mapuche.
- ¿Y la comida, qué tal es?
- Es muy parecida a la nuestra pero hay platos típicos como los choros, una sopa de mejillones que tienes que tomarla muy caliente.
- Pero... ¡eso va bien con tanto hielo alrededor!

Now can you answer these questions?

1 ¿Dónde ha ido de viaje?

2 ¿Qué no ha conseguido todavía?

3 ¿Cómo ha viajado por el país?

4 ¿Por dónde ha pasado?

5 ¿Qué hay qué llevar?

6 ¿Hay que vacunarse?

7 ¿Con qué debes tener cuidado en las montañas?

8 ¿Qué idiomas se pueden hablar?

9 ¿Cómo es la comida?

10 ¿Cómo tienes que tomar la sopa de mejillones?

This is how you can learn

When you listen to or read in Spanish, you can create grammar rules to logically sort out what you have read or what you have listened to.

As you learn more and advance in your studies, you will find out that perhaps the rule you created was not exactly right and you might have to modify it. Or perhaps your rule wasn't complete and you have to polish it out.

Has that happened to you while while going through this course?

Remember. In order to learn Spanish you must be willing to create rules, to verify if they are correct and to modify them if necessary.

Evaluación del bloque 3
Evaluation of part 3

2 Choose the best answer:

1 **¿Has tenido alguna vez la gripe?**
- ☐ Nunca he tenido coche.
- ☐ Siempre la he tenido en invierno.
- ☐ Siempre lo he tenido en invierno.

2 **Mamá, ¿podemos ir a la playa?**
- ☐ Sí, puedes desayunar.
- ☐ Sí, después de desayunar.
- ☐ Sí, en invierno.

3 **¿Te has duchado con agua fría?**
- ☐ No, nos hemos duchado con agua caliente.
- ☐ No, me he duchado con agua caliente.
- ☐ No, se ha duchado con agua caliente.

4 **¿Qué os ha parecido la exposición de Botero?**
- ☐ Ha sido de siete a ocho.
- ☐ Ha sido interesante.
- ☐ Ha sido en el museo Reina Sofía.

5 **¿Puedes dar la medicina a tu hermano?**
- ☐ Puedes dármela.
- ☐ Puedes dárnosla.
- ☐ Puedes dársela.

6 **¿A qué hora vamos a cenar?**
- ☐ A las ocho de la mañana.
- ☐ A las nueve de la noche.
- ☐ A las tres de la madrugada.

7 **Te han hecho un regalo de cumpleaños, ¿qué dices?**
- ☐ ¡Felicidades!
- ☐ Me duele el cuello.
- ☐ ¡Muchas gracias!

8 **Si ves un cartel de "Prohibido usar el teléfono móvil", ¿qué entiendes**
- ☐ Hay que usar el teléfono móvil.
- ☐ Debes usar el teléfono móvil.
- ☐ No se puede usar el teléfono mó

9 **Si vienes...**
- ☐ he comido primero.
- ☐ está comiendo primero.
- ☐ come primero.

10 **A las 7.00 h**
- ☐ meriendo cada día.
- ☐ ceno cada día.
- ☐ desayuno cada día.

11 **¿Cómo te ha ido la conferencia?**
- ☐ Bien, ya no me duele.
- ☐ Bien, gracias.
- ☐ Bien, me parece muy bien.

12 **Tengo muchísimo trabajo.**
- ☐ Yo tampoco.
- ☐ Yo sí.
- ☐ Yo también.

Think over your work in these three lessons:

I've learned	☐ a lot	☐ quite a lot	☐ a little
I've considered the activities to be	☐ easy	☐ difficult	☐ very difficult
I've cooperated with my colleages	☐ a lot	☐ quite a lot	☐ a little

What I liked most is ____________________

What I liked less is ____________________

Now I like to learred most ____________________

bloque cuatro 4

part four 4

lección 10
lección 11
lección 12

lesson 10
lesson 11
lesson 12

Índice

Lección 10
Lesson 10

¿Quieres conocer un poco más a nuestros amigos?
Do you want to get to know our friends a little better? 155

Lección 11
Lesson 11

Tus experiencias y recuerdos
Experiences and memories 169

Lección 12
Lesson 12

Julián se va de vacaciones
Julián is going on vacation 183

leccióndiez 10

lessonten 10

¿Quieres conocer un poco más a nuestros amigos?

Do you want to get to know our friends a little better?

En portada

Headlines

En esta lección vas a conocer algunos detalles sobre la vida de Lola, Julián, Begoña y Andrew antes de conocerse. ¿Descubrirás algún secreto? ¡No esperes más y empieza a investigar!

In this lesson you're going to find out some details about Lola's, Julián's, Begoña's and Andrew's lives before they got to know each other. Will you find out a secret? Don't wait any longer: start to find out now!

¿Quieres conocer un poco más a nuestros amigos

Do you want to get to know our friends a little better?

In this lesson you will learn:

- How to explain what happened in the past
- To express certainty, uncertainty and probability

1a These are pictures of our friends.
By looking at the photos, identify each one.

1 ____________________

2 ____________________

3 ____________________

4 ____________________

1b How old are they?

diez años • ocho años • once años • ~~cuatro años~~

1 En la foto, Julián tiene unos *cuatro años*
2 En la foto, Lola tiene unos ____________________
3 En la foto, Begoña tiene unos ____________________
4 En la foto, Andrew ____________________

Escenas

¡Mirar fotos es divertido! ¿Por qué no pasas un buen rato con nosotros? Vamos a abrir el álbum...

Looking at pictures is fun! Why don't you stay with us a while? We're going to open a photo album...

2 Begoña, Lola, Julián and Andrew want to make a photo album together. They're looking at some photos now. Listen to what they're saying and write what they're talking about.

5

De un verano en la piscina.
De un verano en el río.
De aprender a esquiar.
De recoger manzanas en otoño.

Diálogo 1	Diálogo 2
Habla de ______________	Habla de ______________
Habla de ______________	Habla de ______________

3 Our friends are looking at pictures in a magazine. Do you know which picture they're talking about in each listening?

6

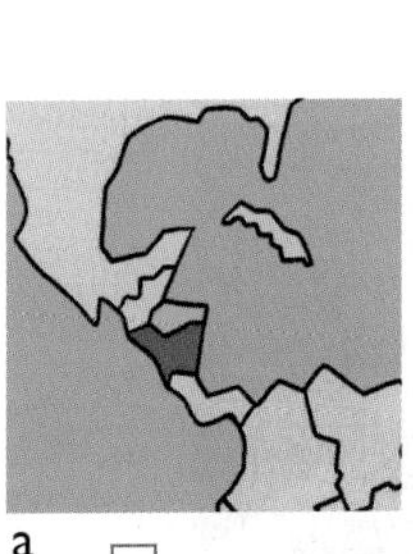
a ☐

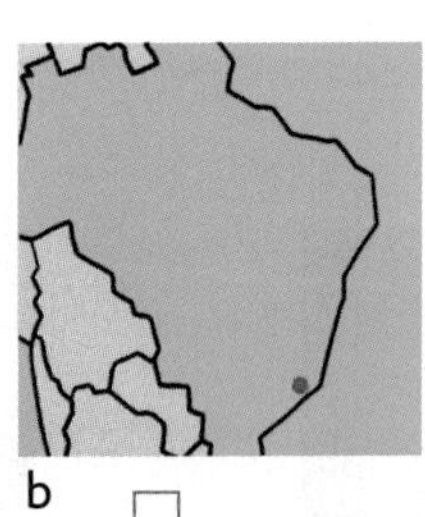
b ☐

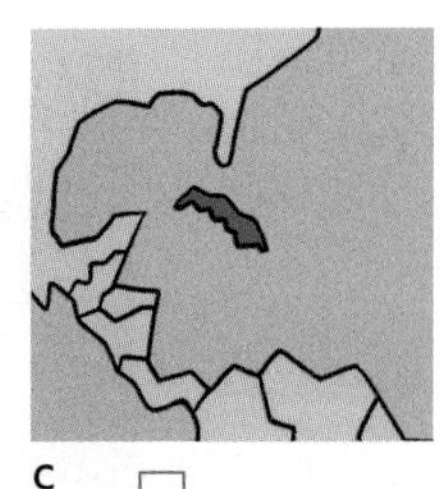
c ☐

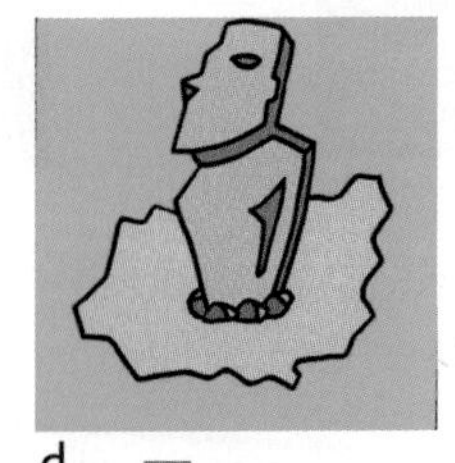
d ☐

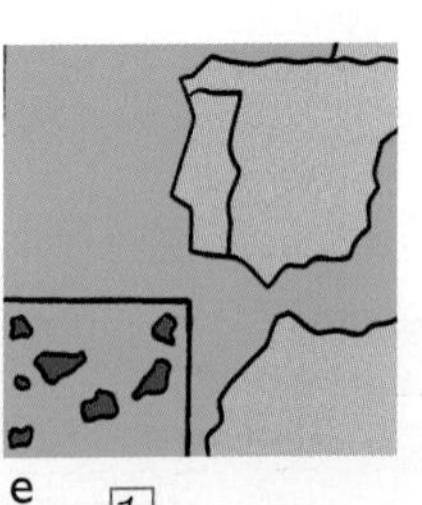
e 1

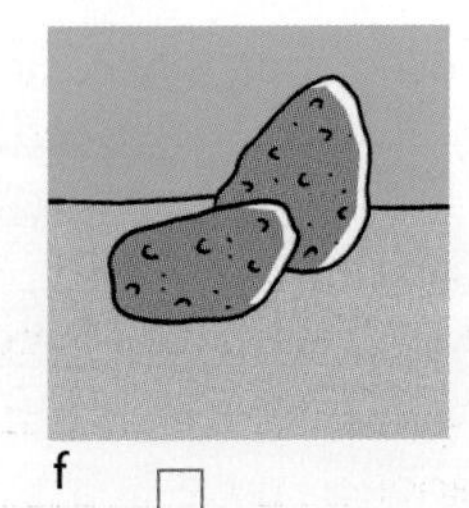
f ☐

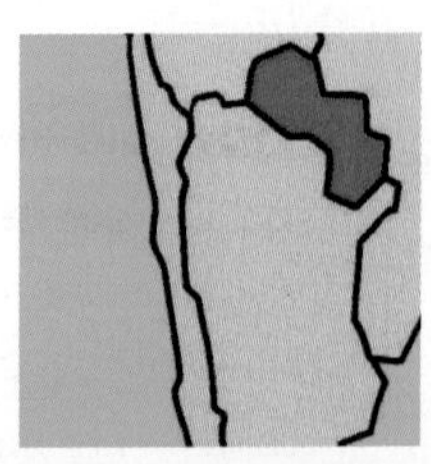
g ☐

4a This is Begoña's C.V. It's a little disorganized.
Can you read it and put the information in the correct place?

Currículo

- ~~a~~ Nombre: Begoña
  Apellidos: Arzak Goicoechea
- ☐ **b** Colaboradora en un periódico local de Bilbao en la sección de Cultura y Espectáculos. Desde septiembre del año 2000.
- **c** Estado civil: Soltera
- **d** Teléfono: 689 487 584.
- ☐ **e** Curso de animadora social de adolescentes en el Centro de Animación Sociocultural Chiribiri. Año 1999.
- **f** Edad: 20 años.
- ☐ **g** Ayudante de producción en una emisora local de Bilbao. Programa musical para jóvenes. De marzo a septiembre del año 2000.
- ☐ **h** Escuchar música y pasear.
- ☐ **i** Colaboradora en la organización del III Encuentro de Compañías de Aficionados en Bilbao. Julio de 1999.
- **j** Dirección: c/ Aviñón, 5, 9.°, 4.ª
- ☐ **k** Bachillerato en el Instituto de Enseñanza Secundaria "Menéndez Pidal". Año 1998.
- ☐ **l** Miembro de la compañía teatral *Prissa* de Bilbao.
- ☐ **m** Participación en el IV Concurso de Teatro para Aficionados de San Sebastián. Julio de 2000.

Datos personales:
a ________
____
____
____
____

Formación:
____
____

Experiencia laboral:
____
____
____
____
____

Aficiones:
____

4b Begoña has gone to a job interview. Listen to her and arrange the events in the correct order by writing in the boxes on the left of her C.V.

5 Begoña is listening to a radio program.
Listen with her and answer these questions.

1, 2, 3, 4

1 ¿Cuándo ha visto Javier a su profesor? *Hoy.* ________
2 ¿De qué se ha acordado hoy Javier? ________
3 ¿Cuándo tuvo a ese profesor? ________
4 ¿Con quién fue Gema de viaje? ________
5 ¿Dónde fueron? ________
6 ¿Cuándo? ________
7 ¿Cuándo fue el cumpleaños de la hija de Marcos? ________
8 ¿Quiénes fueron a celebrarlo? ________
9 ¿Adónde fueron a celebrarlo? ________

Lección 10
Lesson 10

Primer plano

(First look)

Vamos a dar un paseo por la historia, ¿nos acompañas? Te enseñamos a contar qué ocurrió en el pasado.

We're going to take a walk through history. Do you want to come with us? We'll teach you how to explain what happened in the past.

6a Lola has found some news that would be interesting for a report, but it's in the wrong order. Why don't you help her put it in order. You can use your dictionary. 1, 2, 3, 4

LA CIUDAD DA LA BIENVENIDA A LOS JÓVENES ARTISTAS

☐ El alcalde de la ciudad llegó a media mañana y afirmó: "Nuestros jóvenes artistas tienen muy buenas ideas. Por eso el ayuntamiento se compromete a ayudarlos en todo lo posible".

☐ En resumen, ayer fue un día especial para todos: para el museo, porque organizó por primera vez una exposición de este tipo; para los jóvenes artistas, porque expusieron en uno de los museos más importantes de la ciudad; y para todos los ciudadanos, porque conocieron a los artistas del futuro.

☐ Los ciudadanos disfrutaron durante toda la jornada de los cuadros, las esculturas y los espectáculos multimedia de estos jóvenes creadores.

☐ Al finalizar el acto, la dirección del museo aseguró: "La exposición ha sido un éxito. Los ciudadanos han recibido a estos nuevos talentos con mucho entusiasmo".

☐ El Museo de Arte Contemporáneo abrió ayer sus puertas para celebrar una ocasión muy especial: la primera exposición de los jóvenes artistas de la ciudad.

6b Look at the previous article. How do they describe the young artists in the article?

1 ____________ 2 ____________ 3 ____________

7a Andrew has these sentences mixed up. Can you match them up correctly? 1, 2, 3, 4

Gaudí	SER	el submarino.
Felipe González	DESCUBRIR	el premio Nobel de Literatura.
Gabriel García Márquez	INVENTAR	el virus del SIDA.
Narcís Monturiol	DISEÑAR	presidente del Gobierno español.
Gallo y Montaigner	GANAR	la Sagrada Familia.

7b Now write the previous sentences using the correct form of the verb.

1 *Gaudí diseñó la Sagrada Familia*
2 ____________
3 ____________
4 ____________
5 ____________

8 Today Lola got a postcard from her friend, Carlota, saying that she's on vacation in Almería, in the south of Spain. Can you explain what Carlota and her friends did? 5

¡Hola, Lola!

¿Cómo estás? Yo, muy bien. Estoy pasando unas vacaciones estupendas en Almería. ¿Y las tuyas? Ya me contarás.

Estos días no hemos parado ni un minuto. Te cuento. Ayer (ESTAR, nosotros) ***estuvimos*** todo el día en la playa. Fue fantástico. Por la mañana, unos (HACER, ellos) __________ wind-surf y nosotros (TOMAR, nosotros) __________ el sol y (BAÑARSE) __________. Al mediodía (IR, nosotros) __________ a un restaurante de la playa y (COMER, nosotros) __________ una paella buenísima. Ah, y (BEBER, nosotros) __________ un poco de sangría, ya sabes... el último día de vacaciones. Al final (HACER, nosotros) __________ muchas fotos. Todos queremos un recuerdo de estas vacaciones.

¡Hasta pronto! Un beso. Carlota.

Lola Amigó Garriga
c/ Aviñón, 5
08030 Barcelona
España

9 Here are some incomplete facts about Spain's recent history. Do you know what happened when? Listen and see if your predictions are correct.

1 La Guerra Civil empezó en __________ y __________ en 1939.
2 En __________ murió Franco.
3 Las primeras elecciones generales __________ en 1977.
4 El partido socialista gobernó de __________ a 1996.
5 España __________ en la Unión Europea en 1986.
6 Las Olimpiadas de Barcelona fueron en __________.

1, 2, 3, 4

Primer plano

First look

Frida Kahlo, Pablo Picasso, Antonio Banderas... todos ellos nos han contado su vida. ¿Y tú? ¿Quieres contarnos la tuya?

10 Do you remember Carlota? Her vacation in Almeria is over, and she has sent Lola an e-mail. Can you read it and then answer the questions?

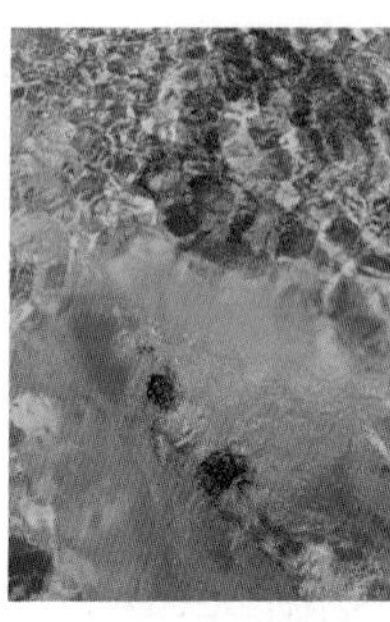

De: Carlota Para: Lola@hotmail.com

¡Hola Lola!
Ya he vuelto de Almería. ¿Recibiste mi postal?
Fui a Almería en tren; el viaje fue bastante largo, pero lo pasé muy bien. Al llegar a Almería me alojé en el albergue juvenil Aguadulce; era una maravilla.
En la ciudad visité el Museo de la Ciudad; era muy interesante y además gratis. El domingo fui de excursión en bicicleta al Paraje Natural Punta Entinas-Sabinar; ¡ya sabes cuánto me gusta la naturaleza!
Si puedo, la próxima semana te llamo por teléfono.
Un beso.

1 ¿Cómo fue Carlota a Almería? *Fue a Almería en tren.*
2 ¿Dónde se alojó? ______
3 ¿Visitó algún museo? ¿Cuál? ______
4 ¿Hizo alguna excursión? ¿Adónde fue? ______
5 ¿Cómo hizo la excursión? ______

11 Lola has found a biography of Frida Kahlo, but it's incomplete. Can you complete the text with the verbs in the box?

5

ser • empezar • hacer • ~~nacer~~ • morir • tener • conocer decir • casarse

La vida de Frida Kahlo empezó y acabó en México. Hija de un fotógrafo austro-húngaro y una mestiza mexicana, *nació* en Coyoacán en 1907.

A los seis años enfermó de polio, y en 1925, a los 18 años, ______ un accidente muy grave. Estuvo en el hospital durante mucho tiempo y allí ______ a pintar.

A pesar de los problemas de salud, Frida siempre tuvo inquietudes e ilusiones. En el círculo artístico de México ______ a Diego Ribera, con quien ______ en 1929. Entre 1931 y 1934 estuvieron en Nueva York y Detroit varias veces.

En 1939 ______ una exposición en París. Algunos expertos consideraron surrealista la obra de Frida, pero ella, en una ocasión, ______: "Nunca pinté los sueños. Pinté mi propia realidad". Los autorretratos fueron su tema preferido.

Frida ______ siempre una mujer de su tierra y pintó con colores llenos de vida: rojo, amarillo, verde, etc. Picasso fue admirador suyo. Frida ______ en 1954. Cuatro años más tarde su casa familiar se convirtió en el Museo de Frida Kahlo.

Frida Kahlo, Pablo Picasso, Antonio Banderas...they've all told us about their lives. What about you? Do you want to tell us about yours?

12a Now Julián and Lola are talking about their parents. Why don't you listen to the dialogue and complete the text?

JULIÁN: *Esta mañana* he recibido una carta de mi madre.
LOLA: ¿Y qué tal está?
JULIÁN: Bien, está muy contenta por mí. A mi madre ________ le ha gustado que yo me dedique al teatro.
LOLA: ¡Qué suerte! Mis padres ________ han entendido mi pasión por el teatro.
JULIÁN: Bueno, con el tiempo, seguro que cambian de opinión.
LOLA: No lo sé. Oye, ¿tus padres han estado ________ en España?
JULIÁN: Sí, ________ fueron a Galicia, a casa de una amiga.
LOLA: ¿Y ________ han vivido en México?
JULIÁN: No, mi madre nació en Buenos Aires. ________ la escuela empezó a trabajar y después, creo que ________, conoció a mi padre, que es mexicano, de Guadalajara.
LOLA: ¡Qué interesante!

7, 8, 10

12b Now classify the words you have written by putting them in one of the columns below.

Indefinido - *viví*	Perfecto - *he vivido*
	esta mañana

13a Why don't you put the verbs in parentheses in the correct tense?

1 ¿Has (LEER) *leído* una novela hispanoamericana alguna vez?
2 ¿Has (BEBER) ________ sangría?
3 ¿Has (VER) ________ un templo budista?
4 ¿Has (COCINAR) ________ para tus amigos?
5 ¿Has (TENER) ________ un animal exótico en casa?
6 ¿Has (HABLAR) ________ en público?

9, 11

13b Now, can you answer the questions in the previous exercise using the word in parentheses? Look at the example.

1 *Sí, alguna vez he leído una novela hispanoamericana.* (alguna vez)
2 ________ (nunca)
3 ________ (alguna vez)
4 ________ (muchas veces)
5 ________ (nunca)
6 ________ (dos veces)

Recursos

EXPLAINING WHAT HAPPENED IN THE PAST §47 y §51

Historical events

La Guerra Civil española empezó en 1936 y terminó en 1939.
Después de la muerte de Franco, empezó la democracia.

Personal experiences

Anteayer fue el cumpleaños de mi hija.
El verano de 1995 mi marido y yo fuimos a Australia.

Lives of people in the past

Frida Kahlo nació en 1907 en Coyoacán.
Conoció a Diego Rivera.
Se casó en 1929.
Murió en 1954.

EXPRESSING CERTAINTY AND UNCERTAINTY

certainty	**uncertainty**
Sí, sí, seguro	*No (lo) sé*
No, no, seguro	*No me acuerdo*
Seguro	

- *¿Seguro que las Olimpiadas de Barcelona fueron en 1992?*
- *No me acuerdo.*
- *Sí, sí, seguro.*

PROBABILITY

CREO
ME PARECE } + QUE

- *¿Las patatas se llaman papas en Latinoamérica?*
- *Creo que sí / Me parece que sí.*

- *¿Por qué no ha venido Andrew a clase?*
- *Creo que está enfermo / Me parece que está enfermo.*

CONTRAST BETWEEN **PRETÉRITO INDEFINIDO** (SIMILAR TO SIMPLE PAST) AND **PERFECTO** (SIMILAR TO PRESENT PERFECT) §47 y §49

WHEN WAS THE LAST TIME THAT + SIMPLE PAST?

- *Oye, ¿cuándo fue la última vez que estuviste en Uruguay?*
- *¡Uy! Creo que hace dos o tres años.*

PRESENT PERFECT + EVER §23

- *¿Has viajado alguna vez en bicicleta?*
- *Sí, he hecho un par de veces una ruta por los Pirineos en bicicleta con unos amigos.*

PRETÉRITO INDEFINIDO (SIMILAR TO SIMPLE PAST)

Regular §31

	cant**ar** (to sing)	com**er** (to eat)	sal**ir** (to go out)
yo	cant**é**	com**í**	sal**í**
tú	cant**aste**	com**iste**	sal**iste**
él	cant**ó**	com**ió**	sal**ió**
nosotr**os/as**	cant**amos**	com**imos**	sal**imos**
vosotr**os/as**	cant**asteis**	com**isteis**	sal**isteis**
ell**os/as**/ustedes	cant**aron**	com**ieron**	sal**ieron**

Irregular §38-§40

estar	→	estuv	**_e**
decir	→	dij	**_iste**
tener	→	tuv	**_o**
poder	→	pud	**_imos**
poner	→	pus	**_isteis**
			_ieron

PLEASE NOTE!
When the root of irregular verbs ends in **j**, as in *decir* (**dij**-), the ending of the third person plural form is **–eron** (**dijeron**)

To be and **to go** have the same simple past form:
fui, fuiste, fue, fuimos, fuisteis, fueron

THE MONTHS §51d

enero	febrero	marzo	abril	mayo	junio
julio	agosto	septiembre	octubre	noviembre	diciembre

EXPRESSION TO INDICATE PAST TENSE

Pretérito indefinido (simple past)

ayer	anteayer	el domingo
la semana pasada	el otro día	el mes pasado
el año pasado	en enero de 1999	en 1975
hace 25 años	en aquel año	

*El mes pasado **fui** a Almería con unos amigos.*
*En 1998 **estrené** mi primera obra de teatro.*

Pretérito perfecto (present perfect)

hoy	esta mañana	esta tarde
esta semana	este fin de semana	este mes
este año		

*Hace un rato **he visto** a Julián en el bar.*
*Esta semana **he hecho** todos los deberes de español.*

With both tenses

hace un rato	hace poco	hace un momento
siempre	nunca	

*Hace un rato **he visto** a Julián en el bar.*
*Frida siempre **fue** una mujer llena de inquietudes.*

14a With the hints we've given you, we're sure you can complete this poem.

huellas • andar • camino • mar

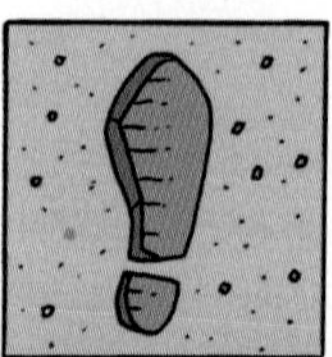

Caminante, son tus __________
el __________, y nada más;
caminante, no hay camino,
se hace camino al __________.
Al andar se hace camino,
y al volver la vista atrás
se ve la senda que nunca
se ha de volver a pisar.
Caminante, no hay camino
sino estelas en la __________.

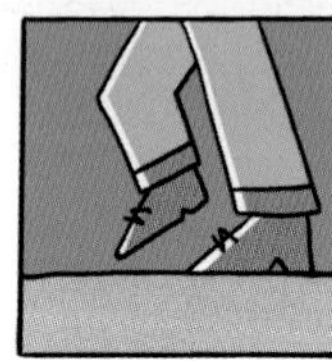

14b Do you know who wrote the poem? Read the biography and complete the crossword puzzle.

BIOGRAFÍA

Nuestro autor es un poeta español, probablemente, junto con Lorca, el poeta más leído. Nació en Sevilla en el año 1875, pero muy joven fue a estudiar a Madrid. En 1893 publicó sus primeros escritos en prosa y en 1901 aparecen sus primeros poemas. Su primer libro fue *Soledades*, publicado en 1903. En 1912 publicó *Campos de Castilla*, su obra más conocida. Durante los años veinte escribió, junto con su hermano Manuel, obras de teatro de mucho éxito. En 1927 fue elegido miembro de la Real Academia Española de la Lengua. Cuando acabó la guerra civil, se exilió. Murió en el pueblo francés de Colliure en febrero de 1939.

1 ¿De qué nacionalidad es el autor del poema?
2 ¿Cuál es el nombre de su hermano?
3 ¿Cómo se llama quien escribe poesías?
4 ¿Qué otro poeta se menciona en el texto?
5 ¿Dónde nace?
6 ¿Cómo se llama su primer libro?
7 ¿De dónde son los *campos* que dan título a su libro de 1912?
8 ¿Dónde estudió?
9 ¿En qué pueblo murió en 1939?

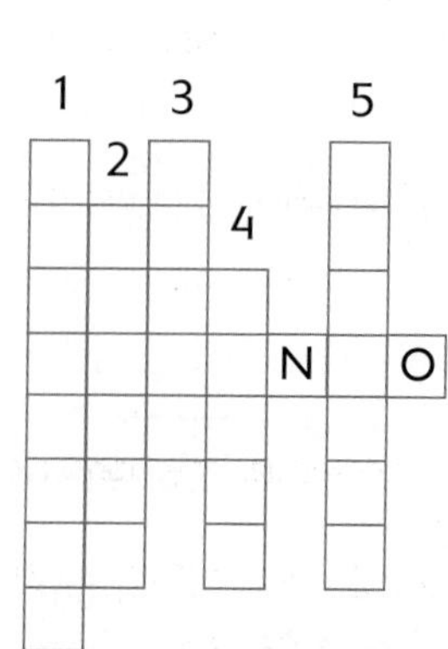

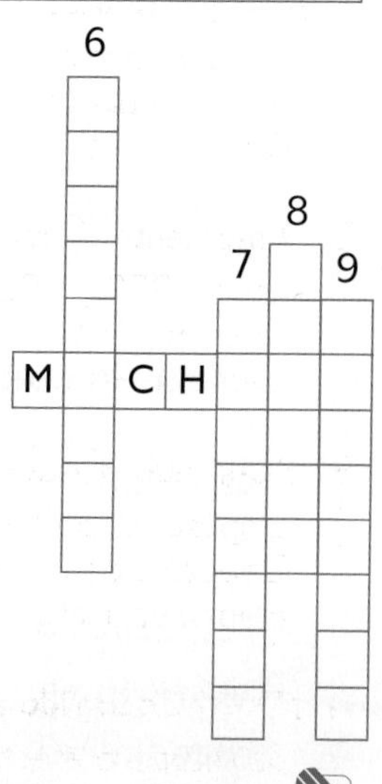

15a Latin American: a place with a future. Read the text, then underline the verbs and put them in the correct column.

Desde mediados del siglo XX, la economía latinoamericana ha mostrado tres momentos diferentes. El primer momento duró desde 1950 hasta 1980, fue el periodo de mayor desarrollo económico. Las causas de este crecimiento fueron dos: la llegada de comerciantes y de inversores europeos durante la segunda guerra mundial, y las inversiones de dinero norteamericano.

Tras la caída del muro de Berlín, en el año 1989, empezó el segundo periodo económico. En esta época América Latina conoció una caída en su desarrollo, la causa fue el desplazamiento de capital a la zona de Europa oriental, Rusia, Polonia, Hungría, etc. Desde finales de los años noventa se ha tratado de recuperar el estado de desarrollo anterior, y cada país lo ha logrado de forma diferente. La creación del MERCOSUR ayuda a equilibrar definitivamente las economías del subcontinente más rico del mundo.

presente	pretérito perfecto	indefinido

15b Now, can you choose the correct answer?

1 ¿Por qué se desequilibró la economía latinoamericana a principios de los noventa?

- [ ] Por la llegada de comerciantes.
- [ ] Por el desplazamiento de las inversiones a Europa oriental.
- [ ] Por la creación del MERCOSUR.

2 El momento de máximo desarrollo de la economía latinoamericana fue...

- [ ] Entre 1950 y 1980.
- [ ] En el año 1989.
- [ ] Desde finales del siglo XX.

3 El segundo periodo de la economía latinoamericana...

- [ ] Empezó en el año 1989.
- [ ] Empezó a partir de la creación del MERCOSUR.
- [ ] Empezó a finales de los años noventa.

4 ¿Qué ha ocurrido a finales de los años noventa?

- [ ] Se recuperó el estado anterior.
- [ ] Se trató de recuperar el estado anterior.
- [ ] Se perdió la esperanza en la recuperación.

¿Quieres saber más sobre Mercosur? Busca en las direcciones de Internet.

Do you want to know more about Mercosur? Look for addresses in Internet.

Internet addresses:

On-line biographies: **www.buscabiografia.com**

On-line encyclopedia: **www.laenciclopedia.com**

On-line magazine: **www.comunica.es**

Evaluación

1 Can choose the correct answer among the three possibilities?

1 ¿En qué año nació tu hermano?
- ☐ En miércoles.
- ☐ En abril.
- ☐ En 1989.

2 ¿Cuándo ____________ la última vez que esquiaste?
- ☐ fue
- ☐ fuiste
- ☐ fueron

3 ¿Qué ____________ ayer por la tarde?
- ☐ hemos hecho
- ☐ habéis hecho
- ☐ hiciste

4 ¿Qué ____________ esta tarde?
- ☐ hiciste
- ☐ has hecho
- ☐ dormiste

5 ¿Cuándo fue tu cumpleaños?
- ☐ Mi cumpleaños fue mañana.
- ☐ Mi cumpleaños fue en abril.
- ☐ Mi cumpleaños fue abril.

6 Ayer mis padres ____________ la buena noticia.
- ☐ supisteis
- ☐ supieron
- ☐ comieron

2 Complete the text with the words in the box.

subimos • marchó • invité • he visto hablamos • bebió • hemos cenado • pagué • tiró • fue

Hace dos años pasé por una experiencia vergonzosa. ¿Te acuerdas de cuando ____________ a aquel famoso escultor a cenar? Bien, pues vino a la cena con su novia. Al principio todo fue muy bien, ____________ de sus últimas exposiciones hasta que empezó una pequeña discusión entre el escultor y su novia. Yo no dije nada, esperando que el momento pasara pronto. Pero no fue así; a los diez minutos la chica se levantó de la mesa, le ____________ la copa de vino a la cara y se ____________ . El escultor me miró y se ____________ todo el vino que quedaba.

____________ la cuenta y salimos del restaurante; nos ____________ al coche y el escultor se durmió antes de decir su dirección. Aquí empezó mi problema, no ____________ posible despertar al escultor de ninguna manera... Di vueltas por la ciudad hasta las siete de la mañana.

____________ al escultor últimamente, pero nunca más ____________ juntos.

Now I can:

- ☐ Explain past events and tell about lives in the past
- ☐ Express certainty, uncertainty and probability
- ☐ Understand when to use verb tenses like *I spoke* and *I have spoken*
- ☐ I can also: ____________________________________

Check out our web site www. esespasa. com

lecciónonce 11

lessoneleven 11

Tus experiencias y recuerdos

Experiences and memories

Lección 11
Lesson 11

En portada

Headlines

Tus experiencias y recuerdos

Experiences and memories

Poco a poco vamos descubriendo más datos sobre nuestros amigos. ¿Sabes cómo eran Begoña, Julián, Lola y Andrew? ¿Qué hacían? ¿Qué les gustaba?

En esta lección también vamos a conocer algo más sobre ellos

Gradually, we're finding out more information about our friends. Do you know what Begoña, Julián, Lola and Andrew were like? What they used to do? What they liked?

In this lesson, too, we're going to find out more about them.

In this lesson you will learn:

- How to refer to facts and circumstances in the past
- How to react to information in a story
- How to talk about the weather

1 Our friends are putting more pictures in their album.
Looking at the pictures, can you match them to the descriptions?

Siempre me ha gustado mucho el patinaje, cuando era más joven participé en varios campeonatos. [ ]

Mi hermano y yo éramos muy aficionados a la pesca. Todos los fines de semana íbamos a pescar con mi padre. [ ]

Cuando tenía tres años, iba con mis abuelos a merendar al campo. [ ]

Mi abuelo me llevaba muchas veces a pasear por los campos, entre los árboles. [ ]

Escenas

Scenes

¿Te ha pasado alguna historia divertida? ¡Aquí te enseñamos a contarla!

2 Julián said good-bye to his grandparents before coming to Spain. Listen to their conversation. Then try to complete the sentences with the verbs you hear.

1 ¿Cómo *celebrabas* la Nochevieja cuando eras joven?
2 ______________ la Nochevieja en casa de la tía Juliana.
3 ______________ la mayor de los hermanos.
4 Ella ______________ la cena.
5 ¿Qué ______________ esa noche?
6 La tía Juliana ______________ una cocinera excelente.
7 ______________ pavo al horno con ciruelas.
8 Y ¿ ______________ champán?
9 La gente ______________ sidra.
10 ______________ doce uvas.
11 Por cada uva, es decir, por cada mes del año próximo, ______________ un deseo.

3a Our friends are looking at photos. Begoña remembers what happened on New Year's Eve. Listen to how she tells the story and fill in the blanks.

LOLA: ¡Qué bien!, mira, ésta es de Fin de Año.
BEGOÑA: ¿Y lo pasaste bien?
LOLA: Estupendamente.
BEGOÑA: ¡Qué suerte!, porque el año pasado yo lo pasé fatal.
LOLA: ¿Qué pasó?
BEGOÑA: Verás, yo *llegaba* tarde a la fiesta de Fin de Año que un amigo ____________ en su casa. Cuando llegué a la portería ____________ las doce menos cuarto. Ricardo ____________ el ascensor, también ____________ tarde. A su lado ____________ un señor algo gordo. Di dos besos a Ricardo y saludé al señor. Llegó el ascensor y subimos los tres. El señor ____________ al quinto piso y nosotros, al ático. Pues bien, ¡ni el señor ni nosotros llegamos! El ascensor se paró en el cuarto piso. ¡No ____________! Hicimos sonar la alarma, gritamos, pero nadie nos ____________ y... ¡Ya ____________ las doce menos cinco! ¡Adiós fiesta de Fin de Año! Ricardo recordó que ____________ teléfono móvil y llamó a casa de nuestro amigo.
Al final, nos sacaron del ascensor a la una y cuarto. ¡He pasado noches mejores, te lo aseguro!

1, 2, 4

Has anything funny ever happened to you? Here we'll show you how to tell about it!

3b Do you know what this verb tense is called? When do we use it?

Este tiempo verbal se llama ______________________________
y se utiliza para ______________________________

4a Something incredible happened to Begoña last week. Do you want to know what? Listen to her tell the story to Lola and mark the sentences true (T) or false (F).

	T	F
1 La luz era muy brillante y se movía.	☐	☒
2 Cuando Begoña estaba viendo la luz, permaneció quieta.	☐	☐
3 Begoña fue a la policía.	☐	☐
4 Lola no cree en los ovnis.	☐	☐

6, 9

4b Listen to the conversation again.

Now why don't you underline only the expressions that Lola used while she listened to the unusual story.

☒ ¿Ah sí?	☐ ¡Qué sorpresa!	☐ ¡Qué susto!	☐ ¡Qué va!
☐ ¡No me digas!	☐ ¡Qué pena!	☐ ¡Qué extraño!	☐ ¡Qué bien!
☐ ¡Qué suerte!	☐ ¡Qué ilusión!	☐ ¿De verdad?	☐ ¿Y qué?
☐ ¡Qué raro!	☐ ¡Qué lástima!	☐ ¡Lo siento!	

5a Do you know these weather factors?

nieve • sol • ~~lluvia~~ • granizo • niebla

1 ________ 2 ________ 3 ________ 4 *lluvia* 5 ________

5b Listen and write on the map the weather factors that Lola is saying.

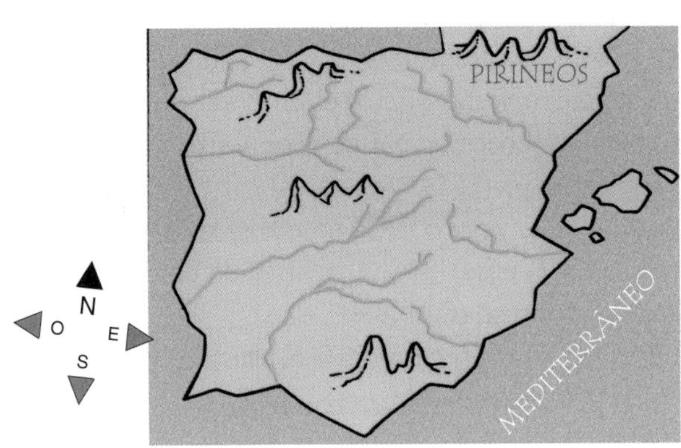

8

Lección 11 Lesson 11 Primer plano

First look

Nuestros amigos nos cuentan historias del pasado. No es tan difícil ¿verdad? Había una vez...

Our friends are telling stories of the past. It's not so hard, is it? Once upon a time...

6 Begoña's father was born in Seville. Can you read about what his life was like there? Complete his story with the words in the box.

prefería • Nos gustaba • había • ~~era~~ • había • tenía merendábamos • vivía • era • estaban

3

Cuando yo era pequeño vivía en una casa a las afueras de Sevilla.

La vida allí *era* ________ muy tranquila, toda la familia ________ en una casa de dos plantas. En la planta superior estaban los dormitorios y también ________ un cuarto de baño. En la planta inferior ________ la sala de estar, la cocina y otro cuarto de baño. Aquella casa era una maravilla, ________ un gran jardín con muchos árboles. Mis hermanos y yo hicimos una cabaña bajo un árbol. Todos los días, al volver del colegio, ________ dentro de la cabaña. ________ mucho merendar allí, aunque a nuestra madre no le gustaba tanto; ella ________ vernos en el jardín.

Cuando cumplí doce años, nos trasladamos de la casa con jardín a un piso en el centro de Bilbao. Allí no ________ ninguna cabaña, ¡ya no ________ lo mismo!

7 Lola, Andrew, Begoña and Julián are asking questions about his past. Try to put the correct form of the verbs.

3

1 MADRE: Ayer, te (ESTAR, yo) *estuve* ________ llamando toda la noche, pero no (ESTAR, tú) ________ en casa.
LOLA: No, (ESTAR, yo) ________ en casa de una amiga. (ESTAR, nosotros) ________ hablando toda la noche.

2 JULIÁN: El año pasado (ESTAR, yo) ________ trabajando todo el verano, no (TENER, yo) ________ vacaciones.
BEGOÑA: Pues yo (ESTAR, yo) ________ estudiando. No (IR, yo) ________ a ningún sitio, me quedé en casa.

3 ANDREW: El año pasado (ESTAR, yo) ________ aprendiendo español. Me matriculé en un curso por Internet.
LOLA: Pues mi hermana (ESTAR, ella) ________ haciendo un curso de ordenador. (IR, ella) ________ a una escuela que está cerca de casa.

4 BEGOÑA: Ayer (ESTAR, nosotros) ________ viendo un reportaje muy interesante sobre fiestas populares en Brasil. ¿Vosotros (ESTAR, vosotros) ________ en Brasil hace un par de años, ¿verdad?
JULIÁN: Sí, mi hermano y yo (ESTAR, nosotros) ________ viajando por Brasil durante casi dos meses y no lo (VER, nosotros) ________ todo, ¡es enorme!

5 LOLA: Tus padres (ESTAR, ellos) ________ viviendo en Barcelona durante muchos años, ¿verdad? ¿Cuándo se (CAMBIAR, ellos) ________ de casa?
ANDREW: Hace ya tres años. Primero (ESTAR, ellos) ________ viviendo en Barcelona y después ellos (IRSE, ellos) ________ a Estados Unidos y yo (QUEDARSE, yo) ________ aquí.

8a Why don't you try to complete the sentences with **porque** (because) and **cuando** (when)?

1 El sábado por la noche Julián, Begoña, Andrew y Lola se quedaron en casa _porque_ estaban muy cansados. 4
2 _Cuando_ vivía en México, todos los fines de semana preparaba un espectáculo en la calle.
3 La semana pasada organizamos un partido de voleibol en la playa, pero ________ llegamos empezó a llover.
4 No vino ________ no tenía ganas.
5 ________ me llamaron mis padres, yo estaba en la escuela de teatro.
6 Juan estaba enfadado ________ le mentí.
7 Estudié todo el fin de semana ________ el lunes tenía un examen.
8 No estudió ________ no quiso.
9 ________ llegamos al piso, Andrew ya estaba dormido.
10 Tuvo que tomar vitaminas ________ se sentía débil.
11 Yo decidí ser actriz de teatro ________ era pequeña, a los cinco años.
12 Fui a Sevilla ________ tenía trece años. Ya no he vuelto más allí. ¡Qué pena!

8b Do you think that **porque** and **cuando** are used to explain things in the same way? Look at this chart and try to put **porque** and **cuando** in the correct place.

Explain the circumstance, the situation, the moment	Explain the motive, the reason

9 Do you know what the weather's like? Match the drawings with the corresponding conditions.
Then, without looking, write the names of the weather factors that you remember.

~~nubes~~ • viento • niebla • sol • nieve • lluvia

________ ________ _nubes_ ________ ________ ________

8

Te hemos contado muchas historias. ¿Ya sabes cómo reaccionar ante ellas? ¡Qué interesante!

(We've told you lots of stories. Do you already know how to react to them? That's really great!)

10 Can you complete the dialogues using the words in the box? We've done the first two for you.

nadie • alguien • alguien • nada • ninguno • nada • ninguna • nadie • algún • algo • ninguna • nada • nadie • ninguno

1 ¿ *Alguien* te ha invitado a la fiesta?
No, todavía no me ha invitado *nadie* .

2 ¿Tienes ________ para mí?
No, para ti no tengo ________.

3 ¿Ha venido ________ cliente nuevo?
No, no ha venido ________ nuevo.

4 ¿Has recibido alguna carta?
No, nunca he recibido ________.

5 ¿Alguien ha llamado a la puerta?
No, creo que no ha llamado ________.

6 ¿Has bajado algún mensaje de Internet?
No, todavía no he bajado ________.

7 ¿Todavía nadie ha comprado el regalo?
Sí, hombre seguro que ha ido ________.

8 ¿Le queda alguna entrada para el concierto?
Lo siento, no me queda ________.

9 ¿Tienes algo para comer?
Mira la nevera, creo que no tengo ________.

10 ¿Te ha dicho alguien algo?
________ me ha dicho ________.

nada

algo

11

11 Listen to Begoña and Lola while they talk about Raquel's party. Look at the expressions below. What kinds of feelings do they express? Complete the chart.

¡Qué suerte! • ¿Ah sí? • ¡Qué dices! • ¡Qué pena! • ¡Qué bien!

Alegría: *¡Qué suerte!* .
Pena: ________ .
Sorpresa o rechazo: ________ .
Interés: ________ .

6, 9

12 Listen to our friends talk about the weather. Can you tell what the weather's like?

llueve • hace frío • hace buen tiempo • está nevando
hace calor • hace viento

1 *llueve*
2 ______________
3 ______________
4 ______________
5 ______________
6 ______________

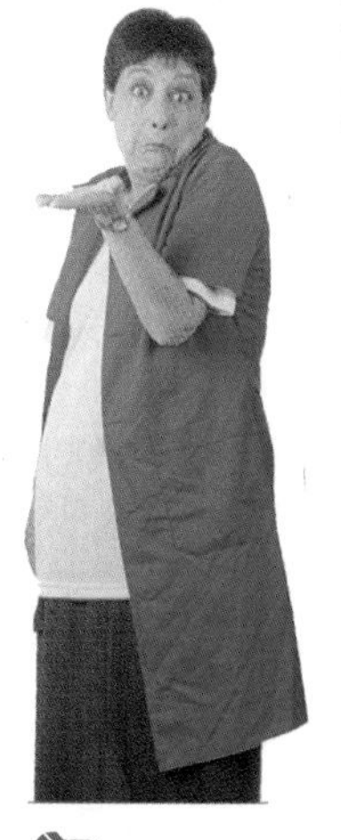

 8

13 Can you change the verbs to the correct form?

1 Cuando (TRABAJAR, yo) *trabajaba* en el banco (COMPRAR, yo) *compré* una casa.

2 ¿El viernes no (SALIR, tú) ______ de casa?
No, (ESTAR, yo) ______ en casa todo el día.

3 (VER, yo) ______ a tu hermano el martes pasado.
¡Ah! ¿Sí? ¿Y dónde (ESTAR, él) ______ ?

4 En aquella reunión nadie (TOMAR, él) ______ una decisión porque todo el mundo (ESTAR, él) ______ muy nervioso.

5 Cuando (EMPEZAR, ella) ______ la película, (IRSE, ella) se ______ la luz.

6 (ENCENDER, yo) ______ la calefacción porque (TENER, yo) ______ mucho frío.

7 Mi sobrino cuando (SER, él) ______ pequeño (LLORAR, él) ______ siempre.

8 La semana pasada (COMER, él) ______ en casa de sus tíos porque sus padres (ESTAR, ellos) ______ de viaje.

9 Su marido la (ACOMPAÑAR, él) ______ en coche porque (TENER, ella) ______ su moto en el taller.

10 Cuando (SER, él) ______ niño (PERDERSE, él) ______ en el cámping donde estaba de excursión con la escuela.

 1, 2

Remember
Simple past and the "used to" form of the verb

La semana pasada ***vi*** *a tu hermano.* ***Estaba*** *muy cambiado,* ***llevaba*** *el pelo largo.*
SUCESO: el **pretérito indefinido**. *La semana pasada vi a tu hermano.*
DESCRIPCIÓN: el **pretérito imperfecto**. *Tu hermano estaba muy cambiado...*

Recursos

RELATING PAST EVENTS

Cuando *comía, sonó el teléfono.*
Ayer no salió ***porque*** *hacía mal tiempo.*

PUTTING A STORY IN ORDER

Primero *desayunamos,* ***después*** *fuimos a la playa,* ***luego*** *comimos y* ***al final*** *fuimos a un parque.*

REACTING TO INFORMATION IN A STORY

positive

¡Qué bien!
¡Qué suerte!
¡Qué ilusión!

negative

¡Qué pena!
¡Qué lástima!
¡Lo siento!

showing interest

¡No me digas!
¿Ah sí?
¿De verdad?
¿Y qué?

showing surprise

¡Qué sorpresa!

TALKING ABOUT THE WEATHER

Hay nubes

Hace sol

Nieva

Llueve

REFERRING TO FACTS AND CIRCUMSTANCES IN THE PAST: PRETÉRITO IMPERFECTO

The Pretérito imperfecto is similar to past continuous, "used to" or simple past, depending on the situation. This verb tense implies circumstances surrounding a specific event or events that took place over a period of time.

Regular §30

	cant**ar** (to sing)	com**er** (to eat)	sal**ir** (to go out)
yo	cant**aba**	com**ía**	sal**ía**
tú	cant**abas**	com**ías**	sal**ías**
él/ella/usted	cant**aba**	com**ía**	sal**ía**
nosotr**os/as**	cant**ábamos**	com**íamos**	sal**íamos**
vosotr**os/as**	cant**abais**	com**íais**	sal**íais**
ellos/as/ustedes	cant**aban**	com**ían**	sal**ían**

Irregular §38 y §40

Ver: veía, veías, veía, veíamos, veíais, veían.
Ir: iba, ibas, iba, íbamos, ibais, iban.
Ser: era, eras, era, éramos, erais, eran.

Uses §48

To talk about usual things of the past:
Todos los veranos ***iba*** *de excursión con mis amigos.*

To describe a situation of the past:
Tenía *un perro que se llamaba Canelo.*

To compare how were things before and how they are now:
¡Antes no ***tenía*** *el pelo tan largo como ahora!*

ALGO (SOMETHING/ANYTHING) / **NADA** (NOTHING/ANYTHING) **ALGUIEN** (SOMEONE/ANYONE/SOMEBODY/ANYBODY) / **NADIE** (NO ONE/ANYONE/NOBODY/ANYBODY) **ALGUNO** (SOMEONE/ANYONE) / **NINGUNO** (NO/NOT/ANY/NONE/NOBODY/NO ONE) §20

- *¿Vamos a tomar* ***algo****?*
- *No, no quiero* ***nada****.*

- *Me han dicho que aquí encontraría a* ***alguien****.*
- *Yo no he visto a* ***nadie****.*

- *¿Me dejas* ***alguno*** de tus *libros para estudiar?*
- *Aquí no tengo* ***ninguno****.*

CONTRAST BETWEEN THE PRETÉRITO TENSES: **PERFECTO**, **INDEFINIDO**, AND **IMPERFECTO** (PRESENT PERFECT, SIMPLE PAST AND PAST CONTINUOUS/USED TO/SIMPLE PAST) §47-§49

Perfecto (present perfect) and indefinido (simple past)

- *¿Ya* ***has hecho*** *el examen de español?*
- *Sí, lo* ***hice*** *el lunes.*
- *Y ¿qué tal? ¿Cómo* ***fue****?*
- *No sé. Creo que bien.* ***Contesté*** *a todas las preguntas.*

To ask about something we think it happened we use the *ya* + present perfect. To explain when it happened and how it wa, we use the simple past.

Indefinido (simple past) and imperfecto (past continuous/used to/simple past)

Cuando ***llegamos*** *a la portería* ***eran*** *las doce menos cuarto.* ***Subimos*** *en el ascensor pero de pronto* ***se paró****. Ricardo* ***recordó*** *que* ***llevaba*** *teléfono móvil y* ***llamó*** *a casa de nuestro amigo.*

To present the information as an event we use the simple past. To present it as a description, we use the past continuous / *used to* / simple past.

Pretérito perfecto (present perfect), indefinido (simple past) and imperfecto (past continuous/used to/simple past)

- *Oye, Begoña ¿tú* ***has visto*** *alguna vez un ovni?*
- *Yo no, pero Lola* ***vio*** *uno la semana pasada.*
- *¿De verdad? ¿Y cómo* ***fue****?*
- *Lola* ***iba*** *en coche,* ***era*** *de noche, no* ***había*** *nadie en la carretera y, de repente,* ***vio*** *una luz muy brillante.*

To ask if an action has been done or no, we use the present perfect. To refer an action that happened in the pas, we use the simple past and to describe the situation in which an action happened, we use the past continuous / *used to* / simple past.

La lengua es un juego

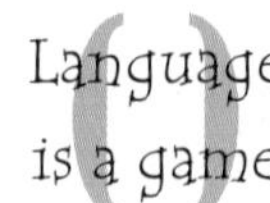

14 Let's play!
You have one empty 3-liter bottle and one empty 5-liter bottle. What can you do to get exactly 2 liters in the 3-liter bottle? You can only go to the tap once. Describe how to do it using the following expressions.

Primero ____________________
Después ____________________
Luego ____________________
Al final ____________________

Find these verbs in the dictionary: **llenar**, **vaciar** and **poner**.

15 If you want to reach the umbrella, you have to go through this puddle of letters. To go forward, you have to say a verb that begins with the letter you're stepping on.

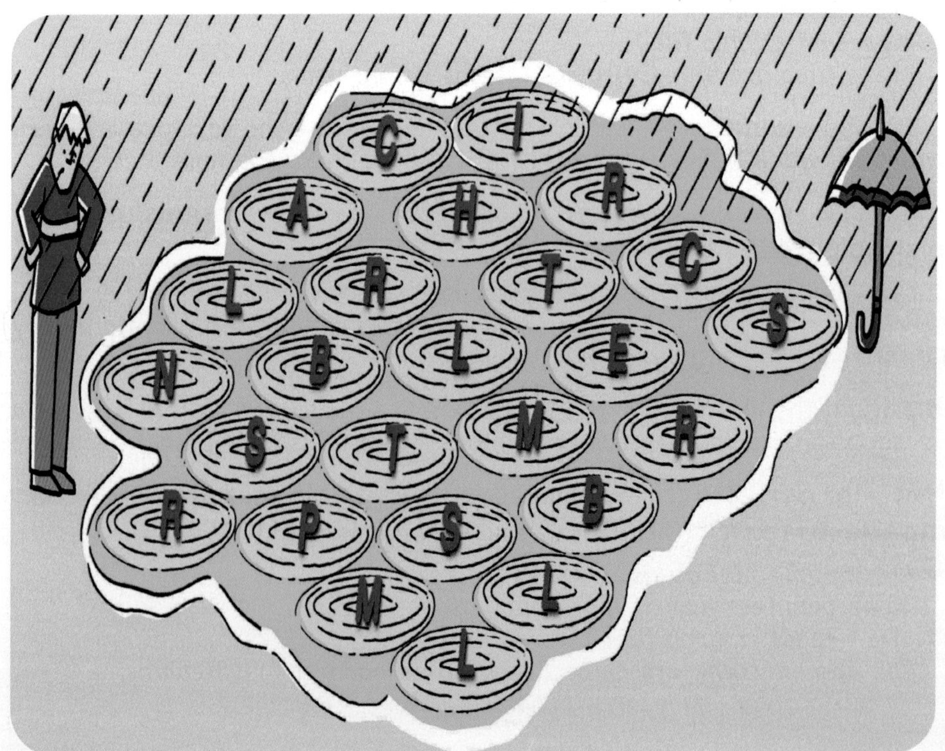

 3

La lengua es un mundo (Language is a world)

16 We're going to tell you about the climate in Spanish-speaking countries.

Heat and cold

En Hispanoamérica, desde México hasta Tierra de Fuego, en Argentina, hay muchos climas. Menos en el cono sur (Uruguay, Chile y Argentina), el clima es tropical, sólo hay dos estaciones, la lluviosa y la seca, y hace mucho calor todo el año. En las zonas montañosas la humedad y las temperaturas son más bajas. En algunos picos de los Andes hay nieve todo el año. En Uruguay, Chile y Argentina, por estar en la zona templada, hay cuatro estaciones. Pero, por su situación en el hemisferio sur, los meses de verano corresponden a los de invierno en España, y los de la primavera a los de otoño. En España conocemos las cuatro estaciones, el invierno es frío y seco, sobre todo en el interior, y el verano, caluroso y húmedo en la zona de la costa mediterránea.

Tell us if these are true (T) or false (F).

		T	F
1	En México sólo conocen dos estaciones: la lluviosa y la seca.	☒	☐
2	En Chile hay dos estaciones.	☐	☐
3	En el cono sur (Uruguay, Chile y Argentina) el clima es tropical.	☐	☐
4	En la zona interior de España los inviernos son fríos y secos.	☐	☐

8

17 What a story! After reading it help us to complete it.

Una mujer encuentra una serpiente en el patio de su casa.
☐ El reptil, una pitón de tres metros y medio y 30 kilos, estaba sobre la lavadora de la vecina. ☐ Al parecer, el animal cayó al patio de los bajos del edificio desde el ático. La mujer cerró la puerta para evitar que el animal entrara en el piso y llamó a la policía. ☐ Los agentes introdujeron la serpiente en un carro de la compra con ayuda de una escoba. ☐ El propietario pudo recuperarla después de presentar la documentación que acreditaba su adquisición legal.

Some of the sentences in the story were misplaced. Can you tell us where they belong in the text?

- a A continuación llevaron a la serpiente a la comisaría.
- b La policía tardó en llegar una hora.
- c Cuando la vio, la confundió con la rama de un árbol.
- d Una mujer encontró una serpiente dentro de su piso.

1, 2, 5, 10

¿Te gusta el frío o el calor? ¿Qué estación del año es tu favorita? ¡Cuéntanoslo!

(Do you like the cold or the heat? Which season is your favorite? Tell us about it!)

Internet addresses:

A web site on art and history: **www.artehistoria.com**

Art web site: **www.hispanart.com**

On-line newspaper: **www.el-pais.es**

Evaluación

Evaluation

1 Can you choose the correct answer?

1 ¿Ha venido alguna persona?
- ☐ Sí, ha venido alguien.
- ☐ Sí, ha venido algo.
- ☐ Sí, ha venido nadie.

2 Ayer ______________ las fotos de tu boda.
- ☐ miré
- ☐ hemos mirado
- ☐ miran

3 No hay ______________ en la nevera. Está vacía.
- ☐ nadie
- ☐ algo
- ☐ nada

4 Cuando llegué, ya ______________
- ☐ llovió.
- ☐ lloviendo.
- ☐ llovía.

5 No escribí ______________ no tenía papel.
- ☐ al final
- ☐ porque
- ☐ cuando

6 Mi hermana ______________ en casa cuando ______________.
- ☐ estaba / llamando
- ☐ estuve / he llamado
- ☐ estaba / llamé

2 Can you fill in the blanks in the text with these words?

pensaba • enfrente de • tocaba • grabó • permitía • sacaba • nadie le gustaba • pensó • llegaba

Martín estaba en la habitación del hotel, unas horas antes del concierto. ______________ en sus inicios en el mundo de la música, en aquel parque del centro de la ciudad.

Todos los días ______________ al parque sobre las diez de la mañana, menos cuando llovía. Primero ______________ su guitarra de la funda, después la afinaba y luego ______________ todas las canciones que él mismo componía. Al final recogía el dinero que la gente le daba por sus canciones.

______________ la vida que llevaba porque le ______________ ser libre y disfrutaba de su trabajo.

Pero un buen día un señor se sentó ______________ él, y, después de un largo rato escuchando, le propuso colaborar en el disco que estaba grabando. Martín aceptó sin dudar un momento. ¡______________ antes le había propuesto algo así!

El disco tuvo tanto éxito que Martín ______________ otro disco en solitario. "¡Así que por fin soy famoso!"– ______________ en la habitación de su hotel.

Now I can:

- ☐ Talk about facts and circumstances in the past
- ☐ React to a story
- ☐ Talk about the weather
- ☐ I can also: ______________________________

Check out our web site www. esespasa. com

leccióndoce 12

lessontwelve 12

Julián se va de vacaciones

Julian is going on vacation

En portada

Headlines

Julián se va de vacaciones

Julian is going on vacation

Hay muchas maneras de decir las cosas. Cuando te reúnas con tus nuevos amigos vas a saber utilizar las expresiones adecuadas. No importa dónde vayas, siempre serás bienvenido.

There are many ways to say things. When you get together with your new friends, you're going to know how to use the right expressions. No matter where you go, you'll always be welcomed.

In this lesson you will learn:

- How to talk about future plans
- How to make appointments
- How to talk on the telephone

1a Look carefully at the picture and choose the correct answer.

1 **¿Quién se va de viaje?**
- ☐ Julián.
- ☐ Lola.
- ☐ Andrew.

2 **¿Cómo lo sabes?**
- ☐ Porque está con sus amigos.
- ☐ Porque tiene sueño.
- ☐ Porque lleva una maleta.

3 **Julián, ¿está contento?**
- ☐ Sí, está contentísimo.
- ☐ No, está un poco triste.
- ☐ No, está enfadado.

4 **¿Dónde se despiden de Julián?**
- ☐ En el aeropuerto.
- ☐ En la estación de tren.
- ☐ En la puerta del piso.

5 **¿Cómo se despide Begoña de Julián?**
- ☐ Le da dos besos.
- ☐ Le da un abrazo.
- ☐ Le dice adiós con la mano.

6 **¿Quién no se despide de Julián?**
- ☐ Andrew, Lázaro y Antonio.
- ☐ Begoña, Lola y Ana.
- ☐ Antonio, Ana y Lázaro.

1b The objects in the box are very useful for traveling. Can you match them with the definitions?

maleta • equipaje • guía de viaje • billete • pasaporte • ~~cepillo de dientes~~

1 *Cepillo de dientes* : Utensilio para la higiene de la boca, imprescindible para viajar.
2 ____________ : Conjunto de maleta y cosas que se pueden llevar en los viajes.
3 ____________ : Documento necesario para viajar a algunos países.
4 ____________ : Caja con un asa que sirve para transportar ropa.
5 ____________ : Tarjeta que permite ocupar el asiento de un medio de transporte.
6 ____________ : Libro con información de un lugar.

Escenas

Nos vamos de vacaciones, ¿quieres venir con nosotros? ¡Date prisa, te esperamos!

We're going on a vacation. Do you want to come with us? Hurry, we're waiting for you!

2 Listen to the dialogue between Lola and Begoña. Can you answer the questions?

1 ¿Va a ir Julián de vacaciones? *Sí, Julián va de vacaciones.*
2 ¿Adónde va a ir? ______
3 ¿En qué mes del año piensa ir? ______
4 ¿Cuántos días va a estar en la capital? ______
5 ¿A quién le gustan mucho las playas? ______
6 ¿Quiere ir a alguna fiesta? ______
7 ¿Dónde van a hacer las fiestas? ______

1

3 Where are they going and what time do they have to be there? Listen to the dialogues and complete the chart.

	¿A dónde van? (Where are they going?)	¿A qué hora? (At what time?)
1	*Van al teatro*	*19:30*
2		
3		
4		

1, 2

4 Find out in which dialogue...

a ☐ se han equivocado de teléfono.
b ☐ la chica no está en casa.
c ☐ habla un contestador automático.
d ☐ el señor no puede ponerse y deja un recado.
e ☐ el teléfono comunica.
f [1] llaman para pedir información.

9, 10

Remember

The phone rings. What do you do?

Para responder	Para preguntar
¿Diga?	Hola, buenas tardes, ¿está Juan?
¿Quién es?	Hola, ¿está Juan?
¿Sí?	Hola, ¿puede ponerse Juan?

5 Our friends have lots of appointments this week. Listen to the dialogues and focus on the information that's important when making plans to meet someone. Now write this information in the chart.

	¿Cuándo quedan? **(día y hora)**	¿Dónde quedan?	¿Adónde van?
1	*Hoy, 13:30*	*En casa de Begoña*	*A la playa*
2			
3			
4			

 1, 2

6 Begoña's going to a party!

Listen to the cassette and try to match the questions with the answers. Look at the example; it can help you.

1 ¿Para qué llama Maribel a Begoña?
2 ¿Maribel celebra algo especial?
3 ¿Por qué la fiesta se celebra este fin de semana?
4 ¿A qué hora y dónde quedan Maribel y Begoña?
5 ¿Dónde está la casa de Maribel?
6 ¿De qué se conocen Maribel y Begoña?

a [6] Son compañeras de la escuela de teatro.
b [ ] No, pero tiene ganas de hacer una cena y ver a sus amigos.
c [ ] En la calle Milagros, número quince, segundo primera.
d [ ] A las nueve y media en casa de Maribel.
e [ ] Para preguntarle si quiere ir a cenar a su casa.
f [ ] Porque los padres de Maribel no están en casa.

 2

Remember

You have to find out the schedule if you don't want to arrive late...

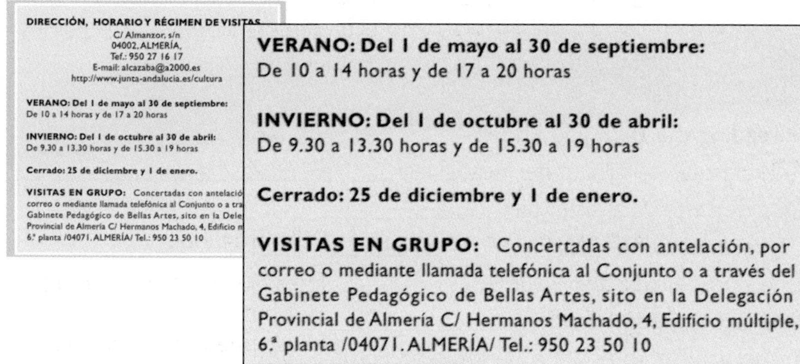

DIRECCIÓN, HORARIO Y RÉGIMEN DE VISITAS
C/ Almanzor, s/n
04002, ALMERÍA,
Tef.: 950 27 16 17
E-mail: alcazaba@a2000.es
http://www.junta-andalucia.es/cultura

VERANO: Del 1 de mayo al 30 de septiembre:
De 10 a 14 horas y de 17 a 20 horas

INVIERNO: Del 1 de octubre al 30 de abril:
De 9.30 a 13.30 horas y de 15.30 a 19 horas

Cerrado: 25 de diciembre y 1 de enero.

VISITAS EN GRUPO: Concertadas con antelación, por correo o mediante llamada telefónica al Conjunto o a través del Gabinete Pedagógico de Bellas Artes, sito en la Delegación Provincial de Almería C/ Hermanos Machado, 4, Edificio múltiple, 6.ª planta /04071. ALMERÍA/ Tel.: 950 23 50 10

Primer plano

First look

Bicicleta, avión tren o coche... Cualquier medio de transporte es apropiado. ¿Tú cuál prefieres?

7 There are many kinds of trips. How many do you know?
Try to match the names with the pictures.

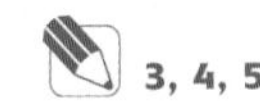

1 ______________

2 ______________

3 ______________

4 ______________

5 ______________

6 *albergue*

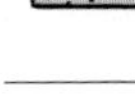

hotel • apartamento • caravana • cámping • barco • ~~albergue~~

8 Where does Julián want to go for a vacation?
If you read the travel information below, you'll find out.

Si usted quiere practicar

montañismo...

éste es el lugar ideal.

Las **montañas peruanas** cruzan el país de norte a sur. Sólo algunas zonas de la selva amazónica y del desierto no tienen montañas. Las montañas están situadas al sur de la línea ecuatorial, por eso el **clima** es **tropical**. Los vientos de la selva amazónica se combinan con el frío del Pacífico, así que tiene que llevar ropa de invierno y de verano. La naturaleza también está presente en estas bellas montañas; plantas y animales conviven en este paisaje. No se pierda los lagos Churup y Uspaychoca, son un **escenario único**. En Perú podrá **disfrutar de la naturaleza** sin correr ningún peligro.

Su estancia en nuestro país va a ser muy agradable.

After reading the text, you know:

1 ¿Adónde quiere ir Julián de vacaciones? *A Perú.*
2 ¿Qué deporte va a practicar? ______________
3 ¿Cómo es el clima? ______________
4 ¿Qué tipo de ropa tiene que llevar? ______________
5 ¿Qué lagos puede visitar? ______________
6 ¿Cómo va a ser la estancia de Julián en Perú? ______________

Bicycle, airplane, train or car... Any means of transportation is fine. Which do you prefer?

9 Lola is very busy. Her friends want to get together with her. Look at her appointment book and match the questions with the answers.
Match Lola's answer to each question.

1, 2

Lunes
Mañana Escuela de teatro.
Tarde Cadena de televisión.
Noche Preparar reportaje sobre Uruguay.

Martes
Mañana Dentista. 9:30 h.
Tarde Clases de flamenco. De 18:30 h.
Noche 20:00 h ¡Reunión de trabajo!

Miércoles
Mañana Escuela de teatro.
Tarde Cadena de televisión.
Noche Estudiar para el examen de "El teatro en el Siglo de Oro"

Jueves
Mañana Escuela de teatro.
Tarde Masajista a las 19:30 h.
Noche

Viernes
Mañana ¡Examen! Clase 201. 9:00 h.
Tarde Cadena de televisión.
Noche Cena con mis amigos del trabajo.

Sábado
Mañana Comprar entradas Joaquín Cortés.
Tarde Preparar concurso de teatro.
Noche

Domingo
Mañana
Tarde Cine. Adaptación de la obra de teatro "La vida es sueño".
Noche

1 JULIÁN: ¿Quieres ir al cine el miércoles por la noche?
2 BEGOÑA: ¿Te apetece ir a cenar el viernes?
3 ANDREW: ¿Por qué no me ayudas a preparar el examen el martes por la noche?
4 ANDREW: ¿Por qué no quedamos el lunes?
5 JULIÁN: ¿Vas a hacer algo especial el domingo por la mañana?
6 BEGOÑA: Y el sábado, ¿te va bien ir a cenar?

☐ a Lo siento, pero es que a las ocho tengo una reunión de trabajo. Mejor por la mañana, a partir de las once.
☐ b Sí, estupendo. Por la noche estoy libre. ¿A qué hora quedamos?
[1] c Lo siento, pero tengo que estudiar para el examen de "El teatro en el Siglo de Oro".
☐ d No puedo. Es que voy a cenar con unos amigos. Mejor el sábado.
☐ e No. No tengo ningún plan. ¿Por qué no vamos a tomar el sol?
☐ f Tampoco puedo; es que tengo que preparar el reportaje sobre Uruguay.

Primer plano

First look

¿Dónde piensas ir de vacaciones? Nosotros vamos con Andrew a Valencia. ¿Vienes? ¡Va a ser muy divertido!

10 Andrew and a friend are getting ready to take a trip to Valencia to see the Fallas. Can you complete the sentences using the verb in parentheses? Don't forget to use prepositions when necessary.

1

1 (PENSAR) *Piensan* tomar el tren desde Barcelona hasta Castellón.
2 (QUERER) __________ hacer auto-stop desde Castellón hasta Valencia.
3 (IR) __________ alojarse en casa de un compañero de la escuela de teatro, que es valenciano.
4 (IR) __________ recoger los billetes a la estación de tren.
5 (PENSAR) __________ preparar las maletas la noche antes.
6 Andrew (IR) __________ comprar un poco de comida para el viaje en tren.
7 (IR) __________ a ver las Fallas.

11 Can you put the verb next to its corresponding preposition?

6, 7, 8

~~de~~ • por • por • a • en • en • a • por • a

Lola y Begoña salen *de* casa a las diez de la mañana. Van ________ un ensayo de teatro. Pasan ________ una tienda de teléfonos móviles y, de repente, Begoña recuerda que ha olvidado el suyo, así que vuelve ________ casa a buscarlo.

Mientras tanto, Lola continúa su camino, quiere llegar ________l teatro puntual pero cuando llega, intenta abrir la puerta y entrar ________ el vestíbulo, no puede. ¡El teatro todavía está cerrado! No tiene más remedio que quedarse ________ la calle esperando a que abran. ¡No tiene que ponerse nerviosa, calma!

Quien no se pone nerviosa nunca es Begoña, ¡está paseando ________ la calle y hablando ________ teléfono!

Where are you planning to go for a vacation? We're going to Valencia with Andrew. Are you coming? It's going to be lots of fun!

12 After reading these sentences, can you put the words **que** (that) and **donde** (where) in the correct place? These examples can help you.

1 Mi amigo Luis, ___que___ es arquitecto, ha hecho tres casas. La casa ___donde___ vivo la hizo Luis.
2 La obra ____________ vamos a estrenar, *La vida es sueño*, es un clásico del teatro español.
3 El local ____________ queremos ensayar ya está alquilado.
4 En la escuela de teatro ____________ estudiamos hay muy buenos profesores.
5 La ciudad ____________ pensamos estrenar la obra es Barcelona.
6 Ayer fuimos a ver un espectáculo de magia ____________ nos gustó mucho.
7 La ropa ____________ te dejé para el ensayo es de mi madre.
8 La librería ____________ voy siempre está especializada en teatro.
9 ¿Cómo se llamaba el espectáculo ____________ vimos la semana pasada?
10 Los comentarios ____________ hicieron los periódicos sobre los actores fueron buenos.
11 La mitad de los alumnos ____________ estudian en nuestra escuela son extranjeros.

11

13 Do you want to learn about Peru? Listen to the cassette and complete the sentences.

1 Las tres grandes zonas de Perú son: la costa, la sierra y la ___selva___ .
2 En la selva es donde están las reservas ____________ .
3 Hay zonas de la selva a las que sólo se puede acceder si vas por ____________ .
4 Es obligatorio ____________ contra la fiebre amarilla.
5 Entre ____________ y ____________ es la época de las lluvias.
6 Hay que ir preparado contra el ____________ y los mosquitos.
7 Para viajar a Perú lo mejor son las ____________ de manga larga y los ____________ largos.
8 Perú es uno de los ocho países más diversos del mundo porque allí vive más del ____________ por ciento de las especies animales del planeta.

3, 4, 5

Remember

lejos | cerca | encima | debajo | delante | detrás

Recursos

SUGGESTING ACTIVITIES

¿POR QUÉ NO VAMOS / ¿QUIERES IR / ¿TE APETECE IR } + { A } + [INFINITIVO]?

¿POR QUÉ NO VAMOS / ¿QUIERES IR / ¿TE APETECE IR } + { AL / A LA / A LOS / A LAS } + [NOMBRE]?

¿Por qué no vamos a pasear?
¿Por qué no vamos al cine?

¿Quieres ir a bailar?
¿Quieres ir a la playa?

¿Te apetece ir a comprar?
¿Te apetece ir a los toros/a las fiestas?

MAKING APPOINTMENTS/DATES

¿QUÉ DÍA / ¿A QUÉ HORA / ¿DÓNDE / ¿CÓMO / ¿CUÁNDO } + QUEDAMOS?

¿TE VA BIEN + { [DÍA]? / [HORA]? / [LUGAR]?

- *¿Qué día quedamos?*
- *El sábado. ¿Te apetece ir al cine?*
- *¿A qué hora quedamos?*
- *A las siete.*
- *¿Te va bien el martes?*
- *De acuerdo / No me va bien, mejor el lunes.*

TALKING ON THE TELEPHONE

- *¿Diga?*
  - *¿Está Begoña?*
  - *¿Se puede poner Andrew?*
- *¿Dígame?*
  - *¿El señor Gómez, por favor?*
- *Un momento, ahora se pone.*
- *Lo siento, se equivoca.*
- *¿De parte de quién?*
  - *De María. ¿Puede darle un recado?*
- *¿Quiere dejar algún recado?*
  - *Sí, por favor. Dígale que ha llamado Pablo Martínez.*

RELATIVE PRONOUNS **QUE** (THAT) AND **DONDE** (WHERE) §64

El libro ***que*** *he leído es fantástico.*
La ciudad ***donde*** *hemos estado es fantástica.*

PRESENT THAT REFERS TO THE FUTURE

Mañana el tren llega a las diez.

EXPRESSING INTENTION §41

[QUERER] + [INFINITIVO]

- *¿Adónde quieres ir el próximo verano?*
- *Quiero ir a un pueblo con playa.*

LOCATING THINGS IN SPACE §52

al norte

al oeste **al este**

al sur

Al norte, Perú limita con Colombia y Ecuador.

El Macchu-Pichu está al sur del Perú, en Cuzco.

Al este, Perú limita con Brasil.

Al oeste, limita con el océano Pacífico.

en el centro • lejos
cerca • al lado

El piso de los chicos está en el centro.

El trabajo de Begoña está lejos de la escuela.

La escuela está cerca del piso.

Hay un supermercado al lado del piso.

VERB AND PREPOSITION PLACEMENT §27

ir a
Los chicos van a un ensayo de teatro.

pasar por
Lázaro no puede pasar por el piso de los chicos porque no tiene tiempo.

pasear por
Ayer Andrew paseó por el centro de la ciudad.

salir de
Lola y Begoña salen de casa a las diez de la mañana.

volver a / de
Andrew de momento no quiere volver a su país.

Begoña vuelve de su trabajo muy tarde.

llegar a
Julián llegó a España en octubre.

entrar en
Lola entró en la biblioteca antes de clase.

quedarse en
El domingo por la tarde los chicos se quedaron en casa porque estaban cansados.

FUTURE PLANS AND PROJECTS §41

IR A } + INFINITIVO
PENSAR }

- *¿Qué vais a hacer mañana?*
- *Vamos a ir al cine.*
- *¿Qué piensas hacer este fin de semana?*
- *Pienso descansar.*

FUTURE TIME-MARKERS

MAÑANA • PASADO MAÑANA
LA PRÓXIMA SEMANA

EL PRÓXIMO + { FIN DE SEMANA / MES / AÑO / ... }

Mañana Lola, Begoña y una amiga van a ir al teatro.

El próximo mes tenemos mucho trabajo.

La lengua es un juego

14 Welcome to the last game of the course. To play it, listen to the cassette and answer the questions. Leave the questions that you're not sure about in blank. When you finish, add up the points and check your score. Remember that you can repeat the game whenever you want. Good luck!

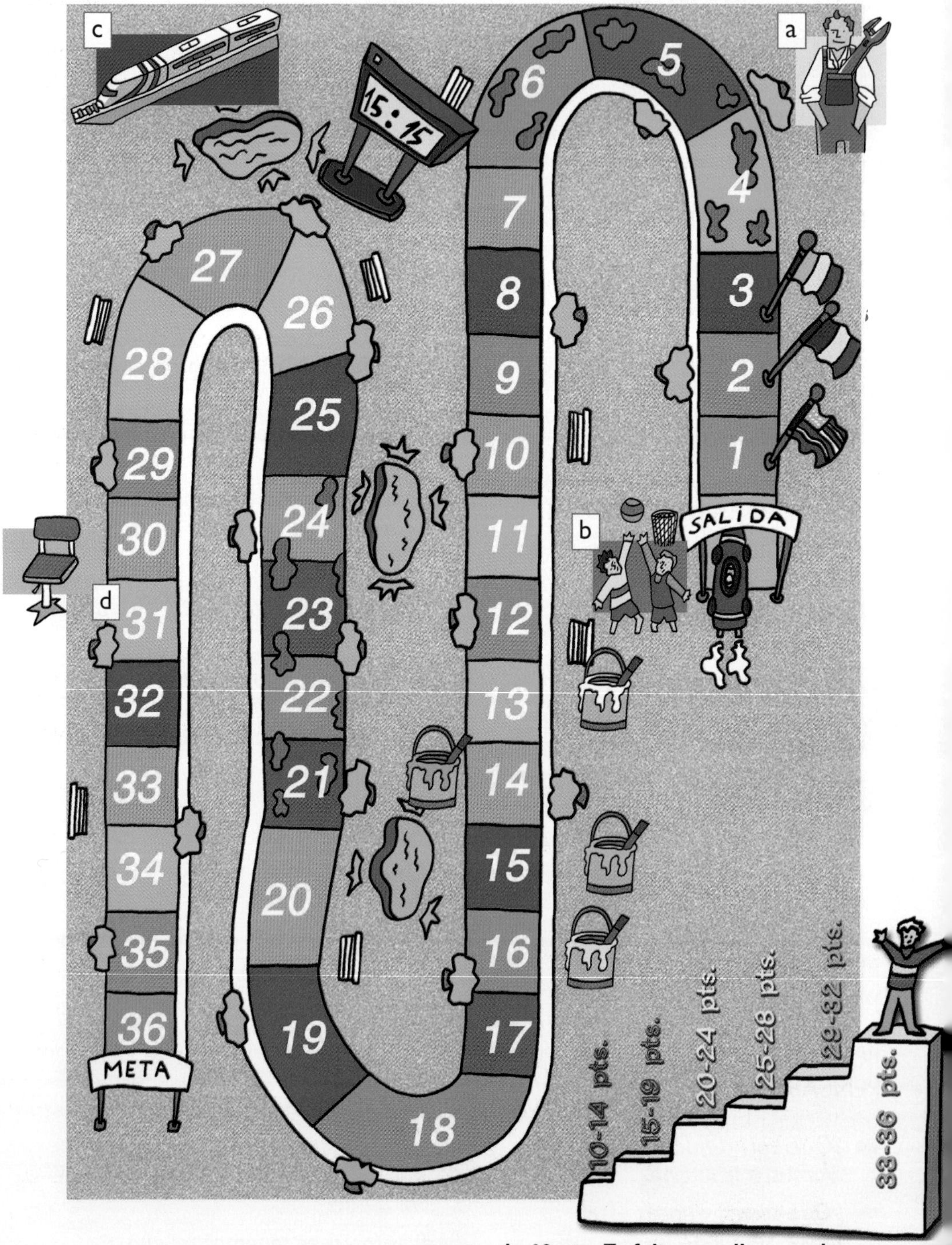
a
b
c
d
SALIDA
META
15:15
1
2
3
4
5
6
7
8
9
10
11
12
13
14
15
16
17
18
19
20
21
22
23
24
25
26
27
28
29
30
31
32
33
34
35
36
10-14 pts.
15-19 pts.
20-24 pts.
25-28 pts.
29-32 pts.
33-36 pts.

menos de 10 pts. Te falta gasolina: vuelve a empez

15 Read the texts below and indicate in the chart the conditions for the possible modes of transportation for traveling through Patagonia.

La Patagonia es la zona más salvaje de Sudamérica. Ocupa la superficie sur de Chile y Argentina. Abarca un millón de kilómetros cuadrados, dos mil kilómetros de agua y hielo. Para viajar por ella es necesario conocer bien los medios de transporte y las condiciones del terreno. Tu meta es viajar desde el norte hasta el sur. Los fragmentos del texto te van a dar las pistas suficientes para conseguirlo.

En tren. El tren es un medio poco desarrollado en la Patagonia. Los gobiernos argentino y chileno nunca se han ocupado de él, por eso está en muy mal estado. Además de la escasa red ferroviaria, los precios de los trenes son carísimos porque en la Patagonia se considera un lujo la comodidad del tren. Recomendamos mucha paciencia: no siempre llegan puntuales.

En autobús. Sin duda, es el medio clásico para desplazarse por la Patagonia. Normalmente van muy cargados. La actividad de numerosas compañías privadas asegura la conexión entre todas las poblaciones. Sus autobuses son rápidos y baratos. Es recomendable comparar precios, porque muchas veces hay gran diferencia entre las distintas empresas.

Caminos de agua. El barco es la forma habitual de transporte para cruzar los canales y los grandes lagos de la Patagonia. Sus tarifas dependen de la travesía pero generalmente son muy baratas. Es recomendable llevar pastillas para el mareo porque las aguas normalmente están muy revueltas.

En coche. Conducir un coche en la Patagonia es toda una aventura. Además de las grandes distancias, existen pocas carreteras en buenas condiciones. Es mejor poner gasolina en Argentina: el precio de la gasolina es más barato que en Chile. También se recomienda un protector de piedras para el parabrisas.

En bicicleta. Aunque sólo se puede viajar con ruedas de montaña, cada vez es más normal encontrar ciclistas en las carreteras de la Patagonia. Es mejor traerse la bici de casa. Hay que recordar que los vientos de la Patagonia y la falta de calidad de las pistas hacen que las etapas sean casi siempre muy duras.

	Recomendaciones (Recommendations)	Dificultades (Drawbacks)	Características (Features)
En tren			
En autobús			
Caminos de agua			
En coche			
En bicicleta			

Por el momento aquí acaba nuestro viaje. ¡No te pongas triste! Volveremos a estar contigo muy pronto. ¡Hasta la vista!

Our trip is over for now. Don't feel sad! We'll be with you again very soon! See you then!

Internet addresses:

Travel agency:
www.rumbo.es

Airline company of Spain:
www.spanair.com

Tourism magazine:
www.geoplaneta.com

Evaluación

Evaluation

1 Can you choose the correct answer?

1 Esta tarde __________ a un concierto.
- ☐ vamos a escribir
- ☐ vamos comprar
- ☐ vamos a ir

2 ¿ __________ ir al cine?
- ☐ Vamos
- ☐ Te apetece
- ☐ Te paseas

3 Ayer, estuve paseando _______ el barrio.
- ☐ por
- ☐ de
- ☐ a

4 Mi hermano llega _______ Santo Domingo hoy.
- ☐ por
- ☐ a
- ☐ en

5 Los alumnos __________ esta tarde.
- ☐ tienen
- ☐ apetecen
- ☐ van a venir

6 ¿Está Begoña?
- ☐ Sí, ahora se pone.
- ☐ Encantado.
- ☐ Llamo más tarde.

2 Julián has just got a letter from María, a friend of his. If you complete the letter with words from the box, you'll help Julián understand it.

organizando • pensamos esquiar • salgo de turistas • montañas • queremos • pasar • queremos ir

Querido Julián:

¿Cómo estás? Yo un poco más atareada porque estoy __________ las vacaciones.

¡Por fin __________ la ciudad! Y aunque no te lo creas, ¡voy a cruzar el Atlántico! Mis amigos y yo __________ a San Carlos de Bariloche, en Argentina. Una zona típica de veraneo donde los __________ practican deportes acuáticos, pero nosotros no, nosotros __________ .
¿Te imaginas? Llegar al aeropuerto con todo el equipo de esquí y __________ delante de la gente vestida de verano...
¡Qué divertido!
Hemos alquilado un apartamento en las __________ y todo, porque __________ un verano diferente.

Te escribo pronto. Un abrazo, María.

Now I can:

- ☐ Talk about future plans and make appointments / dates
- ☐ Talk on the phone
- ☐ I can also: ______________________________

Check out our web site www .esespasa. com

Evaluación del bloque 4
Evaluation of part 4

1 Can you complete this brochure with the help of the box? Let's see if we can convince you to take a trip!

> ha ofrecido • por • quieren • parece • de • por • viajar • nunca • nadie todavía • quieres • por • seguro • rutas • descubrir • en • hace • has visto

Y si nos vamos de viaje juntos?

En los últimos años nuestra compañía te ____________ los mejores viajes ______ Europa, pero ahora queremos ______________ nuevos destinos contigo.
¿Qué te ___________ salir ____ la rutina para pasear ____ las calles de esas ciudades desconocidas? ¿Y ___________ a cualquier rincón salvaje del mundo? Si _________ has navegado por el Amazonas, si nunca ____________ animales exóticos de cerca y ____________ no sabes qué ____________ hacer este verano, pasa ____________ nuestra agencia para decidirte. ____________ que hay una oficina cerca de tu casa.

Te ofrecemos las mejores ____________ por las reservas naturales de Latinoamérica.

¡Para todos los que no ____________ quedarse ____ casa!

Desde ________ 20 años ________ se puede resistir a nuestras ofertas.

2 Why don't you complete these sentences?

> como • nadie • nada • adonde • estuve • en
> después • van • hace • parece

1 — ¿Qué día quedamos para ir a comprar?
— No sé, ¿te _______ bien el martes?

2 — ¿Qué hiciste ayer?
— _______ estaba lloviendo, no salí de casa.

3 — ¿Qué tiempo hace en el sur de España?
— En verano _______ mucho calor.

4 — ¿Hay alguien en casa?
— No, no hay _______ .

5 — ¿Dónde quieren ir tus padres de vacaciones?
— Creo que _______ a ir a Buenos Aires.

6 — ¿Quieren tomar algo?
— No, gracias, no me apetece _____ .

7 — ¿Qué hacéis _______ del trabajo?
— Normalmente, vamos a casa.

8 — ¿Cómo se llama el pueblo _______ vas de vacaciones?
— La Puebla de Híjar. Está a unos 40 minutos de Zaragoza _____ coche.

9 — ¿Qué te pasó ayer?
— Que ___________ preparando la fiesta de cumpleaños de Carlos.

Evaluación del bloque 4
Evaluation of part 4

3 Can you mark the best answer?

1 ¿Dónde estuviste el verano pasado?
- ☐ Fui a cenar con unos amigos.
- ☐ He viajado por toda Latinoamérica.
- ☐ Fui a México con mi novio.

2 ¿Habéis estado alguna vez en la Feria de Abril de Sevilla?
- ☐ No, el año pasado fuimos con mis padres.
- ☐ Sí, dos veces.
- ☐ Sí, hemos viajado poco.

3 ¿Qué le pasa a Julia?
- ☐ A mí me parece que es muy simpática.
- ☐ Seguro que no está.
- ☐ Creo que está enferma.

4 ¿Te has comprado algo?
- ☐ No, no he visto ninguno.
- ☐ No, no he visto nada.
- ☐ No, no he visto a nadie.

5 El otro día no os vimos en casa de Alejandra.
- ☐ No, no fuimos porque estuvimos estudiando todo el día.
- ☐ No, estuvimos estudiando como teníamos un examen.
- ☐ Así que nos quedamos en casa estudiando.

6 El país ______ estuvimos es enorme.
- ☐ que
- ☐ donde
- ☐ antes de

7 La persona ______ conocí es muy divertida.
- ☐ donde
- ☐ después de
- ☐ que

8 ¿Podrías pasar ____ mi casa ______ de trabajar?
- ☐ por ... después
- ☐ con ... antes
- ☐ en ... dentro

9 ¿Ya habéis ido a pasear ______ ese parque?
- ☐ por
- ☐ entre
- ☐ de

This is how you can learn

Do you make mistakes when you speak, when you do the exercises, or when you do the reading? Making mistakes is part of the learning process.
It's almost impossible to learn without making mistakes. Since it is a way of exploring language, making mistakes is positive, as long as you learn from them.
Do you think you make a lot of errors? Or just a few? Or do you make the normal number of mistakes for the type of student you are?
Remember: It is better to make mistakes than not speaking or writing because you are afraid to make them.

Think over your work in these three lessons:

I've learned	☐ a lot	☐ quite lot	☐ a litte
I've considered the activities to be	☐ easy	☐ difficult	☐ very difficult
I'm reaching the goals I set before beginning this course	☐ a lot	☐ quite lot	☐ a litte

What I liked most is ______________________________

What I liked less is ______________________________

Now I like to learned most ______________________________

léxico en imágenes

visual dictionary

The house and the household objects

1 la antena
2 la terraza
3 el techo
4 la pared
5 la escalera
6 el ascensor
7 el suelo
8 la cocina
9 la habitación / el dormitorio
10 el fregadero
11 el balcón
12 el salón
13 el baño / el lavabo
14 la ventana
15 la ducha
16 el lavabo
17 el garaje
18 el jardín
19 la puerta
20 el comedor
21 el armario
22 el cuadro
23 la nevera
24 la lavadora
25 la estantería
26 la librería
27 el sofá
28 la silla
29 el ordenador
30 la alfombra
31 el televisor
32 el espejo
33 la cama
34 la lámpara
35 la mesa
36 el sillón

Foods and stores

1 el aceite
2 el flan
3 la cerveza
4 la fruta
5 el vino
6 el pincho (de tortilla)
7 el marisco
8 el queso
9 el jamón
10 el pescado
11 el pan
12 el pollo
13 la carne
14 la farmacia
15 la floristería
16 la joyería
17 la librería
18 la panadería
19 la perfumería
20 la pescadería
21 la papelería
22 la pastelería
23 la carnicería
24 el estanco
25 la frutería
26 la zapatería
27 el quiosco
28 la droguería

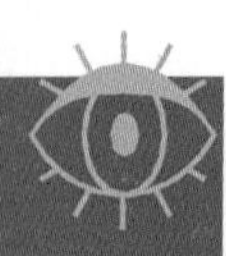

Léxico en imágenes
Visual dictionary

The city and the professions

1 el hospital
2 el mercado
3 la discoteca
4 el semáforo
5 el hotel
6 el cruce
7 el gimnasio
8 la peluquería
9 el taller
10 la calle
11 la iglesia
12 el buzón
13 el bar
14 el teatro
15 la estación de metro
16 el ayuntamiento
17 el / la mecánico, a
18 el / la peluquero, ra
19 el / la enfermero, ra
20 el / la pintor, ra
21 el / la cartero, a
22 el / la fotógrafo, fa
23 el / la policía

Clothes store

1 el pijama
2 las medias
3 la camiseta
4 la camisa
5 el jersey
6 la bufanda
7 el abrigo
8 las botas
9 el cinturón
10 la chaqueta
11 el vestido
12 la corbata
13 los calcetines
14 los zapatos
15 el traje
16 el pantalón

Main parts of the body

1 la cabeza
2 el codo
3 el brazo
4 el cuerpo
5 la pierna
6 la rodilla
7 el pie
8 el cabello / el pelo
9 la frente
10 el ojo
11 la oreja
12 la cara
13 la nariz
14 la boca
15 la lengua
16 el diente
17 el cuello
18 el hombro
19 la espalda
20 la muñeca
21 la mano
22 el dedo

The climate

1 el verano
2 el sol
3 el calor
4 el otoño
5 la nube
6 la lluvia
7 el viento
8 el rayo
9 la tormenta
10 el termómetro
11 el invierno
12 la niebla
13 la nieve
14 el muñeco de nieve
15 la calefacción
16 la temperatura
17 el arco iris
18 la primavera

Léxico en imágenes
Visual dictionary

Trips and geographics locations

1 el Norte
2 el Sur
3 el Este
4 el Oeste
5 el barco
6 la costa
7 el tren
8 el mar
9 la curva
10 el avión
11 la vía del tren
12 el lago
13 la moto
14 la carretera
15 el autobús
16 el puente
17 el automóvil / el coche
18 la cima
19 la montaña
20 el río
21 el / la turista
22 la cámara
23 la maleta

apéndice gramatical

grammar appendix

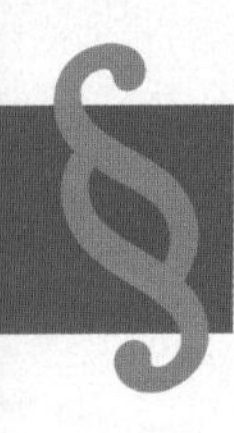

Apéndice gramatical
Grammar appendix

ÍNDICE DEL APÉNDICE GRAMATICAL
INDEX OF THE GRAMMAR APPENDIX

• Spelling, sounds and intonation 210
§ **1** The Spanish alphabet 210
§ **2** Relationships between spelling and sounds 211
§ **3** The syllable 212
§ **4** Intonation 213

• Nouns 213
§ **5** Noun gender 214
§ **6** Noun number 214
§ **7** Noun determiners 214

• Adjectives 215
§ **8** Gender and number of adjectives 215

• Articles 215
§ **9** Definite articles 215
§ **10** The indefinite article 216

• Personal pronouns 216
§ **11** Subject pronouns 216
§ **12** Direct object pronouns 217
§ **13** Indirect object pronouns 217
§ **14** Pronouns as objects of prepositions 218
§ **15** Pronoun order 218

• Possessives 219
§ **16** The use of possessives 219

• Demonstratives 220
§ **17** Demonstratives 220

• Numbers 221
§ **18** Cardinal numbers 221
§ **19** Ordinal numbers 221

• Indefinite articles 221

• Question words 222
§ **21** The use of question words 222

• Adverbs 223
§ **22** The use of *muy (very)* 223
§ **23** The use of *alguna vez (ever) (Have you ever)* and *todavía no (still hasn't/haven't yet)* 223
§ **24** The use of *ya (already) / ya no y todavía (not anymore* and *still/yet) / todavía no (still not/not yet)* 224
§ **25** Showing agreement and disagreement: the use of *también (too, also, either)*
/ tampoco (neither) / so do I (and variant forms) */ neither do I* (and variant forms) 224
§ **26** The use of *nada (nothing, anything, not at all) / bastante (pretty, fairly) / mucho (a lot) / demasiado (too...)* 225

• Verbs 226
§ **27** Types of verbs 226
§ **28** Impersonal forms 226
§ **29** Present indicative of regualr verbs 226
§ **30** The conjugation of regular verbs in the *pretérito imperfecto*
(similar to past continuous or used to) 226
§ **31** The conjugation of regular verbs in the *pretérito indefinido* (simple past) 227
§ **32** The conjugation of regular verbs in the *pretérito perfecto de indicativo* (present prefect) 227
§ **33** The conjugation of regular verbs in the *imperativo* (imperative) 227

• Conjugation of irregular verbs ... 227
§ **34** The conjugation of irregular verbs in the *presente de indicativo* (e>ei) (present simple or present continuous) ... 227
§ **35** The conjugation of irregular verbs in the *presente de indicativo* (e>i) (present simple or present continuous) ... 227
§ **36** The conjugation of irregular verbs in the *presente de indicativo* (o/u>ue) (simple present or present continuous) ... 228
§ **37** Other irregular verbs in the *presente de indicativo* (present simple or present continuous) ... 228
§ **38** The conjugation of irregular verbs in the *pretérito indefinido* (simple past) and in the *gerundio* (gerund) ... 228
§ **39** The conjugation of other irregular verbs in the *pretérito indefinido* (simple past) and in the *gerundio* (gerund) ... 228
§ **40** The verbs *ir* (*to go*), *ser* (*to be*), *estar* (*to be*), *haber* (*have*) and special past participles of other verbs ... 229
§ **41** Verb phrases ... 229

• Differences in use between some verbs ... 230
§ **42** Differences between *ser* and *estar* (both are the verb *to be*) ... 230
§ **43** Differences between *haber* (*have* with a sense of being) and *estar* (*to be*) ... 230
§ **44** Differences between *haber* (*have*) and *tener* (*to have*) ... 231
§ **45** Differences between the verbs *gustar* (*to like* or *to be pleasing to*) and *parecer* (*to think* or *seem*) ... 231

• Use of verb tenses ... 232
§ **46** The uses of *presente de indicativo* (present simple or present continuous) ... 232
§ **47** The use of the *pretérito indefinido* (similar to simple past) ... 233
§ **48** The uses of *pretérito imperfecto de indicativo* (similar to past continuous, used to or simple past) ... 233
§ **49** The uses of the *pretérito perfecto de indicativo* (present perfect) ... 233
§ **50** The uses of the *imperativo* (imperative) ... 233

• Time references ... 234
§ **51** Time references ... 234

• Spatial references ... 235
§ **52** Spatial references ... 235

• Comparisons and their structures ... 236
§ **53** Comparatives ... 236
§ **54** Expressing comparions with adjectives, verbs, adverbs and nouns (regular forms) ... 236
§ **55** Expressing comparisons through adjectives and adverbs (irregular forms) ... 237
§ **56** Superlative adjectives ... 238

• The sentence ... 238
§ **57** Structure of sentences ... 238
§ **58** Sentence word order ... 238

• The sentence ... 239
§ **59** The statement ... 239
§ **60** The exclamatory sentence ... 239
§ **61** The interrogative sentence ... 240
§ **62** The most common conjunctions *y* (*and*), *o* (*or*), *pero* (*but*) and *pues* (*well*) ... 241
§ **63** Apellative sentences with *oye* (*hey!*- familiar), *oiga* (*hey!*- formal), *perdona* (*excuse me*- familiar) and *perdone* (*excuse me*- formal) ... 241

• Relative clauses with *que* (which / that / who) and *donde* (where) ... 241
§ **64** Relative clauses with *que* (which / that / who) and *donde* (where) ... 241

• Conditionals ... 242
§ **65** Conditional sentences ... 242

Apéndice gramatical
Grammar appendix

■ SPELLING, SOUNDS AND INTONATION (§1-§4)

§1 THE SPANISH ALPHABET

There are 29 letters (five vowels and twenty-four consonants) in Spanish, but there aren't 29 sounds, as explained below.

Letter upper case	Letter lower case	Name of the letter	How it sounds	Example
A	a	A	[a]	Argentina / *Argentina*
B	b	Be	[b]	Bolivia / *Bolivia*
C	c	Ce	[θ / s] [k]	cena / *dinner* casa / *house*
Ch	ch	Che	[tʃ]	chocolate / *chocolate*
D	d	De	[d]	día / *day*
E	e	E	[e]	escuela / *school*
F	f	Efe	[f]	frío / *cold*
G	g	Ge	[g], [x]	gato / *cat* gente / *people*
H	h	Hache	[ø]	hija / *daughter*
I	i	I	[i]	isla / *island*
J	j	Jota	[x]	julio / *July*
K	k	Ka	[k]	kilogramo / *kilogram*
L	l	Ele	[l]	Lérida / *Lérida (city name)*
Ll	ll	Elle	[ʎ]	lluvia / *rain*
M	m	Eme	[m]	Mallorca / *Majorca*
N	n	Ene	[n]	nevera / *refrigerator*
Ñ	ñ	Eñe	[ɲ]	España / *Spain*
O	o	O	[o]	orejas / *ears*
P	p	Pe	[p]	pelo / *hair*
Q	q	Qu	[k]	queso / *cheese*
R	r	Erre	[r], [rr]	aéreo / *aerial* radio / *radio*
S	s	Ese	[s]	suerte / *luck*
T	t	Te	[t]	Teruel / *Teruel (city name)*
U	u	U	[u]	urgente / *urgent*
V	v	Uve	[b]	verano / *summer*
W	w	Uve doble	[w], [b]	whisky / *whiskey* Wagner / *Wagner*
X	x	Equis	[ks], [s]	taxi / *taxi*, xilófono / *xylophone* exterior / *outside*
Y	y	I griega	[y], [i]	ya / *already*, buey / *ox*
Z	z	Zeta	[θ / s]	zapatos / *shoes*

Even though the sound that the letter *ñ* represents exists in many languages, *ñ* is a letter which is only found in the Spanish alphabet.

Below are explained the positions of the parts of the speech apparatus when producing the different consonant sounds:

a) Labial consonants:
[p, b, ß, m]
These sounds are produced by opening your lips after being closed [p, b] or almost closed [ß], and letting air flow out of your nose [m].

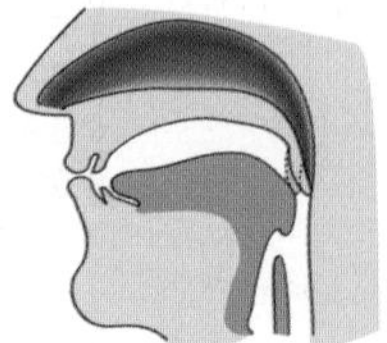

b) Labiodental consonant:
[f]
This sound [f] is produced by letting air flow out between your lower lip and upper teeth.

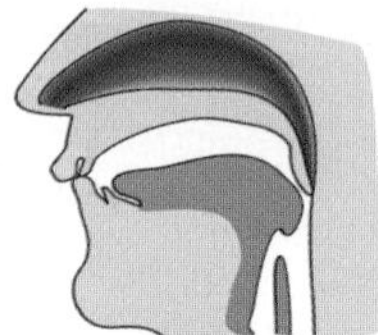

c) Interdental consonant:
[θ]
This sound [θ] is produced by letting air flow out between the tip of your tongue and upper teeth.

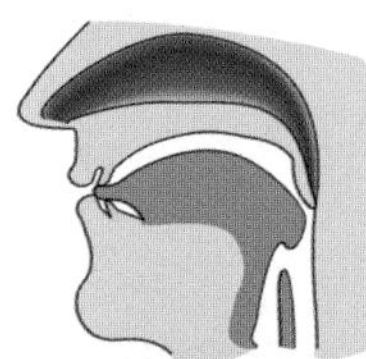

d) Dental consonants:
[t, d, ð]
These sounds are produced by opening your mouth when it has previously been closed [t, d], contact between the tip of your tongue and the inside surface of your upper teeth, or letting air flow freely [ð] with your mouth in the same position.

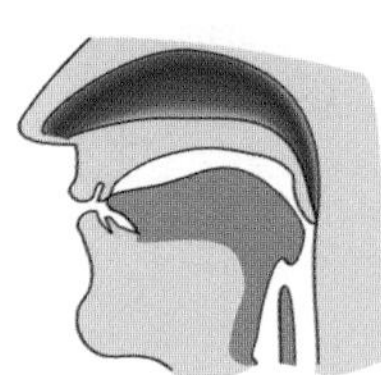

e) Alveolar consonants:
[s, l, r, rr, n]
These sounds are produced by letting air pass between the tip of your tongue positioned near the back of your front upper teeth [s], closing the airflow in front and letting the air flow on the sides of your tongue [l], opening your mouth after the tip of your tongue touches behind your upper front teeth once [r], or several times [rr]. To produce [n] your mouth is closed and air passes through your nose.

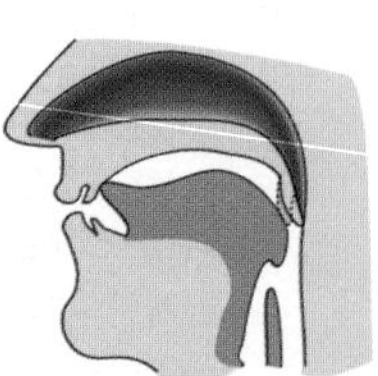

f) Palatal consonants:
[t͡ʃ, ʎ, ɲ]
These sounds are produced when air is set free through your mouth, which is closed between the back of your tongue and soft palate [t͡ʃ], or letting air flow on the sides of

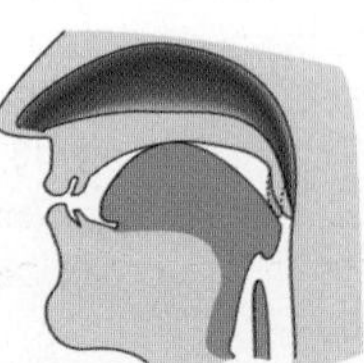

your tongue [ʎ]. To produce [ɲ] the airflow goes through your mouth, which is closed at the soft palate, and then through your nose.

g) Velar consonants:
[k, g, ɣx]

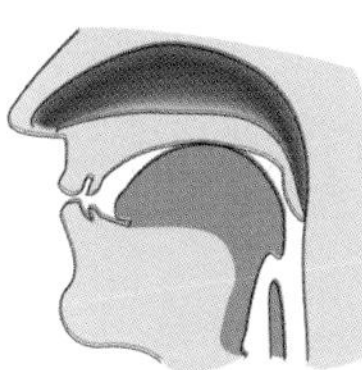

These sounds are produced by letting air flow through your mouth, with the back of your tongue and soft palate closed [k, g], or almost closed [ɣ] or letting air flow with your mouth in the same position without your vocal cords vibrating [x].

The letters *b* and *g* are pronounced as [b] and [g] respectively, at the beginning of a word and after a nasal consonant. The letter *d* is pronounced as [d] at the beginning of a word, after a nasal consonant and after the sound *l*. In all other contexts, these consonants are not stops, but small bursts, as the air flow is released through your mouth, like [b] [d] and [g], and as fricatives [ß], [ð] and [ɣ] that is, they are pronounced by blocking the airflow completely.

Barca [b] / *boat*
Una barca [ß] / *a boat*
La barca [b] / *the boat*
Tengo cuatro barcas [ß] / *I have four boats*

Gato [g] / *cat*
Un gato [ɣ] / *a cat*
El gato [g] / *the cat*
Tengo dos gatos [ɣ] / *I have two cats*

Dedo [d] [ð] / *finger*
Un dedo [d] [ð] / *a finger*
El dedo [d] [ð] / *the finger*
Tengo cinco dedos [ð] [ð] / *I have five fingers*

In addition, it is important to remember that since Spanish is spoken in so many countries and very large distance areas, it shows many differences in pronunciation, both major and minor, although these differences never prevent mutual understanding among Spanish speakers. Among these variations, the most common is the difference in how the sound [θ] is pronounced as [s]– in the sounds written as *za, zo, zu, ce,* and *ci*– in the Canary Islands and most of Spanish-speaking Latin America.

Although in Spanish the spelling is more representative of the pronunciation than in most other languages, the relationship between the spelling and the sounds is not always clear, since there are letters which represent more than one sound, sounds that are represented by more than one letter, and letters that do not represent any sounds. Below are several charts which explain the relationship between sounds and spelling.

§2 RELATIONSHIPS BETWEEN SPELLING AND SOUNDS

a) Letters that represent two different sounds

As you may have already seen, there are letters which represent more than one sound. In the following chart all these letters are shown with their corresponding sounds.

Letters	Sounds	Examples
Y	[y] [i]	yate / *yacht* y / *and*
C	[k] [θ]	casa / *house* cena / *supper*
G	[g] [x]	gato / *cat* gente / *people*
R	[r] [rr]	caro / *expensive* Enrique / *Henry*
W	[g] [b]	whisky / *whiskey* wáter / *toilet*

The letter *c* is pronounced as [θ] when it comes before e and i, and like [k] when it precedes the vowels *a, o,* and *u*. Notice that the letter *z* is also pronounced [θ]. It is written as *z* before *a, o,* and *u*, and as *c* before e and *i*. The letters *qu* and *k* are also pronounced as [k]. The letters *qu* are written before the vowels e and *i*. The letter *k* only appears in words which have been adopted from foreign languages.

In the following chart is a summary of the relationships between the letters c, z, and qu and the sounds [θ] and [k].

It is written	It is pronounced
ci	[θi] cielo / *sky*, cine / *movies*
ce	[θe] cenar / *to eat supper*, cenicero / *ashtray*
za	[θa] zapato / *shoe*, cazar / *to hunt*
zo	[θo] zoo / *zoo*, zócalo / *baseboard*
zu	[θu] zumo / *juice*, zueco / *clog*
qui	[ki] quilo / *kilo*, quinto / *fifth*
que	[ke] querer / *to love*, queso / *cheese*
ca	[ka] casa / *house*, carretera / *highway*
co	[ko] comer / *to eat*, collar / *necklace*
cu	[ku] cuello / *neck*, curar / *to cure*

The letter *g* is pronounced as [g] before *a, o* and *u*, and as [x] before e and *i*. For the letter *g* to be pronounced as [g] before e and *i*, it must be written as *gu*. Notice that in this case the vowel *u* is not pronounced; when it is pronounced, it is written as *ü* (*cigüeña – stork*). The letter *j* is also pronounced as [x]. It is usually found before the vowels *a, o* and *u*, although it can occasionally be found before the letters e and *i*.

In the following chart is a summary of the relationships between the spelling and the sounds.

It is written	It is pronounced
gui	[gi] guitarra / *guitar*
gue	[ge] guerra / *war*
ga	[ga] gato / *cat*
go	[go] gorro / *cap*
gu	[gu] guapo / handsome
ji, gi	[xi] jirafa / *giraffe*, gigante / *giant*
je, ge	[xe] jerez / *sherry*, general / *general*
ja	[xa] jarra / *pitcher*
jo	[xo] jota / *(the alphabetical pronunciation of the letter j)*
ju	[xu] jugar / *to play*

The letter *r* is pronounced:

a) with two or more vibrations of the tongue behind the upper front teeth when it comes between vowels, in which case it is written *rr*, and at the beginning of a word or after the letters *l*, *n* and *s*, in which case it is written *r*: *carro* (*cart*), *radio* (*radio*), *alrededor* (*around*), *Enrique* (*man's name*), *Israel* (*Israel*).

b) with a vibration or touch of the tongue behind the upper front teeth in other cases: *caro* (*expensive*), *pera* (*pear*).

The letter *w* is only used in words which have been adopted from other languages, especially English and German: the sounds have not been adapted to Spanish. Depending on the language from which the word comes, the letter can be pronounced as [b] or [w].

b) Two letters that represent the same sound

Notice that sometimes two letters are used to represent one sound. Below is a chart which shows these combinations.

Letters	Sound	Example
Gu	[g]	guerra / *war*, guiso / *stew*
Qu	[k]	queso / *cheese*, quitar / *to take away*
Ch	[tʃ]	charla / *chat*
Rr	[r]	correr / *to run*

c) Letters that do not represent any sounds

In Spanish there is only one letter which is silent: the letter *h*. There are also dialectical variations in which the s at the end of a syllable, in the middle of a word, or at the end of a word seems not to be pronounced, although in reality a small release of air can be noticed in place of a full s sound.

d) The letter *x*

Finally, the letter *x* in Spanish represents two different sounds: [ks] when it appears between vowels, as in *taxi* (*taxi*), *examen* (*exam*), or at the end of the word, as in *relax* (*relaxation*); whereas when it appears before another consonant, as in *extracto* (*extract*) or *extranjero* (*foreigner*), it is usually pronounced as [s].

e) Sounds which have more than one possible spelling

In the following chart is a summary of the sounds that have more than one possible spelling. Notice that in most cases these have appeared in the previous charts as well.

Sound	Spelling	Example
[b]	b v w	beso / *kiss* vaso / *glass* Wagner / *Wagner*
[k]	c qu k	casa / *house* queso / *cheese* kilogramo / *kilogram*
[θ]	c z	cena / *supper* zapato / *shoe*
[g]	g gu w	gato / *cat* guerra / *war* whisky / *whiskey*
[x]	j g	julio / *July* gente / *people*
[rr]	r rr	ropa / *clothes* alrededor / *around* torre / *tower*
[i]	y i	ley / *law* iglesia / *church*

Although this may seem complicated, the spelling rules allow us to predict fairly accurately the sounds represented by a certain spelling and the spelling that corresponds to a certain sound.

§3 THE SYLLABLE

Sometimes, in order to know how a word is pronounced, we have to know how the syllables are divided. For instance, when examining a word such as *abrazo* (*hug*), we need to know how the syllables are divided to know that it is pronounced *a-bra-zo*.

In Spanish, a syllable is formed by a vowel, which can be preceded by one or two consonants and followed by a vowel or the consonant sounds [ns].

One consonant found between two vowels is divided into syllables in the following way: *ca-**sa*** (*house*).

Two consonants are brought together with the subsequent vowel only if one of the two combinations seen in the chart below are present:

Combination	Example
pr	aprecio / *regard*
tr	atreverse / *to dare*
cr	acristalar / *to crystallize*
br	brazo / *arm*
dr	amedrentar / *to scare someone*
gr	agrupar / *to gather*
pl	aplaudir / *to clap*
cl	aclimatar / *to acclimate*
bl	ablandar / *to soften*

Combination	Example
gl	vanagloriar / *to boast*
fr	afrodisíaco / *aphrodisiac*
fl	aflautado / *fluty*

If there is a group of consonants which do not appear in the chart above, they are divided between different syllables, as follows: es-te (*east*), *ar-te* (*art*), *al-mohada* (*pillow*), an-tes (*before*), *am-paro* (*protection*), *ap-to* (*appropriate*), *ab-ducir* (*to abduct*), *ad-mirar* (*to admire*), etc.

Finally, in Spanish there can be up to three vowels in a row within the same syllable. When two vowels are found within the same syllable, this is called a *diphthong*. The diphthongs in Spanish are:

Spelling	Pronounciation	Example
ie	[ʝe]	**pie**dad / *piety*
ia	[ʝa]	co**pia** / *copy*
io	[ʝo]	ac**ción** / *action*
iu	[ʝu]	**viu**da / *widow*
ui	[wi]	**cui**dar / *to take care of*
ue	[we]	**sue**ño / *dream*
ua	[wa]	len**gua** / *tongue*
uo	[wo]	ar**duo** / *arduous*
ei, ey	[ei]	**seis** / *six*, **ley** / *law*
ai, ay	[ai]	**ai**re / *air*, **hay** / *there is/are*
oi,oy	[oi]	Moisés / *Moses*, **hoy** / *today*
eu	[eu]	**eu**ropeo / *European*
au	[au]	**lau**rel / *laurel*
ou	[ou]	**bou**tique / *boutique*

The diphthong *ou* is not often found in Spanish and generally indicates a word that has been adopted from another language.

The combination of three vowels within the same syllable is called a *tripthong*. In Spanish tripthongs are not often found.

Spelling	Pronounciation	Example
iau	[jau]	**miau** / *meow*
uai	[wai]	averi**guáis** / *you (pl.) find out*
uei, uey	[wei]	**buey** / *ox*
iai	[jai]	lim**piáis** / *you (pl.) clean*
iei	[jei]	estu**diéis** / *you (pl.) study*

The majority of words (nouns, adjectives, verbs, adverbs, indefinite articles, etc.) have one syllable which is pronounced with more stress than the others. The syllable on which the most stress is put is called the stressed syllable (*sílaba tónica*), and the rest of the syllables are considered unstressed (*átonas*). In Spanish the stressed syllable performs the function of differentiation: that is, a word can have different meanings depending on which syllable is stressed:

término	*termino*	*terminó*
end	*I finish*	*he / she / it / you (formal) finished*

Words in which the last syllable is stressed are called **agudas** (*terminó*). Those in which the second to the last syllable is stressed are called **llanas** (*termino*). Those in which the third to the last syllable is stressed are called **esdrújulas** (*término*). In the intermediate level, this subject is examined in more detail.

§4 INTONATION

The intonation of a Spanish sentence varies depending on the intention of the speaker: to communicate something, ask about something, express a feeling, or order someone to do something. Intonation either falls ⇓ or rises ⇑ in the last few syllables of a sentence. The most common forms of intonation are explained in the following chart.

Intention	Meaning	Example
To communicate	Informative	Está en casa.⇓ *He's at home.*
	Out of cortesy	Buenos días.⇓ *Good morning.*
To ask	Yes/no question	¿Traba⇑jas mu↓cho?⇑ *Do you work a lot?*
	Information question (with a question word)	¿Quién⇑ va al ci⇑ne?⇓ *Who's going to the movies?*
	Repeated information question	¿Cuán⇑do vas al ci↓ne?⇑ *When are you going to the movies?*
To express	Surprise	¡Qué⇑ maravilla!⇓ *How wonderful!*
	Big surprise	¡Es dulcí⇑simo!⇓ *It's so sweet!*
	Order	¡Co⇑me la carne!⇓ *Eat your steak!*

Notice that questions can have different patterns of intonation: rising intonation at the end of yes/no questions and falling intonation at the end of information questions (those that begin with a question word such as *what, when, how*, etc.). However, if the information question is repeated because the answer was not understood or the speaker has been asked to repeat the question, the final intonation rises, as in the examples: *¿Cuán↑do vas al ci↓ne?⇑*. (*When are you going to the movies?*) *¿Cuán↑do dices que vas al ci↓ne?⇑*. (*When are you saying you're going to the movies?*).

■ NOUNS (§5-§7)

In Spanish nouns vary in form depending on their gender and number.

Apéndice gramatical
Grammar appendix

In the following we will examine gender first and then number.

Nouns tend to appear with determiners. Noun determiners are examined in **§7**.

§5 NOUN GENDER

Spanish nouns –unlike nouns in other languages, such as English– have a lexical condition called gender, which can be masculine or feminine, and which forces the adjectives and determiners (which modify the noun) to agree with it (they must agree in number, too, as will be explained in the next section). The adjectives and determiners show the same values of gender and number as the accompanying nouns. This is why it is important to know the gender of every noun. There is no neutral gender in the Spanish language.

It is important not to confuse the grammatical gender of the noun with the sex of its referent (the specific object to which a noun refers), since as we have already said, all words in Spanish have gender, regardless of whether their referents have biological gender or not.

The gender of a noun tends to be related to the sex of the object it refers to when these referents have biological gender. In this way, words whose referents are male tend to have masculine gender, and those whose referents are female tend to have feminine gender. Some frequently used nouns have different forms for each gender: el *hombre moreno / la mujer morena (the dark-skinned man / the dark-skinned woman); el marido rubio / la esposa rubia (the blond husband / the blond wife); el actor moreno / la actriz morena (the dark-skinned actor / the dark-skinned actress).* Nouns referring to people which end in –ante are also common, and these can be both masculine or feminine depending on the sex of the referent: *el estudiante alto (the tall [male] student), la estudiante alta (the tall [female] student).* Dictionaries usually mark these types of nouns as (m. y f.) to indicate that they can be both masculine and feminine, depending on the referent.

The gender of nouns with referents that do not have biological gender is not totally predictable and is not the same in all languages. For example, the word *sol (sun)* is masculine and *luna (moon)* is feminine. The dictionary will indicate their gender as masculine (m.) or feminine (f.).

Words whose referents have no gender and which end in *–o* are usually masculine, and those that end in *–a* are usually feminine. However, there are several very common words which end in *–o* and are feminine: : *la mano (the hand), la foto (the picture),* la radio *(the radio), la moto (the motorcycle).* In this case, of course, gender agreement with adjectives and determiners is feminine: *la mano limpia (the clean hand)* and not *la mano limpio.* The gender of words that end in the vowel *–e* or consonants, and whose referents have no gender, can be found in dictionaries. The following chart can serve as a reminder of the most common indicators of noun gender in Spanish.

Meaning	Masculine	Feminine
Inanimate (neutral)	El banco / *the bench* El cine / *the movie theatre* El balcón∅/*the balcony*	La silla / *the chair* La clase / *the class* La canción∅ / *the song*
Animate: people and animals (with gender)	El niño / *the boy* El perro / *the (male) dog*	La niña / *the girl* La perra / *the (female) dog*

In any case, remember that dictionaries indicate the gender of all nouns.

§6 NOUN NUMBER

Nouns have different forms to indicate that they refer to one element (singular) or more than one element (plural). In Spanish, unlike other languages such as Arabic, there is no form to indicate dual (two of a kind) number, as seen below.

In Spanish, plural markers are added directly to the end of the word, and they can appear as *–s, –es,* or ∅. The chart below indicates how the different plural markers vary in accordance with the ending of the noun in its singular form.

The singular form ends in		The following ending is added in the plural form	
i e a o u	biquini / *bikini* puente / *bridge* mesa / *table* puerto / *port* tribu / *tribe*	s	biquini**s** / *bikinis* puente**s** / *bridges* mesa**s** / *tables* puerto**s** / *ports* tribu**s** / *tribes*
é á, ó	café / *coffee* sofá / *sofa* dominó / *domino*	s	café**s** / *coffees* sofá**s** / *sofas* dominó**s** / *dominos*
A consonant other than *s*	balcón / *balcony* árbol / *tree*	es	balcon**es** / *balconies* árbol**es** / *trees*
s (word with accent on the finale syllable)	país / *country*	es	país**es** / *countries*
s (word without accent on the finale syllable)	lunes / *Monday*	∅	lunes / *Mondays*

Notice that the chart excludes words that end in *í* or *ú*. Words that end in these vowels, such as *esquí (ski)* for instance, are rare and usually come from other languages. There is no rule for the formation of their plural forms: some add *–es* and other *–s.*

§7 NOUN DETERMINERS

Nouns in Spanish can be preceded by words which modify them (articles **§8-§9**, possessives **§15**, demonstratives **§16**, numerical determiners **§17-§18**, indefinite articles **§19**), or without any type of modifier.

When a thing has already been spoken about and we know what it is, the corresponding definite article is used. We can indicate that it belongs to someone through the use of the possessive form, or we can indicate the proximity of the thing to the speakers through the use of the demonstrative form.

- *¿Hay **una** gasolinera por aquí cerca?*
  *Is there **a** gas station near here?*
  - *Sí, **la** gasolinera está en la calle siguiente.*
    *Yes, **the** gas station is on the next street.*
- *¿Juan ha escrito **un** libro?*
  *Has juan written **a** book?*
  - *Sí, **su** libro es el azul.*
    *Yes, **his** book is the blue one.*
- *¿Me dejas **un** bolígrafo?*
  *Can you lend me **a** pen?*
  - *Sí, coge **este** bolígrafo rojo.*
    *Yes, take **this** red pen.*

When responding to a question and using an article, possessive or demonstrative, it is not necessary to repeat the noun from the question.

- *¿Qué vasos prefieres?*
  Which glasses do you prefer?
  - *Los pequeños.* ⇨ *The little ones.*
  - *Los míos.* ⇨ *Mine.*
  - *Estos pequeños.* ⇨ *These little ones.*

Sometimes, when nouns come after the verb and act as a complement, they do not need an article.

Compró vinos de la Rioja. ⇨ *He/she bought wines from Rioja.*
Quiero lápices de colores. ⇨ *I want colored pencils.*
Busca novio. ⇨ *She's looking for a boyfriend.*

Proper nouns are never preceded by any type of determiner except when they have a complement.

María es muy guapa. ⇨ *María is very pretty.*
La María que tú conoces es muy guapa. ⇨ *The María you know is very pretty.*

■ ADJECTIVES (§8 /§53-§55)

Adjectives are words that express a characteristic of the noun they go with.

Unlike English, for example, adjectives usually go after the noun: *Juan estudia en la sala pequeña del piso familiar (Juan studies in the small room of the family apartment.)*. Some adjectives can be placed before the noun: *Juan estudia en la pequeña sala del piso familiar*. Other adjectives, such as *familiar (relating to a family)* can never appear before the noun; one cannot say *familiar piso*, but *piso familiar*.

Adjectives that can appear both before and after the noun generally express some kind of opinion, while those that must always appear after the noun denote a more objective quality; that is, they classify the noun.

Some adjectives change meaning, and in some cases change form (*grande / gran [big / great], bueno / buen [good]*) according to whether they are placed before or after the noun. In this way *un libro grande (a big book)* is not the same as *un gran libro (a great book)*.

Comparative expressions with adjectives are examined in **§53-§54**.

Superlative adjectives are examined in **§55**.

§8 GENDER AND NUMBER OF ADJECTIVES

As we have already seen, adjectives agree with the noun that they modify in both gender and number, as is summarized in the following chart. Notice in the chart the adjectives that end in –e and some that end in consonants do not vary in form according to gender; that is, they can complement both masculine and feminine nouns.

To indicate variations in number, we add –s to the plural form of adjectives if they end in a vowel, and –es if they end in consonants *difícil-es (difficult), azul-es (blue)*.

	Masculine	Feminine	Masculine and feminine
Singular	(el cuarto de baño) *(the bathroom)*	(la sala de estar) *(the living room)*	(el libro, la novela) *(the book, the novel)*
	ampli**o** *spacious*	ampli**a** *spacious*	interesant**e** *interesting*
	pequeñ**o** *small*	pequeñ**a** *small*	alegr**e** *lively*
	oscur**o** *dark*	oscur**a** *dark*	difícil *difficult*
	cómod**o** *comfortable*	cómod**a** *comfortable*	grand**e** *large*
Plural	(los cuartos de baño) *(the bathrooms)*	(las salas de estar) *(the living rooms)*	(los libros, llas novelas) *(the books, the novels)*
	ampli**os** *spacious*	ampli**as** *spacious*	interesant**es** *interesting*
	pequeñ**os** *small*	pequeñ**as** *small*	alegr**es** *lively*
	oscur**os** *dark*	oscur**as** *dark*	grand**es** *large*
	cómod**os** *comfortable*	cómod**as** *comfortable*	difícil**es** *difficult*

■ ARTICLES (§9-§10)

Articles are words that always appear before a noun and agree with that noun in gender and number. In Spanish, articles can be definite or indefinite.

§9 DEFINITE ARTICLES

A definite article is used when the noun which it refers to has already been spoken about, when the speaker thinks that his

interlocutor already knows what he is referring to, or when the speaker is using the noun in its generic sense without referring to a specific example.

	Masculine	Feminine
Singular	**el** libro / *the book*	**la** mesa / *the table*
Plural	**los** libros / *the books*	**las** mesas / *the tables*

When the definite article goes before a singular feminine noun that begins with *a* or *ha* and whose first syllable is stressed, the definite article *el* is used instead of *la* in order to phonetically distinguish the article from the noun itself.

La harina está en la estantería. ⇨ *The flour is on the shelf.*
Me molesta ***la*** *arena.* ⇨ *Sand bothers me.*
El *águila vuela por encima del nido.* ⇨ *The eagle is flying above the nest.*
El *aula estaba vacía.* ⇨ *The classroom is empty.*

Sometimes the article precedes an adjective with no noun: *el alto* (*the high one, the tall one*), *la blanca* (*the white one*). In these cases the noun can be understood from the context. For instance, *el alto* can refer to *el niño alto* (*the tall child*), or *edificio alto* (*the high building*), and *la blanca* can refer to *la casa blanca* (*the white house*) or to *la camisa blanca* (*the white shirt*).

The prepositions *a* (*to*) and *de* (*from, of*) are contracted to the forms *al* and *del* when used before the article *el*:

[a + el] libro = al libro
[de + el] libro = del libro

The special form *lo* before an adjective, as in *lo bueno*, changes the adjective into a noun in order to refer to an abstract quality. In this example, *lo bueno* refers to good things or the quality of goodness, either in general or in reference to something specific.

§10 THE INDEFINITE ARTICLE

In general, when something is mentioned for the first time, the noun is accompanied by an indefinite article. However, as has been mentioned in the previous section, if the noun has already been mentioned or the speaker assumes that the interlocutor knows what the noun refers to, the definite article is used.

Juan tiene ***una*** *casa en la montaña.* ***La*** *casa tiene un jardín con árboles.* ⇨ *Juan has a house in the mountains. The house has a yard with trees.*

	Masculine	Feminine
Singular	**un** libro / *a book*	**una** mesa / *a table*
Plural	**unos** libros / *some books*	**unas** mesas / *some tables*

Note: In Spanish, the plural indefinite article exists in plural form as well, in which case it can be translated as meaning *some* or *any*. It always refers to more than one (but an unspecified number) of the pertinent noun.

When the indefinite article goes before a singular feminine noun that begins with *a* or *ha* and whose first syllable is stressed, the indefinite article *un* is used instead of *una*, in order to phonetically distinguish the article from the noun itself.

Un *águila vuela por encima del nido.* ⇨ *An / One eagle is flying above the nest.*
Un *aula estaba vacía.* ⇨ *A / One classroom was empty.*

Note that *un* and *una* can be translated both as the indefinite articles *a*/*an* or as the number *one*.

■ PERSONAL PRONOUNS (§11-§15)

Personal pronouns refer to the people who are mentioned in a conversation: the person who is speaking (*yo – I*), the person who is being spoken to (*tú – you* [familiar], *usted – you* [formal], *vosotros – you* [pl.], *ustedes – you* [pl.-formal]), and the person or things that are being spoken about (*él – he*, *ella – she*, *ellos – they* (masculine, mixed gender or unknown gender), *ellas – they* [feminine]). Notice that in Spanish personal pronouns do not vary in gender in the first and second person singular (*yo* and *tú*). The form of personal pronouns varies according to their function in the sentence, as examined below.

§11 SUBJECT PRONOUNS

In English, subject pronouns are required in order for a sentence to be grammatically correct. However, in Spanish, subject pronouns are usually not used as subject of a sentence since the subject is already understood from the verb ending: (**yo**) *compr***o** *leche* (*I buy milk*); (**nosotros**) *vam***os** *al cine* (*We go to the movies*). When a personal pronoun is used as the subject, it usually serves to emphasize the subject or to show contrast: *Laura y Andrea van al teatro, pero yo no voy.* (*Laura and Andrea are going to the theater, but I am not going.*) For further explanations on the conjugation of Spanish verbs and how they are formed to agree with the subject, please refer to sections 27-50 below.

Person	Number of subject pronoun	
	Singular	Plural
1st masculine or feminine	**Yo** compro leche. *I buy milk.*	**Nosotros** compramos leche. *We buy milk.*
1st feminine		**Nosotras** compramos leche. *We buy milk.*
2nd masculine or feminine	**Tú** compras leche. *You (familiar) buy milk.* **Usted** compra leche. *You (formal) buy milk.*	**Vosotros** compráis leche. *You (familiar) buy milk.* **Ustedes** compran leche. *You (formal) buy milk.*
2nd feminine		**Vosotras** compráis leche. *You (familiar) buy milk.* **Ustedes** compran leche. *You (formal) buy milk.*
3rd masculine	**Él** compra leche. *He buys milk.*	**Ellos** compran leche. *They buy milk.*
3rd feminine	**Ella** compra leche. *She buys milk.*	**Ellas** compran leche. *They buy milk.*

First personal plural, *nosotros* (*we*), refers to a group of people in which *I am* included. Second person plural, *vosotros* (*you*), refers to a group of people which excludes *me* but includes *you* and at least one other person. Third person plural, *ellos* (*they*), refers to a group of people which excludes *me* and *you*.

It is also important to keep in mind that the plural forms *nosotros, vosotros, ellos* and their different grammatical forms (object pronouns, possessives, etc.) refer to a group of people in which at least one member is male. In other words, the masculine form is the default form which is used, unless all members of the group referred to are feminine. When all members of the group are feminine, the forms *nosotras, vosotras, ellas* and their different grammatical forms are used.

In some provinces of Spain and large areas of Spanish-speaking America, only the form *ustedes* (in conjunction with the third person plural form of the verb) is used to refer to second person plural; that is, for all practical purposes the form *vosotros* does not exist.

§12 DIRECT OBJECT PRONOUNS

The object pronouns *lo, la, los* and *las* are used when the object pronoun is not the same as the subject pronoun. Notice in the examples below that in English object pronouns only vary according to number, but in Spanish they vary according to both gender and number of the noun referred to. Notice also that the direct object pronoun in Spanish goes before the verb, whereas in English it goes after the verb (refer to section **§15**).

María compró ***la falda*** *ayer. > María* ***la*** *compró ayer.*
María bought **the skirt** *yesterday. > María bought* **it** *yesterday.*
María compró ***el libro*** *ayer. > María* ***lo*** *compró ayer.*
María bought **the book** *yesterday. > María bought* **it** *yesterday.*
María compró ***las faldas*** *ayer. > María* ***las*** *compró ayer.*
María bought **the skirts** *yesterday. > María bought* **them** *yesterday.*
María compró ***los libros*** *ayer. > María* ***los*** *compró ayer.*
María bought **the books** *yesterday. > Marái bought* **them** *yesterday.*

The form *se* is used when the direct object pronoun and the subject are the same. This form is equivalent in English to the reflexive pronouns (*-self*).

María ***se*** *peina.* ⇨ *María combs her hair (literally - María combs herself).*
Las niñas ***se*** *peinan.* ⇨ *The girls comb their hair (literally - The girls comb themselves).*

Person	Number of the object pronoun	
	Singular	Plural
1st	María **me** conoce (a mí). *María knows me.*	María **nos** conoce. (a nosotros / as). *María knows us.*
2nd	María **te** conoce (a ti). *María knows you.*	María **os** conoce. (a vosotros / as). *María knows you.*
3rd	María **lo** / **la** conoce. (a él, a ella, a usted). *María knows him/her or María knows you (formal).* María **se** peina. *María combs her hair.*	María **los** / **las** conoce. (a ellos, a ellas, a ustedes). *María knows them (masculine or feminine).* Las niñas **se** peinan. *The girls comb their hair.*

Please notice in the examples below that a direct object pronoun can be repeated if the speaker wishes to put emphasis on it.

María me conoce. ⇨ *María knows me.*
María me conoce a mí. ⇨ *María knows me (as opposed to other people).*

§13 INDIRECT OBJECT PRONOUNS

The indirect object forms *le* and *les* are used according to the number of the noun referred to, only when the subject and the indirect object refer to different people or things. Please notice that, unlike English in the singular form, the indirect object pronouns do not vary according to gender.

María envía una postal ***a Juan****. > María* ***le*** *envía una postal.*
María sends a postcard **to Juan***. > María sends* **him** *a postcard.*
María envía una postal ***a Ana****. > María* ***le*** *envía una postal.*
María sends a postcard **to Ana***. > María sends* **her** *a postcard.*
María envía una postal ***a Juan y a Pedro****. > María* ***les*** *envía una postal.*
María sends a postcard **to Juan and pedro***. > María sends* **them** *a postcard.*
María envía una postal ***a Ana y a Rosa****. > María* ***les*** *envía una postal.*
María sends a postcard **to Ana and Rosa***. > María sends* **them** *a postcard.*

Notice also that the indirect object **pronoun** in Spanish goes **before** the verb, whereas in English it goes **after** the verb (refer to section **§15**).

The form *se* is used when the indirect object pronoun and the subject are the same. This form can be equivalent in English to the reflexive pronouns (*–self*). In English the *–self* forms vary according to the number and gender of the noun referred to (*myself, yourself, himself, ... ourselves, yourselves, themselves*), whereas in Spanish *se* is used for all numbers and genders. This form can also be equivalent to the English reciprocal, *each other* or *one another*.

María ***se*** *envía una postal.* ⇨ *María sends herself a postcard.*
Los niños ***se*** *envían una postal.* ⇨ *The children send themselves a postcard.* or *The children send each other postcards.*

Person	Number of the indirect object pronoun	
	Singular	Plural
1st	María **me** envía una postal (a mí). *María sends **me** a postcard.*	María **nos** envía una postal (a nosotros / as). *María sends **us** (masculine / feminine) a postcard.*
2nd	María **te** envía una postal (a ti). *María sends **you** a postcard.*	María **os** envía una postal (a vosotros / as). *María sends **you** (marculine / feminine) a postcard.*
3rd	María **le** envía una postal (a él, a ella, a usted / a ella misma). *María sends **him / her / you** (formal) a postcard.* María **se** envía una postal (a ella misma). *María sends **herself** a postcard.*	María y Pedro **les** envían una postal (a ellos, a ellas, a ustedes / a ellos mismos). *María and Pedro send **them** (masculine / feminine) / **you** (formal) a postcard.* María y Pedro **se** envían una postal (a ellos mismos). *María and Pedro send **themselves** a postcard.*

Please notice in the examples below that an indirect object pronoun can be repeated if the speaker wishes to put emphasis on it.

María me envía una postal. ➪ *María sends me a postcard.*
María me envía una postal ***a mí.*** ➪ *María sends* ***me*** *a postcard (as opposed to other people).*

Some verbs are sometimes conjugated (while others are always conjugated) with one of the forms of the indirect or direct object pronoun (which is in agreement with the subject of the sentence): in such a case, the pronoun go directly before the verb.

Verbs which are sometimes aconjugated in this way are:

- *Llamarse* (*to be called, to be named*) vs. *llamar* (*to call*)
- *Lavarse* (*to wash oneself*, or *to wash part of oneself*, or *to wash something oneself*) vs. *lavar* (*to wash* [another object, or another person, or part of another person])
- *Peinarse* (literally, *to comb oneself*, meaning *to comb one's hair*) vs. *peinar* (*to comb*)

(Yo) ***lavo*** *las camisas.* ➪ *I wash the shirts.*
(Juan) ***lava*** *los pantalones.* ➪ *Juan washes the pants.*
(Yo) me lavo *las camisas.* ➪ *I wash the shirts (myself).*
(Yo) me lavo. ➪ *I wash myself.*
(Juan) se lava *los pantalones.* ➪ *Juan washes the pants (himself).*
(Juan) se lava. ➪ *Juan washes himself.*

Verbs which are always conjugated in this way are:

- *Caerse* (literally, *to fall oneself*, meaning *to fall down*)
- *Quejarse* (literally, *to complain oneself*, meaning *to complain*)

(Yo) me caí *en la calle.* ➪ *I fell down in the street.*
(Juan) se cayó *en el jardín.* ➪ *Juan fell down in the yard.*

§14 PRONOUNS AS COMPLEMENTS OF PREPOSITIONS

After all prepositions except *con* (*with*) and *según* (*according to*), the form of the pronoun used is shown in the chart below.

Persona	Number of the pronoun	
	Singular	Plural
1st	María compra un libro **para mí**. *María buys a book* ***for me.***	María compra un libro **para nosotros / as.** *María buys a book* ***for us*** *(masculine / feminine).*
2nd	María compra un libro **para ti / usted.** *María buys a book* ***for you*** *(familiar / formal).*	María compra un libro **para vosotros / as.** *María buys a book* ***for you*** *(masculine / feminine).*
3rd	María compra un libro **para él / ella.** *María buys a book* ***for him / her.***	María compra un libro **para ellos / ellas / ustedes.** *María buys a book* ***for them*** *(masculine / feminine) /* ***for you*** *(formal).*

Notice that with the exception of the first and second person singular (*mí, ti*), the forms are identical to the subject pronoun forms.

After the preposition *según* (*according to*), the subject pronoun form is used in all cases.

Según tú, *el ejercicio no era fácil.* ➪ *According to you, the exercise wasn't easy.*
Según él, *nadie compró plátanos.* ➪ ***According to him,*** *no one bought bananas.*

Singular pronouns show special forms when following the preposition *con* (*with*):

Person (singular)	Pronoun
1st	conmigo / *with me*
2nd	contigo / *with you*
3rd	consigo / *with him / her / you (formal)*

Pedro vino ***conmigo.*** ➪ *Pedro came* ***with me.***
Pedro vino ***con nosotros.*** ➪ *Pedro came* ***with us.***

§15 PRONOUN ORDER

Subject and object (direct or indirect) pronouns come before the verb in Spanish. If there is both a direct and indirect object in a sentence, and only one of them is a pronoun (the other being a noun), the pronoun appears before the verb.

María conoce a Juan. ➪ *María knows Juan.*
María ***le*** *conoce. (a Juan)* ➪ *María knows* ***him.*** *(Juan)*
María envía la carta a Juan. ➪ *María sends (is sending) Juan a letter.*
María ***la*** *envía. (la carta).* ➪ *María sends* ***it.*** *(the letter)*
María ***la*** *envía a Juan. (la carta)* ➪ *María sends* ***it*** *to Juan. (the letter)*
María ***le*** *envía la carta. (a Juan)* ➪ *María sends* ***him*** *the letter. (to Juan)*

María envía la carta a Juan y a Pedro. ⇨ *María sends the letter to Juan and Pedro.*
María **la** *envía a Juan y a Pedro. (la carta)* ⇨ *María sends* **it** *to Juan y Pedro. (the letter)*
María **les** *envía la carta. (a Juan y a Pedro)* ⇨ *Pedro sends* **them** *a letter. (to Juan and Pedro)*

If both the direct and indirect object are pronouns, the indirect object goes first, followed by the direct object. Both go before the verb.

María **me la** *envía. (María envía* **la carta** *a mí)* ⇨ *María sends* **it** *(la) to me (me). (María sends* **the card** *to me)*

When the indirect object pronoun refers to the first and second person singular and plural forms, the indirect object pronoun (*me*, for instance) is used instead of the preposition followed by an object pronoun (*a mí*). The sentence above in parentheses, *María envía la carta a mí (María sends the card to me)* simply explains the meaning of *María me envía la carta* (*María sends me the card*), but this form, with the preposition and object pronoun (*María envía la carta a mí*), is not used in Spanish.

In addition, notice that the indirect pronoun in the third person singular and plural changes from *le/les* to *se*. This is to avoid the phonetically undesirable combination of *le la* or *les la* in a row.

María envía la carta a Juan. ⇨ *María sends the card to Juan.*
María **se** *[=le]* **la** *envía.* ⇨ *María sends* **him** *(le > se)* **it** *(la).*

María envía la carta a Juan y a Pedro. ⇨ *María sends the card to Juan and Pedro.*
María **se** *[=les]* **la** *envía.* ⇨ *María sends* **them** *(les > se)* **it** *(la).*

When the verb is in the infinitive, the gerund form or the imperative, these pronouns are attached to the end of the verb.

*María quiere enviar***la** *a Juan.* ⇨ *María wants to send* **it** *to Juan.*
*Juan está comprándo***le** *una postal a María.* ⇨ *Juan is buying* **(her)** *a postcard for María.*
*¡Envía***la** *a Juan!* ⇨ *Send* **it** *to Juan!*
*¡Cómpra***le** *una postal!* ⇨ *Buy* **her** *a postcard!*

Please notice that in this example the indirect complement appears twice: as *le*, directly attached to the verb in pronoun form, and as *a María*, in noun form at the end of the sentence. In English, repeating the complement would be considered redundant. Thus, you can say *Juan is buying her a postcard* or *Juan is buying a postcard for María*, but not *Juan is buying her a postcard for María*.

However, in Spanish the pronoun form is necessary, and the noun form is optional and only used to clarify for whom or emphasis. Thus, you can say *Juan está comprándole una postal*, or *Juan está comprándole una postal a María* to emphasize or clarify that *María* is the person for whom *Juan* is buying the postcard.

■ POSSESSIVES (§16)

§16 THE USE OF POSSESSIVES

Possessives can be used before or after the noun that they go with or can even be used in the absence of explicit mention of the noun. When the noun they refer to is explicit and the possessive appears before this noun (*mi coche – my car*), they are called *possessive determiners* and are not written with accents. When they appear after the noun (*el coche mío – my car*), they are called *possessive adjectives* and are written with accents. When the noun that they refer to does not appear in the sentence (*el mío - mine*), they are called *possessive pronouns* and are also written with accents. All three types of possessives are used to explain the person or entity to whom the noun belongs, regardless of whether this noun is made explicit or not.

In the chart below you will find all the different forms of possessives, depending on the position they occupy in the sentence and the person to whom they refer.

The form *nuestro* (*our*), refers to a group of owners in which the speaker, *yo* (*I*), is included. The form *vuestro* (*your* – pl.), refers to a group of owners in which the speaker, *yo* (*I*), is not included and the interlocutor, *tú* (*you*), is included with at least one other person. The different forms of su in the plural (*their/ your* (pl.-

	Singular		Plural	
Belonging to one owner	Possessive determiners Before a noun there is no gender agreement	Possessive adjectives After the noun they must agree in number and gender	Possessive determiners Before a noun there is no gender agreement	Possessive adjectives After the noun they must agree in number and gender
Belonging to the speaker	**mi** libro / *my book* **mi** mesa / *my table*	el libro **mío** / *my book* la mesa **mía** / *my table*	**mis** libros / *my books* **mis** mesas / *my tables*	los libros **míos** / *my books* las mesas **mías** / *my tables*
Belonging to the listener	**tu** libro / *your book* **tu** mesa / *your table*	el libro **tuyo** / *your book* la mesa **tuya** / *your table*	**tus** libros / *your books* **tus** mesas / *your tables*	los libros **tuyos** / *your books* las mesas **tuyas** / *your tables*
Belonging to a third person *him/her/you* (formal)	**su** ordenador / *his / her / your computer* **su** casa *his / her / your house*	el ordenador **suyo** *his / her / your computer* la casa **suya** *his / her / your house*	**sus** ordenadores *his / her / your computers* **sus** casas *his / her / your houses*	los ordenadores **suyos** *his / her / your computers* las casas **suyas** *his / her / your houses*

Apéndice gramatical
Grammar appendix

Belonging to more than one owner	Singular: Possessive determiners They always agree in number and gender	Singular: Possessive adjectives They always agree in number and gender	Plural: Possessive determiners They always agree in number and gender	Plural: Possessive adjectives They always agree in number and gender
Belonging to both the speaker and the listener (masc. / fem.)	**nuestro** libro / *our book* **nuestra** mesa / *our table*	el libro **nuestro** / *our book* la mesa **nuestra** / *our table*	**nuestros** libros / *our books* **nuestras** mesas / *our tables*	los libros **nuestros** / *our books* las mesas **nuestras** / *our tables*
Belonging to the listener and at least one other person (masc. / fem.)	**vuestro** libro / *your book* **vuestra** mesa / *your table*	el libro **vuestro** / *your book* la mesa **vuestra** / *your table*	**vuestros** libros / *your books* **vuestras** mesas / *your tables*	los libros **vuestros** / *your books* las mesas **vuestras** / *your tables*
Belonging to a group which contains neither the speaker nor the listener (masc. / fem.) *to you* (plural formal)	**su** ordenador / *their / your computer* **su** casa / *their / your house*	el ordenador **suyo** / *their / your computer* la casa **suya** / *their / your house*	**sus** ordenadores / *their / your computers* **sus** casas / *their / your houses*	los ordenadores **suyos** / *their / your computers* las casas **suyas** / *their / your houses*

formal)) refer to a group of owners which does not include either the speaker or interlocutor.

Some possessives must agree in number and gender with the noun, as can be seen in the chart. Notice that possessive determiners are not preceded by a definite article; we say *Mi casa* (*my house*) and not ~~*la*~~ *mi casa* (*~~the~~ my house*). However, possessive adjectives are always preceded by the noun plus a definite article, as in *la mesa mía* (*my table* – literally, *the table of mine*).

Possessive pronouns are almost always preceded by the definite article (*el mío – mine*, *la mía – mine*, etc.); only in affirmative sentences with the verb ser (to be) is the definite article optional.

*Esta casa es **tuya**.* ⇨ *This house is yours.*
*Esta casa es **la tuya**.* ⇨ *This house is yours.*
*Estas monedas son **nuestras**.* ⇨ *These coins are ours.*
*Estas monedas son **las nuestras**.* ⇨ *These coins are ours.*

■ DEMONSTRATIVES (§17)

§17 DEMONSTRATIVES

Demonstratives serve to distinguish whether the noun referred to is near or far from the speakers.

Demonstratives function as determiners when they are used with a noun, and as pronouns when they appear alone. Demonstrative determiners are never accented, whereas demonstrative pronouns can always be accented (although use of the accent is only recommended when there could be confusion between whether the word is an adjective or a pronoun – see the examples below). In both cases the demonstratives must agree with the noun referred to in number and gender. Notice that, unlike possessives, the form of demonstratives remains the same regardless of whether they act as determiners or pronouns.

Referring to the location of something	Singular: Masculine	Singular: Feminine
close to the speaker	**este** libro / *this book*	**esta** mesa / *this table*
close to the listener	**ese** banco / *that bench*	**esa** cartera / *that wallet*
far from the speaker and the listener	**aquel** ordenador / *that computer (over there)*	**aquella** mesa / *that table (over there)*

Referring to the location of something	Plural: Masculine	Plural: Feminine
close to the speaker	**estos** libros / *these books*	**estas** mesas / *these tables*
close to the listener	**esos** bancos / *those bancks*	**esas** carteras / *those wallets*
far from the speaker and the listener	**aquellos** ordenadores / *those computers (over there)*	**aquellas** mesas / *those tables (over there)*

Demonstrative determiners:

***Ese lápiz** es de Juan.* ⇨ ***That pencil** is Juan's.*
*Juan ha escrito **esta carta**.* ⇨ *Juan has written **this one**.*
***Esa chica** estudia con Juan.* ⇨ ***That girl** studies with Juan.*

Demonstrative pronouns:

***Ése** es de Juan.* ⇨ ***That** is Juan's.*
*Juan ha escrito esta carta y María ha escrito **ésa**.* ⇨ *Juan has written this letter and María has written **that one**.*
*Esa chica estudia con Juan y **ésta** estudia con María.* ⇨ *That girl studies with Juan and **this one** studies with María.*

Notice that neither demonstrative determiners nor demonstrative pronouns can be preceded by an article: **Juan ha escrito ~~la~~ esta carta y María ha escrito ~~la~~ ésa* (*Juan has written ~~the~~ this card and María has written ~~the~~ that one.*)

■ NUMBERS (§18-§19)

Numbers are the part of speech that allow us to express the number or the exact quantity of people or objects (cardinal numbers) and the order or sequence of the elements in a group (ordinal numbers). They can act either as determiners or pronouns.

§18 CARDINAL NUMBERS

Cardinal numbers indicate the exact quantity of the nouns referred to, and they can be used either as adjectives or determiners if they appear before the noun, or pronouns if they appear alone. Cardinal numbers do not vary in form, with the exception of the number *uno* (*one*), which agrees in gender with the noun to which it refers. Masculine forms of this number, when used as an adjective, adopt the form un, as in *veintiún* (*twenty-one*), *treinta y un* (*thirty-one*), and so on, as shown in the examples below.

En la estantería hay ***veintiún libros***. ⇨ *There are* ***twenty-one books*** *on the shelves.*

En la estantería hay ***veintiuna rosas***. ⇨ *There are* ***twenty-one roses*** *on the shelves.*

En la estantería hay ***veintiuno*** / ***veintiuna***. ⇨ *There are* ***twenty-one*** *(masculine / feminine) on the shelves.*

The definite article can appear before a cardinal number if the noun is explicitly mentioned or used as a pronoun. The presence of the definite article implies that the pertinent noun has already been mentioned so that the interlocutor knows what is being spoken about.

Cuatro chicos *pasean por la calle.* ⇨ *The four boys are walking down the street.*

Los cuatro chicos *pasean por la calle.* ⇨ *Four boys are walking down the street.*

Cuatro *pasean por la calle.* ⇨ *Four are walking down the street.*

Los cuatro *pasean por la calle.* ⇨ *The four are walking down the street.*

Below is a chart of the cardinal numbers in Spanish:

N°	cardinal number	N°	cardinal number	N°	cardinal number
1	Un(o) / una	13	trece	100	cien
2	dos	14	catorce	101	ciento uno / a
3	tres	15	quince	...	...
4	cuatro	16	dieciséis	200	doscientos / as
5	cinco	17	diecisiete	...	...
6	seis	18	dieciocho	500	quinientos / as
7	siete	19	diecinueve	...	...
8	ocho	20	veinte	700	setecientos / as
9	nueve	21	veintiuno / a	...	...
10	diez	22	veintidós	900	novecientos / as
11	once	...	...	...	...
12	doce	31	treinta y uno / a	1000	mil

§19 ORDINAL NUMBERS

The most frequently used ordinal numbers appear in the chart below. Note that the endings that appear afterward refer to masculine singular, feminine singular, masculine plural, and feminine plural, in that order:

N°	ordinal number	N°	ordinal number
1	primer(o)/ a / os / as	...	...
2	segundo / a / os / as	30	trigésimo / a / os / a
3	tercer(o) / a / os / as	31	trigésimo primero / a / os / as
4	cuarto / a / os / as		
5	quinto / a / os / as	...	...
6	sexto / a / os / as	40	cuadragésimo / a / os / as
7	séptimo / a / os / as	41	cuadragésimo primero / a / os / as
8	octavo / a / os / as		
9	noveno / a / os / as	...	...
10	décimo / a / os / as	50	quincuagésimo / a / os / as
11	undécimo / a / os / as		
12	duodécimo / a / os / as	51	quincuagésimo primero / a / os / as
13	decimotercer(o) / a / os / as		
		...	...
14	decimocuarto / a / os / as	60	sexagésimo / a / os / as
		...	...
15	decimoquinto / a / os / as	70	septuagésimo / a / os / as
16	decimosexto / a / os / as	...	...
17	decimoséptimo / a / os / as	80	octogésimo / a / os / as
		...	...
18	decimoctavo / a / os / as	90	nonagésimo / a / os / as
19	decimonoveno / a / os / as	...	...
		100	centésimo / a / os / as
20	vigésimo / a / os / as	101	centésimo primero / a / os / as
21	vigésimo primero / a / os / as	...	...

Ordinal numbers must agree with the noun in both number and gender. As an exception, the forms *primer* (*first*) and *tercer* (*third*) are used before the noun, whereas *primero* (*first*) and *tercero* (*third*) are used after the noun.

In Spanish, ordinal numbers are always used with the definite article, as in ***el segundo*** *premio* (***second*** *prize*) and ***el*** *punto* ***segundo*** (***the second*** *point*). As can be seen from these examples, ordinal numbers can appear both before and after the noun without any change in meaning. Ordinal numbers can also appear without the noun to which they refer as long as the referent can be inferred from the context, as in:

El primer premio *consistió en un viaje a Kenia y* ***el segundo*** *[premio] en un fin de semana en París.* ⇨ ***(The) first prize*** *consisted in a trip to Kenya and* ***(the) second*** *[prize] in a weekend in Paris.*

■ INDEFINITE ARTICLES (§20)

The indefinite article is a part of speech which indicates an imprecise quantity of something. It functions as a determiner when it accompanies the noun referred to, as in *He comprado*

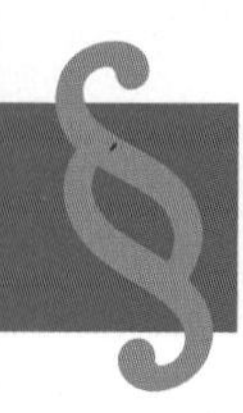

algunos libros (*I bought some books*), and as a pronoun when the noun is not explicitly mentioned in the sentence, as in *He comprado algunos* (*I bought some*). In both cases, it agrees in number and gender with the noun referred to, regardless of whether or not that noun is explicitly mentioned.

The usage of pronouns referring to people, things, or concepts is summarized in the following chart:

Forms	Is used to refer to			
	People	Things	People or things	
Affirmative	alguien *someone*	algo *something*	algún(o)/a/os/as *some*	varios/as *several*
Negative	nadie *no one*	nada *nothing*	ningún(o)/a/os/as *any or none*	

Note that the translations into English in the chart are simplified; this is because the Spanish system of indefinite articles is simpler than in the English system. For instance, in reality, *alguien* can be translated as: *someone* or *somebody*, *anyone* or *anybody* (for questions in English), and *nadie* can be translated as *no one* or *nobody*, or *anyone* or *anybody* (for negatives in English). However, as can be seen from the examples below, *alguien* is used in any affirmative form in English and for some questions, if the possibility that what is being asked is real, and *nadie* is used in any negative sentence as well as questions. The same applies for the pronouns referring to things and those referring to both people and things.

***Alguien** tiene que marchar pronto.* ⇨ ***Somebody** / **someone** has to leave early.*
*¿**Alguien** tiene que marchar pronto?* ⇨ *Does **anybody** / **anyone** have to leave early?*
Nadie** tiene que marchar pronto.* ⇨ ***Nobody** / **No one has to leave early.
*¿**Nadie** tiene que marchar pronto?* ⇨ *Doesn't **anybody** / **anyone** have to leave early?*

Note that when the indefinite determiner *ningún* appears before the verb, the verb in affirmative expresses the negative, as in the first example below. However, when *ningún* appears after the verb, the verb must be made negative by placing no before it, as in the second example below:

***Ningún** libro le gustó a Juan.* ⇨ *Juan didn't like any books.*
*Juan no compró **ningún** libro.* ⇨ *Juan didn't buy any books.*

Notice, too, that when *nada* (*nothing*) and *nadie* (*no one*) appear after the verb, the verb must be made negative by placing no before it, as in the examples below. The difference in meaning in the two types of word order is that when the indefinite pronouns go at the end of the sentence, as in the second two examples below, the object of the sentence (in this case, *Juan* and *la dirección*) is emphasized.

***Nada** le gustaba a Juan.* ⇨ *Juan didn't like anything.*
***Nadie** sabía la dirección.* ⇨ *No one knew the address.*
*A Juan **no** le gustaba **nada**.* ⇨ *<u>Juan</u> didn't like anything.*
*La dirección **no** la sabía **nadie**.* ⇨ *No one knew <u>the address</u>.*

The following chart outline the uses of *algo / alguien / nada / nadie*:

To refer to	Forms	Example
a thing of indeterminate identity	algo	¿Tienes **algo** para escribir? *Do you have anything to write with?*
a person of indeterminate identity	alguien	¿Hay **alguien** que lo sepa? *Is there anyone who knows it?*
the absence of things	No ... nada	**No** tengo **nada** para escribir. *I don't have anything to write with.*
the absence of people	No ... nadie	**No** hay **nadie**. *There's nobody.*
a person or thing whose identity is unknown	algún / a + nombre ningún / a + nombre alguno / ninguno	¿Tenéis **algún** perro en esta casa? *Do you have a dog at home?* No, no tenemos **ninguno.** *No, we don't have one.*
people in general, as opposed to a specific group	alguien / nadie	¿Queda **alguien** en la piscina? *Is there anyone left in the pool?* No queda **nadie**. *There's nobody left.*

■ QUESTION WORDS (§21)

§21 THE USE OF QUESTION WORDS

Question words are pronouns that are used in order to ask a question. The different forms of question words are outlined in the chart below.

To ask about	Form	Example
An unknown thing	¿Qué...? *What...?*	¿**Qué** quiere Juan? *What does Juan want?*
A known thing	¿Cuál / Cuáles...? *Which...?*	Dan varios libros, ¿**cuál** quiere Juan? *Of all the books, which does Juan want?*
A person	¿Quién / Quiénes...? *Who...?*	¿**Quién** ha encendido la luz? *Who turned on the light?*
A place	¿Dónde...? *Where...?*	¿**Dónde** vive María? *Where does María live?*
Time	¿Cuándo...? *When...?*	¿**Cuándo** empieza la película? *When does the movie start?*
A way or manner	¿Cómo...? *How...?*	¿**Cómo** irás a Sevilla? *How will you go to Seville?*
Company (of people)	¿Con quién...? *With whom...?*	¿**Con quién** irás a Sevilla? *With whom will you go to Seville?*
an instrument	¿Con qué...? *With what...?*	¿**Con qué** te has cortado? *With what did you cut yourself?*

To ask about	Form	Example
A quantity	¿Cuánto, a/os, as...? *How much/many...?*	¿**Cuántos** faltan? *How many are missing?*
A reason or cause	¿Por qué...? *Why...?*	¿**Por qué** estudias español? *Why are you studying Spanish?*
A motive or objective	¿Para qué...? *What ... for?* or *For what reason...?*	¿Para **qué** estudias español? *What are you studying Spanish for?*

The question words *qué* (*what*) and *cuánto* (*how much*) can precede a noun, which is being asked about. The question words must have an accent, and the forms are as follows:

*¿**Qué** hora es?* ⇨ ***What** time is it?*
*¿**Qué** tiempo hace?* ⇨ ***What**'s the weather like? (litterally - What weather is doing?)*
*¿**Cuántas** naranjas quieres?* ⇨ ***How many** oranges do you want?*
*¿**Cuánta** fruta quiere usted?* ⇨ ***How much** fruit do you want?*
*¿**Cuánto** dinero tiene?* ⇨ ***How much** money do you have?*
*¿**Cuántos** hermanos tienes?* ⇨ ***How many** brothers and sisters do you have?*

Notice that the only question word that must agree with its corresponding noun is *cuánto*.

■ ADVERBS (§22-§26)

Adverbs are words that express different circumstances, such as place, time, quantity, manner, affirmation, doubt, and so on. The meaning of the sentence is modified according to the type of adverb used. Sometimes adverbs complement the verb, as in *María anda elegantemente* (*María walks elegantly*); other times they modify an adjective, as in *María es muy guapa* (*María is very pretty*); adverbs can also modify other adverbs, as in *María vive bastante cerca* (*María lives fairly close*); and finally adverbs can modify the meaning of the entire sentence, as in *Aparentemente, María ha robado el cuadro* (*Apparently, María has stolen the picture*).

In the following sections are some of the most frequently used adverbs and a comparison of their use with other structures that do not necessarily contain adverbs, but whose structures serve as a relevant contrast.

§22 THE USE OF *VERY*

This adverb is placed before adjectives, nouns used as adjectives which refer to qualities of the noun, participles, adverbial expressions and other adverbs. It expresses a superlative degree of meaning: *muy hombre* (*very manly*, literally – *very "man"*), *muy alegre* (*very happy*); *muy triste* (*very sad*); *muy tarde* (*very late*); *muy de prisa* (*very quickly*).

§23 THE USE OF *EVER (HAVE YOU EVER)* AND *STILL HAVEN'T / HAVEN'T YET*

The expression *alguna vez* (ever) is made of an adjective, plus a noun, not an adverb. It can go before or after a verb and is usually used in questions. Its use does not assume that the answer will be either affirmative or negative.

¿Alguna vez ha plantado un árbol?
¿Ha plantado alguna vez un árbol?
Have you ever planted a tree?
Sí, planté uno cuando tenía cinco años.
Yes, I planted one when I was five years old.
No, nunca he plantado un árbol.
No, I've never planted a tree.
No, todavía no he plantado un árbol.
No, I still haven't planted a tree.
I haven't planted a tree yet.

Notice that if the answer is affirmative, the affirmative adverb *sí* (*yes*) appears followed by the sentence, whereas if the answer is negative, the negative adverb *no* (*no*) appears followed by a sentence that can begin either with *nunca* (*never*) or with the expression *todavía no* (*still haven't / haven't yet*).

In questions containing the expression *alguna vez*, if the subject is explicit (remembering that the subject can frequently be omitted in Spanish), it can appear in several places in the sentence. The following examples vary in word order in Spanish, but all would translate as *Has Juan ever planted a tree?* in English.

*¿**Alguna vez** Juan ha plantado un árbol?*
*¿Ha plantado Juan **alguna vez** un árbol?*
*¿Ha plantado **alguna vez** un árbol Juan?*
*¿**Alguna vez** ha plantado un árbol Juan?*

Although *todavía no* is usually used in negative sentences in Spanish, it can also appear in questions. In this case *todavía no* indicates that the speaker thinks that something should have already happened but is afraid that it hasn't yet.

¿Todavía no te has hecho la cama? (Se supone que la cama ya debería estar hecha). ⇨ *You still haven't made your bed?* (The speaker thinks that the bed should have already been made).

Meaning	Structure	Example
To ask whether or not the action of the verb has happened	¿Verbo + (sujeto gramatical) + alguna vez + (complementos verbales)?	¿Ha plantado(Juan) **alguna vez** un árbol? *Has Juan ever planted a tree?*
	¿Alguna vez + Oración?	¿**Alguna vez** Juan ha plantado un árbol? *Has Juan ever planted a tree?*

Meaning	Structure	Example
Negative answer of the action	No, + (sujeto gramatical) + todavía no + Verbo + (complementos)	No, (Juan) **todavía no** ha plantado un árbol. *No, Juan still hasn't planted a tree / hasn't planted a tree yet.*
	No, (sujeto gramatical) + nunca + Verbo + (complementos)	No, (Juan) **nunca** ha plantado un árbol. *No, Juan has never planted a tree.*
Affirmative answer of the action	Sí + Oración	Sí, (Juan) plantó uno cuando tenía cinco años. *Yes, Juan planted one when he was five years old.*

§24 THE USE OF *ALREADY / NOT ANYMORE* AND *STILL / YET / STILL NOT / NOT YET*

The adverb *ya* (*already*) is used in affirmative sentences and usually appears at the beginning of the sentence. The subject is then moved to a position after the verb.

¿Y el abrigo? ⇨ *What about the coat?*

Ya *lo ha cogido* **María**. ⇨ *María already got it.*

Structure	How is it used	Example
Ya *Already*	To show something known about before the moment of saying it. To confirm that an action has already taken place.	- ¿Y el abrigo? - **Ya** lo ha cogido Ana. - *What about the coat?* - *María already got it.* - Creo que se han enfadado. - **Ya** lo sé. - *I think they got angry.* - *I know* (literally - *I already know that*).
Ya no *Not anymore*	To refer to something that has stopped.	- Ya no fumo. Lo he dejado. - *I don't smoke anymore. I stopped.*
Todavía *Still / Yet*	To show that a previous situation is continuing.	- Todavía sigue enfadada con Javier. - *She's still angry with Javier.*
Todavía no *Still not / Not yet*	To show that something which should / could have happened by the moment of utterance hasn't.	- ¿Ya está bien Laura? - Todavía no. Sigue en cama. - *Is Laura better?* - *Not yet. She's still in bed.*

25 THE USE OF *TAMBIÉN (TOO, ALSO) / TAMPOCO (NEITHER, EITHER) / SO DO I (AND VARIANT FORMS) / NEITHER DO I (AND VARIANT FORMS)*

These adverbs express agreement or lack of agreement between the speakers in a dialogue. The forms *también* and *tampoco* are used to show that one speaker agrees with what the other speaker has just said. *También* is used when the preceding sentence is affirmative, and *tampoco* when the preceding sentence is negative.

Me gusta el pescado. ⇨ *I like fish.*

A mí **también**. ⇨ *Me too. / So do I.*

No me gusta la carne. ⇨ *I don't like meat.*

A mí **tampoco**. ⇨ *Me neither. / Me either. / Neither do I.*

También / tampoco can appear in sentences in which the verb phrase is repeated, but the sentences are then less natural, more formal and more emphatic. Moreover, the previous sentences can also be said as:

Me gusta el pescado. ⇨ *I like fish.*

A mí también me gusta el pescado. ⇨ *I like fish, too.*

No me gusta la carne. ⇨ *I don't like meat.*

A mí tampoco me gusta la carne. ⇨ *I don't like meat, either.*

When the entire verb phrase does not appear, the meaning is understood from the conversational context.

Sí and *no* are used to indicate that the interlocutor doesn't agree with what the speaker has just said. *Sí* is used when the previous sentence is negative, and *no* when it is affirmative.

Just like *también / tampoco*, *sí* and *no* can appear in sentences in which the verb phrase is repeated. In this case, when the sentence begins with *sí*, it is usually followed by the conjunction *que*. The construction *sí que* is used more frequently in oral expression than in written.

No me gusta este bar. ⇨ *I don't like this bar.*

A mí sí. / A mí sí (que) me gusta este bar. ⇨ *I do. / I do like this bar.*

Me gusta este bar. ⇨ *I like this bar.*

A mí no. / A mí no me gusta este bar. ⇨ *I don't. / I don't like this bar.*

The principles of the use of *también*, *tampoco*, *sí* and *no* are explained in the chart below.

Agreement	Disagreement
-No me gusta el pescado. -A mí **tampoco**. - *I don't like fish.* - *Me neither.*	-No me gusta este bar. -A mí **sí**. - *I don't like this café.* - *I do.*
-No quiero hablar de Juan. -Yo **tampoco**. - *I don't want to talk about Juan.* - *Me neither.*	-No quiero hablar de Juan. -Yo **sí**. - *I don't want to talk about Juan.* - *I do.*

Agreement	Disagreement
-Me encanta este bar. -A mí **también**. *- I love this café.* *- Me too.*	-Me encanta este bar. -A mí **no**. *- I love this café.* *- I don't.*
-Yo quiero hablar de Juan. -Yo **también**. *- I want to talk about Juan.* *- So do I.*	-Yo quiero hablar de Juan. -Yo **no**. *- I want to talk about Juan.* *- I don't.*

Notice that when the preposition *a* appears followed by an accented pronoun (such as *a mí*), this means that the previous sentenced contained an unaccented pronoun (such as *me*).

§26 THE USE OF *NADA* (*NOTHING, ANYTHING, NOT AT ALL*) / *BASTANTE* (*PRETTY, FAIRLY*) / *MUCHO* (*A LOT*) / *DEMASIADO* (*TOO ...*)

Nada, *bastante*, *demasiado*, and *mucho* are words used to indicate quantity. They differ in: (a) the quantity to which they refer and (b) the grammatical context in which they can appear.

Nada (*nothing, anything, not at all*) indicates the absence of quantity. It appears in negative sentences and functions as a complement of the verb. In spoken language and more colloquial registers, it modifies adjectives or adverbs.

No hace ***nada****.* ➪ *He doesn't do anything.*
El jersey no es ***nada*** *bonito.* ➪ *The sweater isn't pretty at all.*
No enseña ***nada*** *bien.* ➪ *He doesn't teach well at all.*

The difference between these last two sentences and *El jersey no es bonito* and *No enseña bien* is that with *nada* the speaker is emphasizing his negative opinion.

Notice that when the adverb *nada* is placed before another adverb or an adjective, it expresses the opposite meaning of the adjective or adverb.

Nada bien = mal (*badly, bad*)
Nada mal = bien (*well, good*)
Nada inteligente = tonto (*silly*)
Nada tonto = inteligente (*intelligent*)

Bastante refers to a sufficient amount of something, and *demasiado* indicates an excessive amount. Both are used as verb complements, although they can also be used to refer to adjectives, adverbs or a noun, determiner. Notice that when *bastante* precedes a noun, it agrees in number only, and when *demasiado* predeces a noun it agrees in both number and gender.

Habla ***bastante*** *con los amigos.* ➪ *He speaks pretty often with friends.*
Es una chica ***bastante*** *interesante.* ➪ *She's a pretty interesting girl.*
Lo hizo ***bastante*** *bien.* ➪ *He did it pretty well.*
Ella dispone de ***bastante*** *dinero.* ➪ *She has enough money.*
No tiene ***bastantes*** *lápices.* ➪ *He doesn't have enough pencils.*
Cree ***demasiado*** *en la fortuna.* ➪ *He believes too much in luck.*
No lo hagas ***demasiado*** *salado.* ➪ *Don't make it too salty.*
Lo hizo ***demasiado*** *bien.* ➪ *He did it too well.*
Hay ***demasiado*** *ruido.* ➪ *There's too much noise.*
Tiene ***demasiados*** *lápices.* ➪ *He has too many pencils.*
Hay ***demasiada*** *humedad.* ➪ *It's too humid* (literally - *There's too much humidity*).
Tiene ***demasiadas*** *libretas.* ➪ *He has too many bankbooks.*

Mucho indicates abundant quantity and *poco* indicates insufficient quantity. Both forms can act as verb complements or can modify a noun. When both words modify a noun they must agree with it in both number in gender.

	Modiifying a (n)		Complementing a	
Adverb	Noun	Adjetive	Adverb	Verb
Nada	-	No es **nada** bonito. *It isn't at all nice.*	No canta **nada** bien. *He doesn't sing well al all.*	No trabaja **nada**. *He doesn't work at all.*
Bastante	Ella dispone de **bastante** dinero. *She has enough money.* No tiene **bastantes** lápices. *He doesn't have enough pencils.*	Es una chica **bastante** interesante. / *She's a pretty interesting girl.*	Lo hizo **bastante** bien. *He did it pretty well.*	Habla **bastante**. *He talks a lot.*
Mucho / Poco	Tiene **muchas** / **pocas** canas. *He has a lot of / little gray hair.*	-	-	Corre **mucho** / **poco**. *He runs a lot / little.*
Demasiado	Hay **demasiado** ruido. *There's too much noise.* Hay **demasiada** humedad. *It's too humid.* Tiene **demasiados** lápices. *He has too many pencils.* Tiene **demasiadas** libretas. *He has too many bankbooks.*	No lo hagas **demasiado** salado. / *Don't make it too salty.*	Lo hizo **demasiado** mal. *He did it really badly.*	Espera **demasiado**. *He waits too long.*

Corre mucho / poco. ⇨ *He runs a lot. / He runs little.*
*Tiene much**as** / poc**as** amigas.* ⇨ *He had a lot of friends. / He has few friends.*
*Tiene much**os** / poc**os** coches.* ⇨ *He has a lot of cars. / He has few cars.*

In the chart above is a complete view of the uses and most important meanings of these adverbs.

■ VERBS (§27-§50)

§27 TYPES OF VERBS

In Spanish verbs are classified according to the way they are conjugated. The conjugation depends on the verb ending, and there are three types of verb endings:

1st conjugation: verbs ending in *–ar*
2nd conjugation: verbs ending in *–er*
3rd conjugation: verbs ending in *–ir*

Verbs can also be classified as regular or irregular depending on whether they follow the norms of conjugation or vary from these norms. Among the regular verbs, the three verbs *estudiar* (*to study*), *beber* (*to drink*) and *vivir* (*to live*) are used as models of verb conjugation.

Generally speaking, each verb accepts a certain type of complement depending on the type of verb it is. These complements are indicated in dictionaries. Verbs that can or must take a direct object are called *transitive* (*beber - to drink, querer - to want*), and those that cannot take a direct object are called *intransitive* (*llorar - to cry*). Other verbs are conjugated with a pronoun (*me, te, se...*) and are called *reflexive verbs* (*lavarse - to wash oneself*), or *pronominal verbs* (*caerse - to fall, quejarse - to complain*). Finally, there are other verbs, called *prepositional verbs*, which always come with a prepositional complement, either with a specific preposition for a given verb (*llegar a - to arrive to/at*) or several prepositions within a given context (*volver a - return to, volver de - return from*). Some transitive verbs can also be prepositional (*unir algo a algo - to join one thing with another*), in that they require a direct object and a certain prepositional complement as well.

Spanish verbs agree in number (singular / plural) and person (first, second and third), but not in gender with the subject. This means that, unlike English, the verb form changes according to the subject. The different forms of a certain verb make up its verbal pattern.

The different simple forms of verbs are made in the following way:

The infinitive ending (*-ar, -er*, and *-ir*: this is the form that appears in dictionaries) of the verb is omitted:

Estudiar > ***estudi-***
Beber > ***beb-***
Vivir > ***viv-***

Then, to make the simple forms of the verbs, the correct verb ending is added depending on the verb tense and the number and person of the subject. The verb without its ending, as in the examples above, is called the root of the verb. Notice that the different verb endings appear in bold-faced type in the charts below.

In compound forms, the verb *haber* (*have*) is conjugated along with the participle in masculine singular form.

***María** ha bebid**o** un vaso de agua.* ⇨ *María has drunk a glass of water.*
***Juan** ha bebid**o** un vaso de agua.* ⇨ *Juan has drunk a glass of water.*

§28 IMPERSONAL FORMS

	1st conjugation (-ar)	2nd conjugation (-er)	3rd conjugation (-ir)
Infinitive	estudi**ar**	beb**er**	viv**ir**
Gerund	estudi**ando**	beb**iendo**	viv**iendo**
Participle	estudi**ado**	beb**ido**	viv**ido**

§29 PRESENT INDICATIVE OF REGULAR VERBS

	ESTUDI**AR** (to study)	BEB**ER** (to drink)	VIV**IR** (to live)
yo	estudi**o**	beb**o**	viv**o**
tú	estudi**as**	beb**es**	viv**es**
él / ella / usted	estudi**a**	beb**e**	viv**e**
nosotros / nosotras	estudi**amos**	beb**emos**	viv**imos**
vosotros / vosotras	estudi**áis**	beb**éis**	viv**ís**
ellos / ellas / ustedes	estudi**an**	beb**en**	viv**en**

§30 THE CONJUGATION OF REGULAR VERBS IN THE *PRETERITO IMPERFECTO* (SIMILAR TO PAST CONTINUOUS OR USED TO)

	ESTUDI**AR** (to study)	BEB**ER** (to drink)	VIV**IR** (to live)
yo	estudi**aba**	beb**ía**	viv**ía**
tú	estudi**abas**	beb**ías**	viv**ías**
él / ella / usted	estudi**aba**	beb**ía**	viv**ía**
nosotros / nosotras	estudi**ábamos**	beb**íamos**	viv**íamos**
vosotros / vosotras	estudi**abais**	beb**íais**	viv**íais**
ellos / ellas / ustedes	estudi**aban**	beb**ían**	viv**ían**

§31 THE CONJUGATION OF REGULAR VERBS IN THE *PRETÉRITO INDEFINIDO* (SIMPLE PAST)

	ESTUDI**AR** (to study)	BEB**ER** (to drink)	VIV**IR** (to live)
yo	estudi**é**	beb**í**	viv**í**
tú	estudi**aste**	beb**iste**	viv**iste**
él / ella / usted	estudi**ó**	beb**ió**	viv**ió**
nosotros / nosotras	estudi**amos**	beb**imos**	viv**imos**
vosotros / vosotras	estudi**asteis**	beb**isteis**	viv**isteis**
ellos / ellas / ustedes	estudi**aron**	beb**ieron**	viv**ieron**

§32 THE CONJUGATION OF REGULAR VERBS IN THE *PRETÉRITO PERFECTO DE INDICATIVO* (PRESENT PERFECT)

	ESTUDIAR (to study)	BEBER (to drink)	VIVIR (to live)
yo	**he** estudiado	**he** bebido	**he** vivido
tú	**has** estudiado	**has** bebido	**has** vivido
él / ella / usted	**ha** estudiado	**ha** bebido	**ha** vivido
nosotros / nosotras	**hemos** estudiado	**hemos** bebido	**hemos** vivido
vosotros / vosotras	**habéis** estudiado	**habéis** bebido	**habéis** vivido
ellos / ellas / ustedes	**han** estudiado	**han** bebido	**han** vivido

§33 THE CONJUGATION OF REGULAR VERBS IN THE IMPERATIVO (IMPERATIVE)

	ESTUDIAR (to study)	BEBER (to drink)	VIVIR (to live)
tú	estudi**a**	beb**e**	viv**e**
usted	estudi**e**	beb**a**	viv**a**
vosotros / vosotras	estudi**ad**	beb**ed**	viv**id**
ustedes	estudi**en**	beb**an**	viv**an**

■ CONJUGATION OF IRREGULAR VERBS

Some irregular verbs show irregularities in some of their conjugations. Some very common verbs have irregular forms in the present:

§34 THE CONJUGATION OF IRREGULAR VERBS IN THE *PRESENTE DE INDICATIVO* (E > EI) (PRESENT SIMPLE OR PRESENT CONTINUOUS)

Some verbs that change the stem from [e] to [ie] in the present are:

	P**E**NSAR (to think)	QU**E**RER (to love)	ENT**E**NDER (to understand)	PREF**E**RIR (to prefer)
yo	p**ie**nso	qu**ie**ro	ent**ie**ndo	pref**ie**ro
tú	p**ie**nsas	qu**ie**res	ent**ie**ndes	pref**ie**res
él / ella / usted	p**ie**nsa	qu**ie**re	ent**ie**nde	pref**ie**re
nosotros / nosotras	pensamos	queremos	entendemos	preferimos
vosotros / vosotras	pensáis	queréis	entendéis	preferís
ellos / ellas / ustedes	p**ie**nsan	qu**ie**ren	ent**ie**nden	pref**ie**ren

Notice that the vowel e changes to *ie* when the stress falls on the syllable that contains the e.

Other verbs with the same irregular pattern are: *acertar* (*to hit the mark*), *apretar* (*to tighten, squeeze*), *empezar* (*to begin*), *cerrar* (*to close*), *negar,* (*to deny*), *perder* (*to lose*), and other less common verbs.

§35 THE CONJUGATION OF IRREGULAR VERBS IN THE *PRESENTE DE INDICATIVO* (E > I) (PRESENT SIMPLE OR PRESENT CONTINUOUS)

Some verbs that change their stem from [e] to [i] in the present are:

	P**E**DIR (to ask for)	REP**E**TIR (to repeat)
yo	pido	repito
tú	pides	repites
él / ella / usted	pide	repite
nosotros / nosotras	pedimos	repetimos
vosotros / vosotras	pedís	repetís
ellos / ellas / ustedes	piden	repiten

As with the verbs in the previous section, the vowel e changes to an *i* when the voiced stress falls on the syllable that contains the e.

Other verbs that follow the same irregular pattern: *reír* (*to laugh*), *servir* (*to serve*), *vestir* (*to dress*), and other uncommon verbs.

§36 THE CONJUGATION OF IRREGULAR VERBS IN THE *PRESENTE DE INDICATIVO* (O / U > UE) (SIMPLE PRESENT OR PRESENT CONTINUOUS)

Some verbs that change stem from [o] or [u] to [ue] in the present are:

	VOLVER (to return)	PODER (to be able to)	DORMIR (to sleep)	JUGAR (to play)
yo	vuelvo	puedo	duermo	juego
tú	vuelves	puedes	duermes	juegas
él / ella / usted	vuelve	puede	duerme	juega
nosotros / nosotras	volvemos	podemos	dormimos	jugamos
vosotros / vosotras	volvéis	podéis	dormís	jugáis
ellos / ellas / ustedes	vuelven	pueden	duermen	juegan

Notice that, as with the verbs in the previous sections, the vowels *o/u* change to the diphthong *ue* when the voiced stress falls on the syllable that contains one of the two affected vowels.

Other verbs that follow the same irregular pattern are: *sonar* (*to sound*), *acostarse* (*to go to bed*), *colgar* (*to hang up*), *volar* (*to fly*), *doler* (*to ache, hurt*), and other less common verbs.

§37 OTHER IRREGULAR VERBS IN THE *PRESENTE DE INDICATIVO* (PRESENT SIMPLE OR PRESENT CONTINUOUS)

a) Verb conjugations with a special first person singular in the present are:

	SALIR (tp gp out)	PONER (to put)	HACER (to make, to do)	CAER (to fall)	TRAER (to bring)
yo	salgo	pongo	hago	caigo	traigo
tú	sales	pones	haces	caes	traes
él / ella / usted	sale	pone	hace	cae	trae
nosotros / nosotras	salimos	ponemos	hacemos	caemos	traemos
vosotros / vosotras	salís	ponéis	hacéis	caéis	traéis
ellos / ellas / ustedes	salen	ponen	hacen	caen	traen

	SABER (to know)	CONDUCIR (to drive)	PARECER (to seem)	HUIR (to flee)
yo	**sé**	conduzco	parezco	huyo
tú	sabes	conduces	pareces	huyes
él / ella / usted	sabe	conduce	parece	huye
nosotros / nosotras	sabemos	conducimos	parecemos	huimos
vosotros / vosotras	sabéis	conducís	parecéis	huís
ellos / ellas / ustedes	saben	conducen	parecen	huyen

b) Verbs with two different irregularities in the present are:

	DECIR (to say)	VENIR (to come)	TENER (to have)	OÍR (to hear)
yo	digo	vengo	tengo	oigo
tú	dices	vienes	tienes	oyes
él / ella / usted	dice	viene	tiene	oye
nosotros / nosotras	decimos	venimos	tenemos	oímos
vosotros / vosotras	decís	venís	tenéis	oís
ellos / ellas / ustedes	dicen	vienen	tienen	oyen

Notice that the vowel changes (from e to an *i*) in the stressed syllables, just as in the verbs do in sections §34 , §35 y §36.

§38 THE CONJUGATION OF IRREGULAR VERBS IN THE *PRETERITO INDEFINIDO* (SIMPLE PAST) AND IN THE *GERUNDIO* (GERUND)

The following chart shows the irregularity in the third person singular and plural in the ***pretérito indefinido*** (simple past) of some commonly used verbs. Notice that the gerund has the same pattern of irregularity that is found in the third person plural conjugation.

	PEDIR (to ask for)	SERVIR (to serve)	REIR (to laugh)	SENTIR (to feel)	DORMIR (to sleep)
yo	pedí	serví	reí	sentí	dormí
tú	pediste	serviste	reíste	sentiste	dormiste
él / ella / usted	**pidió**	**sirvió**	**rió**	**sintió**	**durmió**
nosotros/nosotras	pedimos	servimos	reímos	sentimos	dormimos
vosotros/nosotras	pedisteis	servisteis	reísteis	sentisteis	dormisteis
ellos/ellas/ustedes	**pidieron**	**sirvieron**	**rieron**	**sintieron**	**durmieron**
Gerund	pidiendo	sirviendo	riendo	sintiendo	durmiendo

§39 THE CONJUGATION OF OTHER IRREGULAR VERBS IN THE *PRETÉRITO INDEFINIDO* (SIMPLE PAST) AND THE IN THE *GERUNDIO* (GERUND)

Special verb irregularities in all forms of the ***pretérito indefinido*** (simple past) of common verbs are when the stressed syllable is found in the stem of the first and third person singular.

	ANDAR (to walk)	DECIR (to say)	PODER (to be able to)	PONER (to put)
yo	**anduve**	**dije**	**pude**	**puse**
tú	anduviste	dijiste	pudiste	pusiste
él / ella / usted	**anduvo**	**dijo**	**pudo**	**puso**
nosotros / nosotras	anduvimos	dijimos	pudimos	pusimos
vosotros / vosotras	anduvisteis	dijisteis	pudisteis	pusisteis
ellos / ellas / ustedes	anduvieron	dijeron	pudieron	pusieron
Gerund	andando	diciendo	pudiendo	poniendo

	QUERER (to love)	SABER (to know)	TRAER (to bring)	VENIR (to come)	TENER (to have)
yo	**quise**	**supe**	**traje**	**vine**	**tuve**
tú	quisiste	supiste	trajiste	viniste	tuviste
él / ella / usted	**quiso**	**supo**	**trajo**	**vino**	**tuvo**
nosotros / nosotras	quisimos	supimos	trajimos	vinimos	tuvimos
vosotros / vosotras	quisisteis	supisteis	trajisteis	vinisteis	tuvisteis
ellos / ellas / ustedes	quisieron	supieron	trajeron	vinieron	tuvieron
Gerund	queriendo	sabiendo	trayendo	viniendo	teniendo

§40 THE VERBS *IR (TO GO)*, *SER (TO BE)*, *ESTAR (TO BE)*, *HABER (HAVE)* AND SPECIAL PAST PARTICIPLES OF OTHER VERBS

The following is the irregularity of the verbs *ir* (*to go*), *ser* (*to be*), *estar* (*to be*), and the verb *haber* (*have*), which is used in compound tenses along with a past participle of the main verb.

Presente ⇨ Simple present or present continuous (progressive)		
Person	**IR** (to go)	**SER** (to be)
yo	voy	soy
tú	vas	eres
él / ella / usted	va	es
nosotros / as	vamos	somos
vosotros / as	vais	sois
ellos / ellas / ustedes	van	son
	ESTAR (to be)	**HABER** (have)
yo	estoy	he
tú	estás	has
él / ella / usted	está	ha
nosotros / nosotras	estamos	hemos
vosotros / vosotras	estáis	habéis
ellos / ellas / ustedes	están	han

Pretérito Imperfecto ⇨ Similar to past continuous or *used to*		
Person	**IR** (to go)	**SER** (to be)
yo	iba	era
tú	ibas	eras
él / ella / usted	iba	era
nosotros / nosotras	íbamos	éramos
vosotros / vosotras	ibais	erais
ellos / ellas / ustedes	iban	eran
	ESTAR (to be)	**HABER** (have)
yo	estaba	había
tú	estabas	habías
él / ella / usted	estaba	había
nosotros / nosotras	estábamos	habíamos
vosotros / vosotras	estabais	habíais
ellos / ellas / ustedes	estaban	habían

Pretérito Indefinido ⇨ Simple past		
Person	**IR** (to go)	**SER** (to be)
yo	fui	fui
tú	fuiste	fuiste
él / ella / usted	fue	fue
nosotros / nosotras	fuimos	fuimos
vosotros / vosotras	fuisteis	fuisteis
ellos / ellas / ustedes	fueron	fueron

Pretérito Indefinido ⇨ Simple past		
Person	**ESTAR** (to be)	**HABER** (have)
yo	estuve	hube
tú	estuviste	hubiste
él / ella / usted	estuvo	hubo
nosotros / nosotras	estuvimos	hubimos
vosotros / vosotras	estuvisteis	hubisteis
ellos / ellas / ustedes	estuvieron	hubieron

Pretérito perfecto ⇨ Present perfect		
Person	**IR** (to go)	**SER** (to be)
yo	he ido	he sido
tú	has ido	has sido
él / ella / usted	ha ido	ha sido
nosotros / nosotras	hemos ido	hemos sido
vosotros / vosotras	habéis ido	habéis sido
ellos / ellas / ustedes	han ido	han sido
	ESTAR (to be)	**HABER** (have)
yo	he estado	-
tú	has estado	-
él / ella / usted	ha estado	-
nosotros / nosotras	hemos estado	-
vosotros / vosotras	habéis estado	-
ellos / ellas / ustedes	han estado	-

The compound tenses of some verbs have irregular forms, which must be memorized.

	VOLVER (to return)	ESCRIBIR (to write)
yo	he **vuelto**	he **escrito**
tú	has **vuelto**	has **escrito**
él / ella / usted	ha **vuelto**	ha **escrito**
nosotros / nosotras	hemos **vuelto**	hemos **escrito**
vosotros / vosotras	habéis **vuelto**	habéis **escrito**
ellos / ellas / ustedes	han **vuelto**	han **escrito**

The participles of the most common verbs of this type are: ver (*to see*) ⇨ **visto** (***seen***); poner (*to put*) ⇨ **puesto** (***put***); decir (*to say*) ⇨ **dicho** (***said***); hacer (*to do*) ⇨ **hecho** (***done*** or ***made***); abrir (*to open*) ⇨ **abierto** (***opened***); descubrir (*to find*) ⇨ **descubierto** (***found***); morir (*to die*) ⇨ **muerto** (***died***).

§41 VERB PHRASES

Verb phrases are those constructions that contain an auxiliary (helping) verb such as *tener*, *haber*, *deber*, etc. (*to have*, *have*, *should*, etc.) with or without the use of the pronoun que. The verb in the verb phrase is conjugated and used with the main verb (which is either in the infinitive, gerund, or past participle) to express the different meanings of the main verb.

The following chart shows the main types of these verb constructions along with meanings and corresponding examples.

Structure	Which expresses...
Tener que + infinitivo (*To have to* + infinitive)	(1) an obligation
Hay que + infinitivo (*To have to* + infinitive)	(2) the need to do something
Deber + infinitivo (*Should* + infinitive)	(3) advice

Example

(1) **Tienes que acabar** el ejercicio.
*You **have to finish** the exercise.*

(1/2) No puedo, **tengo que cuidar** de mi hermano enfermo.
*I can't. I **have to take care of** my sick brother.*

(2/3) **Hay que cenar** pronto.
*You **have to eat dinner** early.*

(3) **Debes estudiar** más.
*You **should study** more.*

Structure	Which expresses...
Ir + *a* + infinitivo (*To go to*+ infinitive)	(1) the beginning of an action (2) plans, intentions and the desire to do something in the future

Example

(1) **Voy a escribir** una carta a mis padres.
***I'm going to write** a letter to my parents.*

(2) **Voy a ir** a la piscina y me quedaré un rato tomando el sol.
***I'm going to go** to the pool and then I'll get some sun for a while.*

Structure	Which expresses...
Querer + infinitivo (*To want* + infinitive)	(5) projects, intentions and the desire to do something in the future

Example

(5) **Quiero comprar** un coche nuevo.
***I want to buy** a new car.*

Structure	Which expresses...
Pensar + infinitivo *To plan* + infinitive	(6) future intentions

Example

(6) **Pensaba ir** al cine.
***I was planning to go** to the movies.*

Structure	Which expresses...
Poder + infinitivo (*Can* + infinitive)	(7) possibility (8) asking for and giving permission (9) ability

Example

(7) **Puedo abrir** la ventana por las noches.
***I can open** the window at night.*

(8) ¿**Puedo ir** a la fiesta?
***Can I go** to the party?*

(9) Juan **puede escribir** con las dos manos.
*Juan **can write** with both hands.*

Structure	Which expresses...
Estar + gerundio (*To be* + gerund)	(10) an action that is happening at a specific moment

Example

(10) Juan **está leyendo** una carta de sus padres.
*Juan **is reading** a letter from his parents.*

(10) Los niños **están jugando** en el patio.
*The children **are playing** in the patio.*

(10) Cuando llamaste, **estaba durmiendo**.
*When you called, I **was sleeping**.*

■ DIFFERENCES IN USE BETWEEN SOME VERBS

§42 DIFFERENCES BETWEEN *SER* AND *ESTAR* (BOTH THE ENGLISH VERB *TO BE*)

The verb *ser* is used to describe living things or objects and to indicate origin.

Luisa es alta y delgada. ⇨ *Luisa is tall and thin.*
Juan Manuel es venezolano. ⇨ *Juan Manuel is Venezuelan.*

The verb *estar* is used mainly to place living things or objects in space or to indicate a situation.

La bicicleta está en el jardín. ⇨ *The bicycle is in the yard.*
La habitación está muy oscura, enciende la luz. ⇨ *The room is dark. Turn on the lights.*

In the sentence *María es guapa* (*María is good-looking*), the meaning is that *María* always has had that particular feature. On the other hand, the sentence *María está guapa con ese vestido* (*María looks good with that dress on*), the meaning is that *María* is exhibiting that particular feature in a special or more intense way than when it is simply said that *María está guapa* (*María is looking very good*).

§43 DIFFERENCES BETWEEN *HABER* (*HAVE* WITH A SENSE OF BEING) AND *ESTAR* (*TO BE*)

Haber (*have*) is used as an auxiliary verb in compound tenses and impersonal sentences.

In impersonal sentences the verb *haber* is always conjugated in the third person singular –*presente* (present simple): *hay* (*there is / are*); *imperfecto* (similar to *used to* or continuous past, depending on the context): *había* (*there used to be* or *there was / were*); *pretérito* (simple past): *hubo* (*there was / were*); *pretérito perfecto* (present perfect): *ha habido* (*there have been / has been*); *imperfecto de subjuntivo* (imperfect subjuntive): *hubiera* (*there were*).

The verb *haber* is used to talk about the existence of something. It can be used with objects of a preposition.

hay + un / una / unos... / uno/ dos / tres.
there is + a / there are + some / there is one / there are two / there are three.

¿Qué me recomiendas para leer? ➪ *What do you recommend to read?*
- *Hay un cuento precioso de Borges encima de la mesa.* ➪ *There is a beautiful short story by Borges on the top of the table.*
- *Había un cuento precioso de Borges encima de la mesa.* ➪ *There was a beautiful short story by Borges on the top of the table.*

¿Hay un supermercado por aquí? ➪ *Is there a supermarket around here?*
- *Sí, hay uno en la esquina.* ➪ *There is one on the corner.*

Unlike the verb *haber*, the verb *estar* is used to locate or place something in space. The verb *estar* can be conjugated both in singular or plural in all persons. It is followed by either an adverb or a preposition, which in turn is followed by an article and a noun.

¿Y mi vestido? ➪ *And my dress?*
- *Tu vestido está en el armario / allí.* ➪ *Your dress is in the closet. / Your dress is there.*
- *Todos los vestidos están en el armario / allí.* ➪ *All the dresses are in the closet. / All the dresses are there.*

§44 DIFFERENCES BETWEEN *HABER* (*HAVE*) AND *TENER* (*TO HAVE*)

The verb *haber* (*have*) is used in reference to the existence of something (§43), while the verb *tener* (*to have*) is used to express the possession of something:

¿Tienes seis euros para dejarme? ➪ *Do you have six euros to lend me?*
- *No, sólo tengo cinco.* ➪ *No, I only have five.*

Tener can also be used to express physical and state-of-mind sensations and personality traits.

Tengo calor. ➪ *I'm hot.**
María tiene una idea equivocada. ➪ *María has got the wrong idea.*
Juan tiene mal genio. ➪ *Juan has a bad temper.*

***Remember**. phisical sensations related to climate are expressed by the verb *to have* in Spanish: *Tengo calor* translates literally to *I have heat.*

§45 DIFFERENCES BETWEEN THE VERBS *GUSTAR* (*TO LIKE OR TO BE PLEASING TO*) AND *PARECER* (*TO THINK OR TO SEEM*)

The verb *gustar* is used to express personal likes, as in the following structures:

(a + object pronoun) + indirect object pronoun + *gusta* (singular) or *gustan* (plural) + (*bastante* [*enough / very*] / *mucho* [*a lot / very*] / *demasiado* [*too much*]) + determiner + singular noun / plural noun or infinitive.

(A él) le gusta (mucho) el libro de Borges. ➪ *He likes Borges's book.*
Le gusta el libro de Borges. ➪ *He likes Borges's book.*
*Le gusta**n** **los** libro**s** de Borges.* ➪ *He likes Borges's books.*
*A **ellos** **les** gusta bastante el libro de Borges.* ➪ *They like Borges's book a lot.*
*A **ellos** **les** gusta mucho leer el libro de Borges.* ➪ *They like reading Borges's book a lot.*
*A **ellos** **les** gusta mucho leer los libros de Borges.* ➪ *They like reading Borges's books a lot.*

It is easier to understand this Spanish construction if you use the English phrase *to be pleasing to*.

To read Borges's books / is pleasing / to me.
(A mí / me gusta / leer los libros de Borges.)

Notice in the following examples that the verb does not agree with the pronoun but with the singular noun (*libro*) or the plural noun (*libros*). Also notice that in this construction the subject comes after the verb and agreement must still be made between subject and verb.

Le gusta el libro. ➪ *He likes the book.*
*Le gusta**n** los libros.* ➪ *He likes the books.*

If a verb appears instead of a noun, that verb will appear in infinitive form.

Me gusta leer. ➪ *I like to read.*

The agreement between the pronoun, which is the object of the preposition *a*, and the indirect object pronoun is as follows:

Object of the pronombre preposition	Indirect object pronoun	GUSTAR (to like, to be pleasing to)	(articulo+n) / infinitivo (article+noun) / infinitivo
a **mí** *to **me***	me	gusta	*el libro / leer el libro (the book / to read the book)*
a **ti** *to **you** (sing. / informal)*	te		
a **él** / **ella** / **usted** *to **him** / **her** / **you** (sing. / formal)*	le		
a **nosotros** / **nosotras** *to **us** (masc.) / **us** (fem.)*	nos	gustan	*los libros (the books)*
a **vosotros** / **vosotras** *to **you** (pl. / informal / masc.) / **you** (pl. / infor. / fem.)*	os		
a **ellos** / **ellas** / **ustedes** *to **them** (masc.) / **them** (fem.) / to **you** (plural / informal)*	les		

Apéndice gramatical
Grammar appendix

A ***mí me*** *gustan bastante los libros de Borges.* ➪ *I like books by Borges a lot.*
A ***nosotros nos*** *gusta mucho leer libros de Borges.* ➪ *We like to read books by Borges very much.*

Notice that when you use *a* + pronoun, you put emphasis on the person who likes something.

The noun can appear before or after the verb *gustar.* Sentences that have the infinitive at the beginning of the sentence are not natural to native speakers, unless they are exclamatory sentences. The initial Spanish verb will become a gerund in English, instead of an infinitive in Spanish.
Estos bombones me gustan mucho. ➪ *I like these sweets a lot.*
¡Leer libros de Borges nos gusta mucho! ➪ *We like reading Borges's books.*

The verb *parecer* (*to look like* or *to seem*) is used to express value judgments or personal opinions using the following grammatical structures:

(determiner + noun) / infinitive	to (object pronoun) / (noun)	Indirect object pronoun	PARECER (to look, like, to seem)	Adjetivo (adjective)
esta fotografía, el libro / leer libros (this photograph, the book / reading books)	*a* (**mí**) *(to me)*	**me**	*parece*	*divertid**a/o**, (amusing [sing. /masc. fem.]), interesante (interesting [sing. /masc. fem.])*
	a (**ti**) *(to you [singular / informal])*	**te**		
	a (**él / ella / usted /** *Juan) (to him / her / you [sing. / form.] / Juan)*	**le**		
*est**as** fotograf**ías**, los libr**os** (these photographs, these books)*	*a* (**nosotros/nosotras**) *to (us [masc. / fem.])*	**nos**	*parecen*	*divertid**as/os**, (amusing [pl. /masc. fem.]), interesante**s** (interesting [pl. /masc. fem.])*
	a (**vosotros/vosotras**) *to (you [pl. / infor. / masc. / fem.])*	**os**		
	a (**ellos/ellas/ustedes** */ los niños) (to them [masc.] / them [fem.] / you [plural / informal] / los niños)*	**les**		

The object pronoun isn't usually used unless it is to emphasize or insist on the recipient of the action, and it can be placed at the beginning of the sentence. The first part of the structure can be placed either at the beginning or at the end of the sentence.
(A mí) estas fotografías me parecen preciosas.
➪ *(To me) these photographs seem beautiful.**
A mí me parecen preciosas estas fotografías.
➪ *To me, they seem beautiful, these photographs.**
Esta fotografía (a mí) me parece preciosa.
➪ *This photograph (to me) seems beautiful.**
(A mí) me parece preciosa esta fotografía.
➪ *(To me) it seems beautiful, this photograph.**
A mí me parece divertido comer en el restaurante e ir al cine.
➪ *To me, it seems like fun to eat in a restaurant and go to the movies.**
Comer en un restaurante (a mí) me parece divertido.
➪ *Eating in a restaurant (to me) seems like fun.**

*In English, the most common order would be: *These photographs seem beautiful to me. / This photograph seems beautiful to me. / It seems like fun to me to eat in a restaurant and go to the movies. / Eating in a restaurant seems like fun to me.*

Notice that the adjective agrees in gender and number with the noun that it refers to, and it takes on the masculine singular form when it refers to an infinitive.

■ USE OF VERB TENSES

The different verb tenses have different uses and meanings. The most common uses and meanings of each verb tense are explained below.

§46 THE USES OF THE *PRESENTE DE INDICATIVO* (SIMPLE PRESENT OR PRESENT CONTINUOUS)

• The *presente de indicativo* (simple present or present continuous) expresses something that is happening at the moment of speaking.
¿Qué haces ahora? ➪ *What are you doing right now?*
Escribo una carta a unos amigos. ➪ *I'm writing a letter to some friends.*

• It expresses habitual actions.
Bebo dos litros de agua al día. ➪ *I drink two litres of water a day.*
María lee el periódico en el autobús. ➪ *María reads the newspaper on the bus.*

• It expresses a natural truth or refers to a reality of undefined duration.
La tierra gira alrededor del sol. ➪ *The Earth orbits around the sun.*
El ruido no me deja estudiar. ➪ *That noise doesn't let me study.*

• It is used to express a future action.
Mañana voy a Madrid. ➪ *Tomorrow I am going to Madrid.*
El lunes próximo tenemos una reunión. ➪ *We have a meeting next Monday.*

• The present is used to offer something to the listener in the form of a question.

¿Quieres un café? ➪ *Do you want a cup of coffee?*
¿Tomas una cerveza? ➪ *Do you want to have a beer?*

• The present can also be used in the form of a question to suggest an action on the part of the speaker or directed to the listener.

¿Vienes al cine con nosotros? ➪ *Are you coming to the movies with us?*
¿Abro las ventanas? ➪ *Do I open the windows?*

47 THE USE OF THE *PRETÉRITO INDEFINIDO* (SIMILAR TO SIMPLE PAST)

This tense (simple past) is most often used when narrating past events. It is usually accompanied by time markers for the past: *ayer, el año pasado, el jueves*, etc. (*yesterday, last year, Thursday*, etc.). It is used to express finished actions that have occurred in a moment in the past, as indicated by one of the time markers mentioned before, and which are more or less distant from the present.

El año pasado *fui a Londres.* ➪ ***Last year*** *I went to London.*
Ayer *salimos temprano de casa.* ➪ ***Yesterday*** *we left home early.*
Esta mañana *hablé con Juan y me dio recuerdos para ti.* ➪ ***This morning*** *I spoke to Juan, and he told me to give you his best.*

§48 THE USES OF THE *PRETÉRITO IMPERFECTO DE INDICATIVO* (SIMILAR TO PAST CONTINUOUS OR *USED TO*)

• The *pretérito imperfecto de indicativo* is used in narration and descriptions to describe past events that have not finished at the moment in the past referred to in the statement.

At the past time span we are referring to, it can be said:

En ese pueblo vivía un amigo mío. ➪ *A friend of mine used to live in that village.*
María dibujaba muy bien. ➪ *María used to draw very well.*
Los niños eran altos para su edad. ➪ *The children were tall for their age.*

• It is used to express past actions that were repeated in a habitual manner.

Juan siempre iba al trabajo en autobús. ➪ *Juan always used to go to work on the bus.*

• This tense is also used to ask for something or to order or request something in a polite manner.

*¿**Querías** la cerveza fría o natural?* ➪ *Did you want the beer cold or at room temperature?*
Quería *una botella de agua mineral.* ➪ *I would like a bottle of mineral water.*
Necesitaba *una camisa de manga larga.* ➪ *I needed a long-sleeved shirt.*
Quería *pedirte un favor: ¿**podías** abrir la ventana?* ➪ *I would like to ask you a favor. Could you open the window?*

§49 THE USES OF THE *PRETÉRITO PERFECTO DE INDICATIVO* (PRESENT PERFECT)

• The *pretérito perfecto* (present perfect) is primarily used to express actions, situated in the past, that are recent to the present or give that impression. For this reason, time markers that refer to time that includes the moment of speaking are used. Some of those markers are: *hoy* (*today*), *esta mañana* (*this morning*), *este curso* (*this term*), *este año* (*this year*), etc.

Hoy *ha hecho mucho calor.* ➪ *It was very hot today.* (Literally: *Today it has been hot*). (In English we tend to use the simple past even if it is an event in the very recent past, whereas in Spanish the present perfect is used).
Esta mañana *he ido a pasear con mis amigos.* ➪ *This morning, I took a walk with some friends.* (Literally: *This morning I have taken a walk with my friends*).
Este invierno *ha sido muy frío.* ➪ *This winter has been very cold.*
María ha ido ***muchas veces*** *al médico.* ➪ *María has been to the doctor many times.*

• The *pretérito perfecto* is used to refer to something whose effects are present at the moment of speaking.

No ha llovido nada desde hace tres meses. ➪ *It hasn't rained for the last three months.*
La ciudad ha crecido mucho en los últimos años. ➪ *The city has grown a lot in the last few years.*

§50 THE USES OF THE IMPERATIVE

• We use the imperative to order or request the listener to do something.

Arregla la habitación. ➪ *Straighten up your room.*
Abre la ventana por la noche. ➪ *Open the window at night.*

• The imperative is used to offer something to the speaker.

Toma un poco de café. ➪ *Have a little coffee.*

• The imperative is also used to grant permission.

¿Puedo abrir la ventana? ➪ *Can I open the window?*
Sí, ábrela. ➪ *Yes, open it.*

• In general, if the subject appears it is placed after the verb. Notice that this is not so in English.

Bebe tú café, que yo voy a beber té. ➪ *You drink coffee. I'm going to drink tea.*

Apéndice gramatical
Grammar appendix

■ TIME REFERENCES (§51)

§51 TIME REFERENCES

Time references can be expressed in different ways:

a) Definite article (*the [el / los]*) + days of the week (*Monday / Mondays, Tuesday / Tuesdays*, etc.).
The use of the plural definite article (*los*) means *todos los* (every), as in the cases below:

El lunes voy al gimnasio. ➪ *Monday I'm going to the gym.*
Iré al médico el martes. ➪ *I will go to the doctor on Tuesday.*
Los miércoles voy a clase de piano. = Todos los miércoles voy a clase de piano ➪ *Wednesdays I go to piano class. = Every Wednesday I go to piano class.*

b) In expressions whose time reference determines the moment of speaking.

Antes, ahora, después. ➪ *Before, now, after.*
Anteayer, ayer, hoy, mañana, pasado mañana. ➪ *The day before yesterday, yesterday, today, tomorrow, the day after tomorrow.*
La semana pasada, esta semana / la próxima semana / la semana próxima. ➪ *Last week, this week, next week.*
El mes / año pasado, este mes / año, el próximo año / mes. ➪ *Last month / year; this month / year; next year / month.*

c) In expressions whose time reference can be inferred from the context.

Antes de ese / aquel momento. ➪ *Before that (moment).*
Después de ese / aquel momento. ➪ *After that (moment).*
Dos / tres... días antes, el día anterior, ese / aquel día, al día siguiente, en este / ese / aquel momento, al cabo de dos / tres... días. ➪ *Two / three... days before; the day before; that day; the next day; at this / that moment; in two / three days time.*
La semana pasada, esa / aquella semana, la siguiente semana / la semana siguiente. ➪ *Last week; that week; the following week.*
El mes / año anterior, ese / aquel mes / año, el próximo año / mes. ➪ *The month / year before; that month / year; the following year / month.*

d) With different references. With the months of the year (*January, February*, etc.), the seasons (*winter, spring, summer* and *fall*), the preposition with an article followed by an adjective expressing a past time, *pasado* (*last, previous*), or the expression *que viene* (*this coming*) / *próximo* (*next*) to indicate the future.

*Vi a Juan **en** febrero.* ➪ *I saw Juan **in** February.*
***En** noviembre se casa Ana.* ➪ ***In** November, Ana is getting married.*
*Su abuela se murió **en** otoño.* ➪ *His grandmother died **in the** fall.*
*La Guerra Civil española acabó **en** 1939.* ➪ *The Spanish Civil War ended **in** 1939.*
*El verano **pasado** fuimos de vacaciones a Costa Rica.* ➪ ***Last** summer we went on vacation to Costa Rica.*
*Las temperaturas más altas se alcanzaron el **pasado** agosto.* ➪ *The highest temperatures were reached **last** August.*
*El verano **que viene** iremos de vacaciones a Costa Rica.* ➪ ***This comming** summer we will go on vacation to Costa Rica.*
*Las temperaturas más altas se alcanzarán el **próximo** agosto.* ➪ *The highest temperatures will be reached **next** August.*

e) Exact dates: *the* + (day) + number + *of* + month + *of* + year.

El cumpleaños de José es el 23 de febrero. ➪ *José's birthday is on February the twenty-third.*
El cumpleaños de José es el viernes 23 de febrero. ➪ *José's birthday is on Friday, February the twenty-third.*
Colón llegó a América el 12 de octubre de 1492. ➪ *Christopher Columbus reached America on October 12, 1492.*

f) Telling time: using the following pattern.

es *it is*	la una *one*	de la madrugada *in the morning*
son *it is*	las dos / tres / ... *two / three / ...*	de la tarde *in the afternoon* de la noche *in the evening, at night*

The feminine article (singular or plural) is used when expressing time.

Es la una de la madrugada. ➪ *It's one o'clock in the morning.*
Son las tres de la tarde. ➪ *It's three in the afternoon.*

g) Exact hours, using the following pattern:
A las + número + (*de la* / *del* + parte del día) / (*en punto*).
At + number (*in the* + part of the day) / (*exactly, on the dot, sharp*).

El programa de televisión empieza a las doce del mediodía. ➪ *The TV show starts at 12 o'clock. (midday)*
Hemos quedado a las tres. ➪ *We (have) arranged to meet at three o'clock.*
Hemos quedado a las cuatro de la tarde. ➪ *We arranged to meet at four in the afternoon.*
Hemos quedado a las cinco en punto. ➪ *We arranged to meet at 5 on the dot.*
Hemos quedado a las cinco y media en punto. ➪ *We arranged to meet at exactly five-thirty.*

h) Parts of the day:
Por la + mañana / tarde / noche.
In the + morning / afternoon / evening or at night.

Por la mañana escucho la radio y por la noche veo la televisión. ➪ *In the morning I listen to the radio, and at night I watch television.*

A mediodía / medianoche.
At midday / at midnight.

A mediodía suelen venir todos a comer. ➪ *At midday everybody tends to come for lunch.*

De madrugada / día / noche.
During the morning / day / at night.

De día trabajamos y de noche dormimos. ⇨ *During the day we work and at night we sleep.*
María llegó de madrugada. ⇨ *María arrived in the morning.*

La madrugada / medianoche pasada = La pasada madrugada / medianoche.
Between midnight and dawn / midnight = Yesterday between midnight and dawn / yesterday and midnight.
La madrugada del + día de la semana.
The morning of + the day of the week.
María llegó la madrugada pasada. = María llegó la pasada madrugada. ⇨ *María arrived yesterday after midnight.*
María llegó la madrugada del jueves. ⇨ *María arrived yesterday after midnight.*

i) Expressions to determine a period of time:
desde... hasta (*from... to / until...*), *de... a...* (*from... to / through...*). These expressions mean practically the same thing and are used to define a period of time.

	día / hora / mes / año *day / hour / month / year*		día / hora / mes / año *day / hour / month / year*
desde *from*	**el** lunes, **el** martes... *Monday, Tuesday...*	hasta *to / until*	**el** sábado, **el** domingo... *Saturday, Sunday...*
	la una, **las** dos... *one (o'clock), two (o'clock)*		**las** tres, **las** cuatro... *three (o'clock), four (o'clock)*
	enero, febrero... *January, February...*		marzo, abril... *March, April...*
	(el año) 1946... *(the year) 1946...*		(el año) 1986... *(the year) 1986...*
de *from*	lunes, martes... *Monday, Tuesday...*	a *to / through*	sábado,domingo... *Saturday, Sunday...*
	una, dos... *one, two...*		tres, cuatro... *three, four...*
	enero, febrero... *January, February...*		marzo, abril... *March, April...*
	1946... *1946...*		1986... *1986...*

Trabajo ***desde*** *las nueve* ***hasta*** *las tres.* ⇨ *I work* ***from*** *nine* ***to*** *three.*

De + día de la semana / número *a* + día de la semana / número.
From + *day of the week / number* to + *day of the week / number.*
Trabajo ***de*** *nueve* ***a*** *tres.* ⇨ *I work from nine to three.*
De *lunes* ***a*** *miércoles hace horario de tarde.* ⇨ *From Monday through Wednesday, he works in the afternoon.*
Desde *1973* hasta *1978* estuve estudiando en Sevilla. ⇨ *From 1973 until 1978, I studied in Seville.*
De 1973 a 1978 estuve estudiando en Sevilla. ⇨ *From 1973 to 1978, I studied in Seville.*
La piscina está abierta desde junio hasta septiembre. ⇨ *The pool is open from June until September.*
La piscina está abierta de junio a septiembre. ⇨ *The pool is open from June through September.*

Notice that the articles with the markers *desde... hasta* (*from... to / until*) are used with days or the time and when referring to a specific year (*el año*).

j) The preposition *desde* with an expression of time shows the beginning of the time period that is expressed and *hasta* indicates the end of the period expressed. The time expressed can be in the past or future.
Desde *el lunes pasado tenemos clase a las cuatro.* ⇨ *Since last Monday, we have class at four.*
Tenemos las clases por las tardes ***hasta*** *el mes de febrero.* ⇨ *Our classes are in the afternoons until February.*
No hemos sabido nada de María ***desde*** *el lunes pasado.* ⇨ *We've heard nothing from María since last Monday.*
No hemos sabido nada de Juan ***hasta*** *hoy.* ⇨ *We've heard nothing from Juan up until now.*

■ SPATIAL REFERENCES (§52)

§52 SPATIAL REFERENCES

Something can be placed in space either in relationship to something already mentioned or the speaker.

To place an object in space in relationship to another object, different forms and linguistic structures can be used:

Most common spatial locators (points of reference):
Cerca / lejos ⇨ *Near / far*
Dentro / fuera ⇨ *Inside / outside*
Delante / detrás ⇨ *In front / behind*
Encima / debajo ⇨ *On top of / under or underneath*
Enfrente ⇨ *In front of (opposite, facing)*
A la derecha / a la izquierda ⇨ *To the right / to the left*

The object can be further pinpointed by the use of the structure de + determinante + sustantivo (*from* + determiner + noun). If no relationship is established with a second point of reference using the above structure, it is understood that the relationship is the same as the previous point of reference.
El cine está ***lejos*** *del teatro.* ⇨ *The movie house is far from the theater.*
El cine está ***cerca*** *de mi casa.* ⇨ *The movie house is near my house.*
El cine está ***lejos*** *del auditorio y* ***cerca*** *de mi casa.* ⇨ *The movie house is far from the auditorium and near my house.*
El teatro está ***lejos*** *del cine y* ***cerca*** *de mi casa.* ⇨ *The theater is far from the movie house and near my house.*
Luis está ***delante*** *de Juana.* ⇨ *Luis is in front of Juana.*
Detrás *del sillón está la pelota.* ⇨ *The ball is behind the easy chair.*
Tus zapatos están ***debajo*** *de la cama.* ⇨ *Your shoes are under the bed.*
El cenicero está ***encima*** *de la mesa.* ⇨ *The ashtray is on top of the table.*
Mira ***al otro lado*** *de la calle.* ⇨ *Look across (on the other side of) the street.*

Something can also be placed in space or in an environment with the prepositions *en* (*in, into, on, upon, at, by* or *about,* depending on the context) or *sobre* (*on, upon, over* or *above*). The meanings expressed by the preposition en are varied, and they will be explained gradually.

Su primo está **en** *la oficina.* ⇨ *His cousin is at the office.*
La cartera está **sobre** *la mesa = La cartera está* **encima de** *la mesa.* ⇨ *The wallet is on the table. = The wallet is on top of the table.*
Juan está **en** *Barcelona.* ⇨ *Juan is in Barcelona.*
El ejercicio está **en** *la página 10.* ⇨ *The exercise is on page ten.*
Vive **en** *las afueras.* ⇨ *He lives on the outskirts.*
Hay un reloj **en** *la pared de la cocina.* ⇨ *There is a clock on the kitchen wall.*
El libro está **en** *la mesa.* ⇨ *The book is on the table.*

The preposition *entre* places something between two points of reference. When only one point of reference is mentioned, *entre* takes on the meaning of *en medio de* (*between, among, surrounded by, in the midst of*).

El museo está **entre** *la catedral y el ayuntamiento.* ⇨ *The museum is between the cathedral and city hall.*
El recibo está **entre** *los papeles.* (en medio de) ⇨ *The receipt is between (among) the papers.*

The demonstrative adjectives *aquí, ahí,* and *allí* (*here, there* and *there*) also place things in space in relationship to an element already mentioned or in relationship to a speaker, but in a different way than the locators that were mentioned above.

El perro está ***aquí*** (cerca del hablante). ⇨ *The dog is here (near the speaker).*
El perro está ***ahí*** (un poco lejos del hablante / cerca del oyente). ⇨ *The dog is there (a bit farther from the speaker / near the listener).*
El gato está ***allí****, en la esquina* (lejos del hablante, en la esquina). ⇨ *The cat is there, on the corner (far from the speaker, on the corner).*

■ COMPARISONS AND THEIR STRUCTURES (§53-§55)

§53 COMPARATIVES

In Spanish different degrees of intensity, such as superiority, equality and inferiority, can be expressed through the use of an adjective that refers to two or more nouns.

María$_1$ es ***más alta que*** *Juana$_2$.* ⇨ *María$_1$ is taller than Juan$_2$.*

Different degrees of intensity can be expressed through a verb that refers to two or more nouns.

María$_1$ ***estudia más que*** *Juana$_2$.* ⇨ *María$_1$ studies more than Juan$_2$.*

Likewise, different degrees of intensity can also be expressed through the adverb that expresses the action performed by two or more nouns.

María$_1$ corre ***más deprisa que*** *Juana$_2$.* ⇨ *María$_1$ runs more quickly than Juana$_2$.*

Finally, different degrees of intensity can be expressed through the quantity of objects obtained through the action of two or more nouns.

María$_1$ compra ***más libros que*** *Juana$_2$.* ⇨ *María$_1$ buys more books than Juana$_2$.*

In the following section you can see the agreement and similarities between the forms that express comparisons in Spanish.

§54 EXPRESSING COMPARISONS WITH ADJECTIVES, VERBS, ADVERBS AND NOUNS (regular forms)

a) Comparisons of qualities or adjectives to show superiority, equality and inferiority is expressed through the following grammatical structures:

Degree of comparison	Structure	Example
Superiority	**más** + *adjetivo* + **que** (**more** + *adj.* + **than**)	María es **más** alta **que** Juana. *María is* ***taller than*** *Juana.*
Equality	*tan* + *adjetivo* + *como* (*as* + *adjective* + *as*)	Juanita es **tan** guapa **como** su hermana. *Juanita is* ***as good-looking as*** *her sister.*
Inferiority	*menos* + *adjetivo* + **que** (*less* + *adjective* + *than*)	El gato es **menos** cariñoso **que** el perro. *The dog is less affectionate than the cat.*

The adjective agrees in number and gender with the first noun.

Juanita$_1$ es ***más guapa que*** *su hermana$_2$.* ⇨ *Juanita$_1$ is better looking than her sister$_2$.*
Juanita$_1$ es ***más guapa que*** *su hermano$_2$.* ⇨ *Juanita$_1$ is better looking than her brother$_2$.*
Juan$_1$ es ***tan guapo como*** *su hermana$_2$.* ⇨ *Juan$_1$ is as good-looking as his sister$_2$.*
Ana$_1$ y María$_1$ son ***menos guapas que*** *sus primas$_2$.* ⇨ *Ana$_1$ and María$_1$ are less good-looking than their cousins$_2$. (Ana$_1$ and María$_1$ are not as good-looking as their cousins$_2$.)**
Pedro$_1$ y Andrés$_1$ son ***más guapos que*** *Juan$_2$.* ⇨ *Pedro$_1$ and Andrés$_1$ are better looking than Juan$_2$.*

* Depending on the adjective used, the translation of the Spanish structure *menos* + adjective + *que* could be translated either as *less* + adjective + *than* or **not** *as* + adjective + *as*.

Sometimes the second part of a comparative structure need not be expressed if it the first part can be deduced through context.

¿Qué me recomienda de segundo plato? ⇨ *What do you recommend fot the second course?*

Pollo con patatas. ⇨ *Chicken with boiled potatoes.*

¿Y la ternera en salsa? ⇨ *What about veal with sauce?*

También. Pero es **más pesada.** ⇨ *I would recommend that too, but it's* **richer**.

In this last example the following is implied: *The veal$_1$ with sauce is richer than the chicken$_2$.*

b) Comparisons of actions or verbs to show superiority, equality and inferiority are expressed with the following grammatical structures:

Degree of comparison	Structure	Example
Superiority	*verbo* + **más que** (*verb* + **more than**)	Juan estudia **más que** Pedro. *Juan studies* **more than** *Pedro.*
Equality	*verbo* + **tanto como** (*verb* + **as much as**)	Juan estudia **tanto como** Pedro. *Juan studies* **as much as** *Pedro.*
Inferiority	*verbo* + **menos que** (*verb* + **less than**)	Juan estudia **menos que** Pedro. *Juan studies* **less than** *Pedro.*

c) Comparisons with adverbs to show superiority, equality and inferiority when referring to an action of two or more subjects is expressed through the following grammatical structures:

Degree of comparison	Structure	Example
Superiority	**más** + *adverbio* + **que** (**more** + *adverb* + **than**)	María corre **más deprisa que** Juana. *María runs* **more** *quickly* **than** *Juana.*
Equality	**tan** + *adverbio* + **como** (**as** + *adverb* + **as**)	María corre **tan** deprisa **como** Juana. *María runs* **as** *quickly* **as** *Juana.*
Inferiority	**menos** + *adverbio* + **que** (**less** + *adverb* + **than**)	María corre **menos** deprisa **que** Juana. *María runs* **less** *quickly* **than** *Juana.*

d) Comparisons of quantities of objects, which are affected by an action of two or more subjects, are expressed with the following grammatical structures:

Degree of comparison	Structure	Example
Superiority	**más** + *nombre* + **que** (**more** + *noun* + **than**)	Juan compra **más** libros **que** Pedro. *Juan buys* **more** *books* **than** *Pedro.*
Equality	**tanto/a/os/as** + *nombre* + **como** (**as many** *or* **as much** + *noun* + **as**)	Juan compra **tantos** libros **como** Pedro. *Juan buys* **as many** *books* **as** *Pedro.*
Inferiority	**menos** + *nombre* + **que** (**less / fewer** + *noun* + **than**)	Juan compra **menos** libros **que** Pedro. *Juan buys* **fewer** *books* **than** *Pedro.*

Notice that in comparisons of equality with a noun and *tanto*, *tanto* agrees in gender and number with the corresponding noun.

Juan come **tanto** *arroz* **como** *Pedro.* ⇨ *Juan eats* **as much** *rice* **as** *Pedro.*

Juan come **tanta** *fruta* **como** *Pedro.* ⇨ *Juan eats* **as much** *fruit* **as** *Pedro.*

Juan compra **tantos** *libros* **como** *Pedro.* ⇨ *Juan buys* **as many** *books* **as** *Pedro.*

Juan compra **tantas** *novelas* **como** *Pedro.* ⇨ *Juan buys* **as many** *novels* **as** *Pedro.*

§55 EXPRESSING COMPARISONS THROUGH ADJECTIVES AND ADVERBS (irregular forms)

A few adjectives like *bueno, malo, grande* and *pequeño* (*good, bad, big* and *small*) and the adverb *bien* (*well*) form comparatives without using comparative structures. These structures are formed using an adjective following the word *que* (*than*).

Adjetive / adverb	Comparative	Example
bueno *good*	mejor *better*	Este coche es **mejor** que el mío. *This car is* **better** *than mine.*
bien *well*		María escribe **mejor** que Pedro. *María writes* **better** *than Pete.*
malo *bad*	peor *worse*	Este coche es **peor** que el mío. *This car is* **worse** *than mine.*
mal *badly*		Juan escribe **peor** que María. *Juan writes* **worse** *than María.*
grande (edad) *old (referring to age)*	mayor *older*	Su hermana es **mayor** que ella. *Her sister is* **older** *than she is.*
pequeño (edad) *young (referring to age)*	menor *younger*	Tú eres **menor** que yo. *You are* **younger** *than I am.*

Generally, *mayor* and *menor* (*older* and *younger*) are used to refer to age, and *más grande* and *más pequeño* (*bigger* and *smaller*) are used when referring to size.

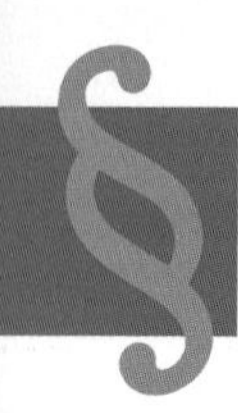

§56 SUPERLATIVE ADJECTIVES

A maximum degree of a quality can be expressed in different ways:

a) The most common form consists in putting the adjective *muy* (*very*) in front of the adjective.
María es **muy** *alta.* ⇨ *María is* **very** *tall.*
Juan es **muy** *simpático.* ⇨ *Juan is* **very** *nice.*

b) When the quality expressed is meant to be absolute, a special ending is added to the adjective.

The way to make the superlative of an adjective, if the adjective ends in a consonant, is the following: take the masculine singular form of the adjective, add to the adjective the ending *–ísim,* and add to this the corresponding endings (*–o, –a, –os, –as*) to have gender and number agreement.

The way to make the superlative of an adjective, if the adjective ends in a vowel, is the following: the last vowel is dropped as in *buen-o* and *dulc-e* (*good* and *sweet*), add to the adjective the ending *–ísim* (with an accent on the first *i*), and add to this the corresponding endings (*–o, –a, –os, –as*) to have gender and number agreement.

Buen-o: buenísimo, buenísima, buenísimos, buenísimos.
Good: all of these mean *the best*. with the only difference being the masculine singular, feminine singular, masculine plural and feminine plural endings.

Dulc-e: dulcísimo, dulcísima, dulcísimos, dulcísimas.
Sweet: all of these mean *the sweetest*, with the only difference being the gender and number in the same way as the above.

Fácil: facilísimo, facilísima, facilísimos, facilísimas.
Easy: all of these mean *the easiest*, with the only difference being the gender and number in the same way as the above.

Notice that, even if the original adjective has an invariable form as in *dulce* (*sweet*), the superlative form will take the variation in gender and number in a more regular form.

The following is a chart that will sum up the previous explanations:

Adjectives ending in a vowel	
Structure	Example
singular without a final vowel + -ísimo/a/os/as	*dulc-ísimo/a/os/as*

Adjectives ending in a consonant	
Structure	Example
singular form + -ísimo/a/os/as	*fácil-ísimo/a/os/as*

■ THE SENTENCE (§57-§63)

§57 STRUCTURE OF SENTENCES

A sentence can be simple, compound or complex. A simple sentence is formed with at lease one conjugated verb in agreement with a subject that is either expressed or implied. Remember that, unlike in English, in Spanish the subject does not need to be explicit since it is inferred from context or the conjugation of the verb.
María **canta** *una canción.* ⇨ *María* **sings** *a song.*
María **canta**. ⇨ *María* **sings**.
Canta. ⇨ **She sings**. (the subject *María* or *she* is not expressed in this sentence.)

María **quiere cantar** *una canción.* ⇨ *María* **wants to sing** *a song.*
María **quiere cantar**. ⇨ *María* **wants to sing**.
Quiere cantar. ⇨ **She wants to sing**. (the subject *María* or *she* is not expressed in this sentence.)

A compound sentence is formed by two or more sentences joined by a linking word or conjunction (§62).
María canta **y** *Pedro toca la guitarra.* ⇨ *María sings and Pedro plays the guitar.*

A complex sentence is formed by two or more sentences, as in the compound sentences, the difference being that only one of the sentences is independent, while the other is a dependent clause. In the sentence *El libro que Juan ha comprado tiene muchas fotos* (*The book that Juan has bought has a lot of pictures*), one of its parts, *El libro tiene muchas fotos* (*The book has a lot of pictures*) can stand alone as a complete sentence. On the other hand, the other part of the sentence, *que Juan ha comprado* (*that Juan has bought*), can never stand alone.

Sentences are expressed in different ways: as statements, questions and exclamations. These differences are explained in sections §59, 60 and 61.

§58 SENTENCE WORD ORDER

In Spanish, the order of words in a sentence (syntaxis) is very flexible, but certain placements of words in a sentence are preferred because they are considered more natural and make the sentence less ambiguous and its meaning clearer. In some cases, certain elements have a fixed placement within the sentence.

A more detailed explanation syntaxis can be found in the sections dealing with statements (§59), exclamatory sentences (§60), and interrogative sentences (§61).

Notice that in general the information expressed by the interlocutor is placed at the end when this information is perceived as more relevant in answers or in very detailed, explicit sentences which have a neutral intonation, where no one element is given more emphasis than the others.

¿**Quién** visitó el museo el domingo? ➪ **Who** visited the museum on Sunday?
El domingo visitó el museo **Juan**. ➪ On Sunday, **Juan** visited the museum.
¿**Qué** visitó Juan el domingo? ➪ **Where** did Juan go on Sunday?
El domingo Juan visitó **el museo**. ➪ On Sunday, Juan visited **the museum**.
¿**Cuándo** visitó el museo Juan? ➪ **When** did Juan visit the museum?
Juan visitó el museo **el domingo**. ➪ Juan visited the museum **on Sunday**.

The elements in a noun phrase are usually placed according to the structure that follows:

Article + noun + adjective
Los plátanos dulces ➪ *The sweet bananas*
Unas sillas cómodas ➪ *Some comfortable chairs*

*Remember: in Spanish most adjectives come after the noun.

If another element appears within the noun phrase, it is placed directly after the noun, unless an adjective is also present, which is placed after the adjective.
Los plátanos dulces de Canarias ➪ *The sweet bananas from Canarias.*
Unas sillas del comedor ➪ *Some chairs from the dining room.*

As explained in the section dealing with the *adjetivo*, the placement of the adjective before the noun is very infrequent and sometimes even causes a change in meaning.

The elements in a verb phrase are generally placed according to the following structure:

(negation) + verb + (direct object = DO) + (indirect object = IO) + (prepositional phrases = PP).
Juan (no / nunca) envía libros$_{DO}$ a María$_{IO}$ desde Barcelona$_{PP}$. ➪ *Juan (doesn't / ever) send books$_{DO}$ to María$_{IO}$ from Barcelona$_{PP}$.*
Juan (no / nunca) envía libros$_{DO}$ desde Barcelona$_{PP}$. ➪ *Juan (doesn't / ever) send books$_{DO}$ from Barcelona$_{PP}$.*

In any case, you must remember that some verbs, like *parecer* and *gustar*, have a different placement for the elements that appear in sentences with these types of verbs. They usually require the use of a pronoun. When these sentences are translated into English, there will be no difference, regardless of the placement of the elements in Spanish.
A María le gustan las rosas. ➪ *María likes the roses. / María likes roses.*
Le gustan las rosas. ➪ *She likes the roses. / She likes roses.*
Las rosas le gustan. ➪ *She likes the roses. / She likes roses.*
A María las rosas le gustan. ➪ *María likes the roses. / María likes roses.*

The placement of the elements in the first example above is considered the most natural. The other examples can be used depending on the context.

Regarding the placement of pronouns in the sentence, consult section §15.

THE SENTENCE

A sentence can be expressed as a statement, an exclamatory sentence, an interrogative sentence or question.

§59 THE STATEMENT

The most common order of elements in a statement is the following:

Subject + verb + objects
Juan come fruta. ➪ *Juan eats fruit.*
Muchos jóvenes estudian español en Sevilla. ➪ *Many young people study Spanish in Seville.*

Statements can be either affirmative or negative.
Ana se casa el sábado. ➪ *Ana is going to get married on Saturday.*
Ana **no** *se casa el domingo.* ➪ *Ana is not going to get married on Sunday.*

In negative statements the negative adverb does not precede the verb. The explanation of statement intonation can be found in section §4.

§60 THE EXCLAMATORY SENTENCE

Sentences or elements with an exclamatory meaning have a special intonation, as previously explained in section §4, and in written expression, it is signaled by exclamation points ¡...! at the beginning and end of the sentence.

1. An exclamation, dealing with the state of being or a way to do something, is formulated in the following way:

a) Structurally:
¡Qué + adjetivo / adverbio + (vervo) + (sujeto gramatical)!
¡Qué + *adjetive / adverb + (verb) + (gramatical subject)!*
*¡**Qué** blancas son las paredes del comedor!* ➪ *The walls are so white!*
*¡**Qué** bien habla Juan!* ➪ *Juan speaks so well!*

b) By starting the sentence with the exclamation form *cómo*:
*¡**Cómo** juegan los niños en el patio!* ➪ *How the children are playing in the patio!*
*¡**Cómo** vives!* ➪ *How well you live!*

2. By using an exclamation to express about quantities with the forms *cuánto/a/os/a* (*so much* or *so many*) and occasionally with the form *cómo*.

¡***Cuánto*** *pelo tienes!* ⇨ *You have* **so much** *hair!*
¡***Cuántas*** *maletas trae ese chico!* ⇨ *That boy is carrying so many bags!*
¡***Cómo*** *estudia!* ⇨ *How he studies!*
Sí, estudia mucho. ⇨ *Yes, he studies a lot.*

Notice, if the grammatical subject appears, it is placed after the verb as in the example *¡Cuántas maletas trae ese chico!* The subject, *ese chico* (*that boy*) appears after the verb *trae* (*is carrying*).

§61 THE INTERROGATIVE SENTENCE

Interrogative sentences or elements with an interrogative meaning have a special intonation, previously cited in section §4. In written form, this meaning is expressed with question marks ¿…? at the beginning and end of the sentence.

Any statement can be expressed as a question, using a special intonation with yes / no questions (§4).

¿Juan es alto? ⇨ *Juan is tall?*
No, no es muy alto. ⇨ *No, he's not very tall.*
¿Mary estudia español en España? ⇨ *Mary studies Spanish in Spain?*
Sí. ⇨ *Yes.*
¿Juan come en el bar a la una? ⇨ *Is Juan eating at the café at one?*
No, hoy come a las dos. ⇨ *No, he's eating at two o'clock.*

In Spanish the subject and verb are not usually inverted, but when they are, the meaning of the sentence changes from a simple question to one of surprise or emphasis.

¿Es Juan alto? ⇨ *Juan is tall?*
No, no es muy alto. ⇨ *No, he's not very tall.*
¿Estudia Mary español en España? ⇨ *Mary studies Spanish in Spain?*
Sí, en Madrid. ⇨ *Yes, in Madrid.*
¿Come Juan en el bar a la una? ⇨ *Juan eats in the café at one?*
Sí, todos los días. ⇨ *Yes, everyday.*

To ask a question about the object of action or a situation, the subject is placed after the verb and the question word is placed before the verb.

¿Qué come Juan en el bar? ⇨ *What does Juan eat at the café?*
Ensalada y carne. ⇨ *Salad and meat.*
¿Dónde comes? ⇨ *Where do you eat?*
En el bar. ⇨ *At the café.*
¿Cuándo comemos? ⇨ *When do we eat?*
A la una en punto. ⇨ *At one on the dot.*
¿Cómo vas a clase? ⇨ *How do you get to class?*
En autobús. ⇨ *On a bus.*
¿Cuánto pesa Ana? ⇨ *How much does Ana weight?*
Sesenta y cuatro kilos. ⇨ *Sixty-four kilos (140lbs.).*
¿Cuántos años tiene Mercedes? ⇨ *How old is Mercedes?*
Dieciocho. ⇨ *Eighteen.*

Below is a chart with the different types of the most common questions along with their corresponding answers:

Question	
1. YES / NO answers.	
Example	**Answer**
¿Mary estudia español? *Mary studies Spanish?*	- Sí / No. *- Yes / No.*

Question	
2. About an element or circumstance related to the action.	
Example	**Answer**
¿Quién come en el bar a la una en punto? *Who eats at the café at one o'clock?*	- Juan. *- Juan.*
¿Qué come Juan? *What does Juan eat?*	- Ensalada. *- Salad.*
¿Dónde come Juan? *Where does Juan eat?*	- En su casa. *- At home.*
¿Cuándo come Juan? *When does Juan eat?*	- A la una en punto. *- At one on the dot.*

Question	
3. About the action.	
Example	**Answer**
¿Qué haces? *What are you doing?*	- Estudio español. *- I'm studying Spanish.*

Question	
4. To move the conversation along, after getting an answer to a previous question.	
Example	**Answer**
¿Tienes animales en casa? *Do you have pets at home?*	- Sí. *- Yes.*
¿Y te dejan tus padres? *And your parents allow you to have them?*	- Sí, claro. *- Yes, of course.*

Question	
5. To clarify a point or to elicit more details.	
Example	**Answer**
¿Qué estudias? *What do you study?*	- Español. *- Spanish.*
¿En Madrid o en Barcelona? *In Madrid or Barcelona?*	- En Madrid. *- In Madrid.*

§62 THE MOST COMMON CONJUNCTIONS *Y* (*AND*), *O* (*OR*), *PERO* (*BUT*), *PUES* (*WELL*)

Conjunctions are words that are used to join two elements.

a) The use of ***y / o / pero***

The conjunctions *y* (*and*) and *o* (*or*) are used to join elements, words or sentences of the same type.

Me gusta leer libros ***y*** *hacer deporte.* ⇨ *I like to read books* ***and*** *play sports.*
Me gustan los libros ***y*** *los discos.* ⇨ *I like books* ***and*** *records.*
Ana es guapa ***y*** *simpática.* ⇨ *Ana is good-looking* ***and*** *nice.*
Tiene amigos en España ***y*** *en Costa Rica.* ⇨ *He has friends in Spain* ***and*** *Costa Rica.*
Ana, Sandra ***y*** *José estudian en la universidad.* ⇨ *Ana, Sandra and José study at the university.*

Notice that the elements join by *y* are of the same class: *leer y hacer* (*to read and to play*); *libros y discos* (*books and records*)... If there are more than two elements in the sequence, the *y* (*and*) is only used between the last two elements, and the others are joined by a comma: *Ana, Sandra y José* (*Ana, Sandra and José*).

The conjunction *o* (*or*) is used to introduce a second element with an alternative meaning to the previous one. As with the conjunction *y*, the elements joined by *o* are of the same class.

¿Prefieres la carne ***o*** *el pescado?* ⇨ *Do you prefer meat* ***or*** *fish?*
Va al gimnasio por la mañana ***o*** *por la tarde.* ⇨ *Do you go to the gym in the morning* ***or*** *afternoon?*
¿Su hermano se llama Juan ***o*** *Pedro?* ⇨ *Is your brother named Juan* ***or*** *Pedro?*

If a concept or an idea is in opposition to another, *pero* (*but*) is used to join the two.

Me gusta el cine ***pero*** *prefiero la televisión.* ⇨ *I like the movies* ***but*** *I prefer television.*
Juan es muy amable ***pero*** *tiene pocos amigos.* ⇨ *Juan is very nice,* ***but*** *he has very few friends.*
Ana es guapa ***pero*** *antipática.* ⇨ *Ana is good-looking* ***but*** *not nice.*

b) The use of ***pues***

Often used in conversation, the conjunction *pues* (*well*), is used to introduce a different opinion or element than that of the other speaker.

¿Te gustan las películas de Pedro Almodóvar? ⇨ *Do you like Pedro Almodóvar films?*
No. No me gustan nada. ⇨ *No, I don't like them at all.*
Pues a mí me encantan. ⇨ *Well, I love them.*

§63 APELLATIVE SENTENCES WITH *OYE*, (*HEY!* - familiar) *OIGA*, (*HEY!* - formal) *PERDONA* (*EXCUSE ME* - familiar) AND *PERDONE* (*EXCUSE ME* - formal)

To get a listener's attention, we use *oye* (*hey*) when the relationship with the listener is familiar or informal, and *oiga* (*hey, Sir*) when the relationship is formal, the usted form directed toward that listener.

Oye, *¿me cobras el vestido, por favor?* ⇨ ***Hey,*** *will you ring up the dress, please?*
Oiga, *¿puede decirme dónde está el metro?* ⇨ ***Hey, Sir,*** *could you tell me where the metro station is?*

In more formal situations or if we are addressing a stranger and think we might be bothering him, we use *perdona* (excuse me) in a familiar or informal situation and *perdone* (excuse me) in the more formal usted form.

Perdona, *¿tienes fuego?* ⇨ ***Excuse me,*** *can you give me a light?*
Perdone, *¿sería tan amable de indicarme dónde hay un bar?* ⇨ ***Excuse me, Sir,*** *would you mind showing me where there is a café?*

■ RELATIVE CLAUSES WITH QUE (*WHICH / THAT / WHO*) AND *DONDE* (*WHERE*) (§64)

§64 RELATIVE CLAUSES WITH *QUE* (*WHICH / THAT / WHO*) AND *DONDE* (*WHERE*)

Two sentences, in which a noun appears that refers to the same person or thing, can form a single complex sentence by substituting the second noun for the invariable (not conjugated according to gender or number) relative pronoun *que* in the following manner:

Juan ha comprado ***un libro. El libro*** *tiene muchas fotos.* ⇨ *Juan has bought* ***a book. The book*** *has a lot of pictures.*
Juan ha comprado ***un libro que*** *tiene muchas fotos.* ⇨ *Juan has bought* ***a book that*** *has a lot of pictures.*
El libro que *Juan ha comprado tiene muchas fotos.* ⇨ ***The book that*** *Juan has bought has a lot of photos.*

Un señor *ha venido esta mañana.* ***Ese señor*** *es el padre de Juan.* ⇨ ***A gentleman*** *came by this morning.* ***That gentleman*** *is Juan's father.*
Un señor que *es el padre de Juan ha venido esta mañana.* ⇨ ***A gentleman, who*** *is Juan 's father, came by this morning.*
Ese señor que *ha venido esta mañana es el padre de Juan.* ⇨ ***That gentleman who*** *came by this morning is Juan's father.*

María compró ***una casa que*** *tiene jardín en un pueblo pequeño.* ⇨ *María bought* ***a house, which*** *has a garden, in a small village.*

La casa que *María compró en un pueblo pequeño tiene jardín.* ⇨ ***The house that*** *María bought in a small village has a small garden.*

Notice in the examples that one of the sentences is copied in its entirety, and the second sentence is placed after that sentence, substituting the second noun with the pronoun *que* at the beginning of the second sentence.

If one of the nouns refers to the same thing, and that thing is a place, that noun is substituted by the pronoun *donde* (which is also invariable) to join the two sentences into one. *Donde* will sometimes be translated as that or *which* in English.

Hemos estado ***en una ciudad. Esa ciudad*** *es fantástica.* ⇨ *We've been* ***in a city. That city*** *is fantastic.*

Hemos estado ***en una ciudad que*** *es fantástica.* ⇨ *We've been to* ***a city that*** *is fantastic.*

La ciudad donde *hemos estado es fantástica.* ⇨ ***The city where*** *we've been is fantastic.*

Conozco ***un pueblo*** *cerca de Madrid. Mi amiga María compró una casa* ***en ese pueblo.*** ⇨ *I know* ***a village*** *near Madrid. My friend María bought a house* ***in that village.***

Conozco ***un pueblo*** *cerca de Madrid* ***donde*** *compró una casa mi amiga María.* ⇨ *I know* ***a village*** *near Madrid,* ***where*** *my friend María bought a house.*

Mi amiga María compró una casa ***en el pueblo que*** *conozco, cerca de Madrid.* ⇨ *My friend maría bought a house* ***in the village that*** *I know, near Madrid.*

Also, in this case, one of the sentences having the same noun is copied in its entirety, while the noun in the second sentence is substituted by *donde*, at the beginning of the second part, since the sentence indicates location.

If the noun that is replaced by *que* or *donde* is the object of the verb, that verb usually follows the pronouns *que* or *donde*. This placement does not happen in English.

Juan ***compró una casa.*** *Por la tarde visitamos la casa.* ⇨ *Juan* ***bought a house.*** *We visited the house in the afternoon.*

Por la tarde visitamos la casa ***que*** *compró* ***Juan.*** ⇨ *In the afternoon we visited the house* ***that Juan*** *bought.*

Conozco ***un pueblo*** *cerca de Madrid.* ***Mi amiga María compró*** *una casa* ***en ese pueblo.*** ⇨ *I know a village near Madrid.* ***My friend María bought*** *a house* ***in that village.***

Conozco un pueblo cerca de Madrid ***donde*** *compró una casa* ***mi amiga María.*** ⇨ *I know a village near Madrid* ***where my friend María*** *bought a house.*

■ CONDITIONALS (§65)

§65 CONDITIONAL SENTENCES

In Spanish, the word *si* (*if*) precedes the part of the sentence that expresses the condition needed for something to be done. This part is usually found at the beginning of the sentence, although it can also be placed at the end.

Si hace frío, *cerramos la ventana.* ⇨ ***If it's cold,*** *we'll close the window.*

Si tienes miedo, *enciendo la luz.* ⇨ ***If you're afraid,*** *I'll turn on the light.*

Cerramos la ventana ***si hace frío.*** ⇨ *We'll close the window* ***if it's cold.***

Enciendo la luz ***si tienes miedo.*** ⇨ *I'll turn on the light* ***if you're afraid.***

Notice that we use the imperative to express the action that results from the conditional part in the sentence.

Si tienes frío, ***cierra*** *la ventana.* ⇨ *If you're cold,* ***close*** *the window.*

Comed *fruta si tenéis hambre.* ⇨ ***Eat*** *(you, pl.) fruit if you're (you, pl.) hungry.*

Si quieres venir, ***llama*** *antes por teléfono.* ⇨ *If you want to come,* ***call*** *on the phone before.*

Llamad *a un taxi si queréis llegar pronto.* ⇨ ***Call*** *(you pl.)* **a taxi if you** *(pl.) want to get to the theater early.*

transcripciones de los audios

tapescripts

Transcripciones de los audios
Tapescripts

BLOQUEUNO 1

lecciónuno 1
¡HOLA, AMIGOS!

1.2
1
BEGOÑA : Hola, ¿cómo te llamas?
ANDREW : Andrew, ¿y tú?
2
BEGOÑA : Éste es Andrew. Es estadounidense.
JULIÁN : Encantado. Yo soy Julián. Soy mexicano.
ANDREW : Mucho gusto.

1.3
1
A : Luis, te presento al señor Gómez.
B : Mucho gusto, señor Gómez. ¿Cómo está usted?
C : Muy bien, gracias.
2
A : ¡Hola, Eva! ¿Cómo estás?
B : Bien, ¿y tú?
A : ¡Muy bien!
3
A : Bueno, me voy. Tengo prisa. ¡Hasta mañana!
B : Vale. ¡Hasta mañana!
A : Adiós.
4
A : ¡Hola! Ésta es mi amiga Eva.
B : ¡Hola, Eva! ¿Qué tal?
C : Muy bien, ¿y tú?
B : Bien.
5
A : Buenas tardes, ¿cómo está usted?
B : Bien gracias, ¿y usted?
A : ¡Muy bien!

1.5
JULIÁN : Escucha: "Yo soy mexicano, y no mexicana. Ella es española, no español, y tú eres norteamericano y no norteamericana".
ANDREW : Comprendo. Y también soy estadounidenso.
BEGOÑA : Estadounidense. Se dice estadounidense. Tú eres estadounidense, no estadounidenso.
ANDREW : ¡Oh, my god...!
LOLA : Pero, si es muy fácil. Mira: "Hola, buenos días, me llamo Andrew y soy estadounidense".
JULIÁN : Sí, o mejor, "Hola, buenas tardes, soy estadounidense, me llamo Andrew y hablo al revés".

1.6
MARIE : Yo me llamo Marie, soy francesa, tengo treinta y dos años, vivo en Lyon, y mi número de teléfono es el 943578254.
PETER : Yo soy Peter, soy británico, tengo treinta años. Vivo en Londres y mi teléfono es 914587982.
JACQUES : Yo soy Jacques, soy belga, vivo en Brujas, tengo veintinueve años y mi teléfono móvil es 653216897.
PIETRO : Me llamo Pietro, tengo treinta y cinco años, soy de Italia y vivo en Florencia. Mi teléfono móvil es 659307698.
ROSE : Soy Rose, soy irlandesa, tengo veinte años, vivo en Dublín y no tengo teléfono.
MATTHEW : Mi nombre es Matthew, soy norteamericano, vivo en San Francisco, tengo treinta y seis años y mi número de teléfono es 94578625.

1.8
JULIÁN : A mí me gusta viajar, conocer paisajes, culturas... Por ahora, he estado en varios países de Latinoamérica. Ya he viajado bastante. Conozco México, Colombia, Cuba, Puerto Rico, Bolivia, Venezuela y Panamá... Pero quiero viajar y conocer más países. No conozco Argentina, Chile, El Salvador, Uruguay, Ecuador y Perú, y quiero ir pronto.

1.10
a...be...ce...che...de...e...efe...ge...hache...i...jota...ka...ele...elle... eme...ene...eñe...o...pe...cu...erre...ese...te...u...uve...uve doble ...equis...i griega...zeta

1.11
hola...carro...jota...cosa...gente...cose...cana...Lola...año

1.12
gente...letras...hombre...fácil...español...sonido...ruso...veinte

1.13
ALTAVOZ : Señores pasajeros del vuelo AO475 con destino Ámsterdam, embarquen a las 7.35 por la puerta doce.
ALTAVOZ : Señores pasajeros del vuelo IB597 con destino Sevilla, embarquen a las 9.20 por la puerta cinco.
ALTAVOZ : Llamada a los pasajeros del vuelo AS975 con destino a La Coruña, embarquen por la puerta siete a las 15.05
ALTAVOZ : ¡Último aviso para los pasajeros del vuelo LA171 con destino a León! Embarquen por la puerta ocho. ¡Último aviso!

1.15
catorce...cinco...cuatro...diecinueve...veintitrés...dieciséis...veintiocho ...diez...doce...dos...veintidós...ocho...once...quince...veinticinco... siete...trece...treinta...tres...uno...veinte...seis...veinticuatro...nueve ...veintinueve...diecisiete...veintiséis...veintisiete...dieciocho...veintiuno

leccióndos 2
SER O NO SER, ¡VAYA CUESTIÓN!

2.2
JUAN : ¿Quieres ver una foto de mi familia?
MARÍA : Sí, ¿la tienes aquí?
JUAN : Sí, mira. Aquí está.
MARÍA : ¡Qué bonita es la foto! ¿Ésta alta y pelirroja es tu madre?
JUAN : Sí, se llama Sofía. Es guapa, ¿verdad?
MARÍA : Sí, ¿a qué se dedica?
JUAN : Es ama de casa.
MARÍA : ¿Qué edad tiene?
JUAN : Sesenta y tres años.
MARÍA : Y este hombre tan alto, ¿quién es?
JUAN : Es mi padre, Carlos. Es periodista.
MARÍA : ¿Es muy mayor?
JUAN : No, tiene sesenta y cinco años.
MARÍA : ¡Qué moreno es!
JUAN : Sí. Mi hermano Luis, éste de aquí, también es moreno. Es policía, tiene treinta y tres años.
MARÍA : Esta chica rubia, ¿es tu hermana?
JUAN : No, es Marta, mi cuñada, la mujer de mi hermano. Es psicóloga, tiene treinta años.
MARÍA : ¿Sólo tienes un hermano?
JUAN : No, tengo tres hermanos más.

2.3
1
ANDREW : Oye, ¿cómo se dice *moustache* en español?
BEGOÑA : Bigote.
ANDREW : ¿Puedes repetir?
BEGOÑA : Bigote.
ANDREW : ¿Cómo se escribe?
BEGOÑA : Be-i-ge-o-te-e.
ANDREW : Gracias.

2
ANDREW : ¿Cómo se pronuncia autobús?
JULIÁN : Autobús.
ANDREW : ¿Puedes hablar más alto?
JULIÁN : Autobús
3
LOLA : Nos vemos mañana por la tarde en el bar.
ANDREW : Por favor, ¿puedes hablar más despacio?
LOLA : Sí, claro. Nos vemos mañana por la tarde en el bar.

2.4
LOLA : ¡Mira quién está en esa mesa! Pero si es el señor Martínez.
BEGOÑA : ¿Lo conoces?
LOLA : Sí, claro. Mira, el señor Martínez es el moreno de pelo rizado. Es abogado.
BEGOÑA : ¿Y la señora? ¿Quién es?
LOLA : ¿La de pelo largo?
BEGOÑA : Sí, ésa.
LOLA : Es su mujer, Antonia Alonso, ¿sabes? Es enfermera, trabaja en un hospital de Madrid.
BEGOÑA : ¿Y la chica? ¿Es su hija?
LOLA : No, no. La chica rubia del pelo corto es la novia de su hijo. Es Carmen Iglesias, no trabaja, es estudiante.
BEGOÑA : ¡Ah! Así que el chico es su hijo...
LOLA : Sí, sí. El hijo de los señores Martínez. Se llama Manuel. ¡Qué alto y delgado es! Trabaja de periodista.
BEGOÑA : Y el señor que tiene barba, ¿quién es?
LOLA : ¿Ése? Es don Arturo, el padre de Carmen. Trabaja en la Universidad, es profesor.

leccióntres3
¡AMIGOS PARA SIEMPRE!

3.2
ANDREW : Perdone, ¿qué significa esta pregunta?
SECRETARIA : "¿Cuáles son sus aficiones?". ¡Ah!, quiere decir las actividades que usted hace en su tiempo libre.
ANDREW : No entiendo.
SECRETARIA : Sí, es fácil. Mire... ¿Usted practica algún deporte?
ANDREW : Sí, juego al fútbol y nado.
SECRETARIA : ¿Ve? Ésas son sus aficiones. Ir al cine, ir de compras, cocinar o hacer colecciones también son aficiones. ¿Colecciona usted algo?, por ejemplo... sellos, postales...
ANDREW : Sí, colecciono cómics.
SECRETARIA : ¿Ah, sí? Yo colecciono monedas de distintos países.
ANDREW : ¡Qué interesante! ¿Pero para qué necesitan esta información?
SECRETARIA : Para conocer mejor a los empleados.
ANDREW : ¡Ah!

3.3
LOCUTORA : Hola. Buenas tardes, ¿con quién hablo?
ANTONIO : Soy Antonio, de Sevilla. Tengo veintisiete años.
LOCUTORA : Muy bien, Antonio. ¿Y a qué te dedicas?
ANTONIO : Soy pintor.
LOCUTORA : ¡Qué interesante! Y ¿por qué llamas?
ANTONIO : Porque necesito una modelo.
LOCUTORA : Muy bien Antonio, pues a ver si nos llama alguna chica. Oye, ¿y tú cómo eres?
ANTONIO : Muy normal. Soy moreno, tengo el pelo castaño y los ojos verdes.
LOCUTORA : Muy bien, tomo nota por si nos preguntan. Muchas gracias por tu llamada. ¡Y suerte!
(...)
¡Hola! ¿Cómo te llamas?
MIGUEL : Hola, soy Miguel, de Santiago de Compostela.
LOCUTORA : ¡Vaya, un gallego!, por la voz pareces muy joven.
MIGUEL : No, no. Tengo treinta y siete años.
LOCUTORA : ¿A qué te dedicas, Miguel?
MIGUEL : Soy profesor de español.
LOCUTORA : Miguel, tienes una voz muy interesante. ¿Por qué nos llamas?
MIGUEL : Mira, porque estoy separado y quiero conocer chicas.
LOCUTORA : ¿Y cómo eres?
MIGUEL : Pues... normal. Tengo el pelo corto y rizado, soy rubio y con los ojos verdes.
LOCUTORA : Me parece muy bien, te deseo lo mejor. ¡Hasta la próxima!
(...)
¡Hola!, ¿quién es?
BÁRBARA : ¡Hola! Soy Bárbara, de Sevilla.
LOCUTORA : Hola, Bárbara. ¿Cuántos años tienes?
BÁRBARA : Veintitrés.
LOCUTORA : ¿Y cómo eres?
BÁRBARA : Pues, no sé, soy morena, con el pelo largo, delgada..., tengo los ojos de color verde.
LOCUTORA : ¡Caramba, toda una modelo! ¿Y dónde trabajas?
BÁRBARA : No, no trabajo. Estudio historia del arte en Sevilla.
LOCUTORA : ¿Y para qué llamas, Bárbara?
BÁRBARA : Bueno, para conocer gente.
LOCUTORA : Muy bien, pues a ver si podemos ayudarte. Un beso.
(...)
Hacemos una pausa pero volvemos ya.
(...)
LOCUTORA : Ya estamos aquí otra vez. Y seguimos.
LOCUTORA : Continuamos. ¡Buenas tardes! ¿Con quién hablo?
CRISTINA : Con Cristina, de Buenos Aires.
LOCUTORA : Hola Cristina, ¿qué tal?, ¿trabajas?
CRISTINA : Sí, en un hospital de Buenos Aires. Es que soy doctora, ¿sabe?
LOCUTORA : ¡Qué bien! Cristina, ¿cuántos años tienes?
CRISTINA : Pues ya soy mayor, treinta y cinco.
LOCUTORA : ¡Si eres muy joven! ¿Y por qué nos llamas?
CRISTINA : Para conocer gente de mi edad...
LOCUTORA : Explícanos cómo eres, Cristina.
CRISTINA : Uy, a ver, pues soy pelirroja. Tengo el pelo largo, los ojos marrones y tengo muchas pecas.

3.4
LOLA : ¿Qué haces?
BEGOÑA : Escribo a mi madre.
LOLA : ¡Ah, muy bien!, pero... ¿Y para qué ?
BEGOÑA : Para saber cómo están ella y nuestro perro.
LOLA : ¿Tenéis un perro?
BEGOÑA : Sí, un mastín,
LOLA : ¡Ah! ¡Qué bien! ¿Y tus padres pasean al perro cada día?
BEGOÑA : Mi padre no. Están separados, ¿recuerdas?... pero mi madre cada día cuando sale del trabajo.
LOLA : ¡Parece un deporte!
BEGOÑA : Sí, mi madre y su amiga Arancha pasean a sus perros durante dos horas. ¡Es fantástico!
LOLA : Oye, ¿y en vuestra ciudad hay muchos parques?
BEGOÑA : Sí, claro, hay muchos.
LOLA : ¡Cómo me gustaría tener un perro! ¡Sería nuestro perro!
BEGOÑA : Sí, pero lo sacas a pasear tú.

BLOQUEDOS2

lecciónCuatro4
¡HOGAR, DULCE HOGAR!

4.2
MADRE : ¿Diga?
BEGOÑA : ¡Hola, mamá! Soy Begoña.

Transcripciones de los audios
Tapescripts

MADRE : ¡Hola, Begoña, hija! ¿Cómo estás? ¿Estás bien?
BEGOÑA : Sí, mamá, estoy perfectamente. Ya vivo en el piso.
MADRE : ¡Qué bien! ¿Y cómo es?
BEGOÑA : Es precioso. Es grande y tengo una habitación muy cómoda para mí sola.
MADRE : ¿Es oscura?
BEGOÑA : Noooo, no es oscura porque tiene una ventana grande, pero es un poco ruidosa. El barrio es muy alegre.
MADRE : Cuéntame más. ¿Comes bien, hija?
BEGOÑA : Bueno, ¡ya me conoces mamá! Ensaladas y cosas así.
MADRE : Pero... ¿el piso tiene cocina?
BEGOÑA : ¡Pues claro! Es muy amplia y nueva. Menos los dormitorios y el cuarto de baño, todo está en el mismo espacio.
MADRE : ¿Y agua caliente? ¿Tienes agua caliente?
BEGOÑA : Sí, claro, mamá. Que no vivo en un rincón del mundo, sino en una gran ciudad.
MADRE : ¿Y con quién compartes piso?
BEGOÑA : ¡Ah, sí! Somos cuatro personas: Lola, de Barcelona; Andrew, de Los Ángeles; y Julián, de México. Andrew tiene la habitación más pequeña.
MADRE : Bueno, a ver si voy un día y los conozco.
BEGOÑA : Bueno, mamá, tengo que colgar, besos a todos, adiós.
MADRE : ¡Adiós, Begoña! ¡Cuídate!

4.3

JULIÁN : ¿Diga?
ALBERTO : ¿Julián? Hola, soy Alberto, ¿cómo estás?
JULIÁN : Yo bien, ¿y tú?
ALBERTO : Psé, psé. Estoy en mi nuevo trabajo.
JULIÁN : ¡Eso está muy bien!
ALBERTO : La oficina, ¡es horrible!
JULIÁN : ¡Seguro que no!
ALBERTO : ¡No, te lo juro! Es muy pequeña y oscura.
JULIÁN : ¿No tiene ventanas?
ALBERTO : Sí, tiene una muy pequeña enfrente de la puerta.
JULIÁN : ¿Y tiene aire acondicionado?
ALBERTO : No, y en verano seguro que hace mucho calor.
JULIÁN : ¿Y los muebles?
ALBERTO : ¿Los muebles? Hay una mesa muy fea, encima de la mesa hay una lámpara que no da luz. También hay tres sillas viejas, una detrás de la mesa y las otras dos al lado de la puerta.
JULIÁN : ¿Y no tienes ninguna estantería?
ALBERTO : Sí, la estantería está debajo de la ventana.
JULIÁN : Bueno, no está mal. Tienes una oficina muy moderna.
ALBERTO : ¿Moderna? ¡Qué sabrás tú!

4.4

BEGOÑA : ¡No llego, no llego!
LOLA : ¿Qué pasa?
BEGOÑA : ¡No encuentro nada! ¿Has visto mi agenda?
LOLA : No, mira en tu habitación.
BEGOÑA : Acabo de mirar.
LOLA : ¿Has mirado encima de la mesa?
BEGOÑA : Mmm... no, creo que no... ¡Ah sí, aquí está, encima de la mesa! Pero ahora no encuentro mis gafas de sol. ¿No las has visto?
LOLA : Sí, me parece que están al lado de la televisión.
BEGOÑA : ¡Exacto! Y ahora... ¿Dónde están las llaves?
LOLA : Mira en la mesa del recibidor, detrás del florero; siempre las dejas allí.
BEGOÑA : Es verdad, nunca me acuerdo. Oye, ¿dónde apunté la dirección de Internet de la academia de teatro?
LOLA : Creo que en tu agenda.
BEGOÑA : A ver... Sí, muy bien. Bueno, me voy.
LOLA : ¿Ya lo tienes todo?
BEGOÑA : Sí, creo que sí. ¡Ay, no! ¿Y la tarjeta del metro?
LOLA : Está en el comedor, al lado del teléfono.
BEGOÑA : Ahora sí, ya está. ¡Hasta luego!
LOLA : ¡Adiós!

BEGOÑA : ¡Un bolígrafo, necesito un bolígrafo! ¿Me dejas uno?
LOLA : ¿Qué has hecho con el que te regaló tu madre?
BEGOÑA : No sé...

4.5

ANTONIO : ¡Buenas tardes! ¿Podría hablar con el encargado?
ENCARGADO : Soy yo, dígame ¿Hay algún problema?
ANTONIO : Mire, esta mañana han venido a traer los muebles y... ¡no han puesto ni un mueble en su sitio!
ENCARGADO : Pero... ¿dónde han puesto los muebles, señor?
ANTONIO : La cama está debajo de la ventana, y yo la quiero enfrente de la puerta.
ENCARGADO : Bueno, la cambiaremos, ¿algo más?
ANTONIO : ¡Algo más! La mesa del comedor la han dejado en el pasillo, la quiero en el comedor. ¡Yo no puedo moverla! Además, el sofá está en el dormitorio, y no en el salón. ¡Son un desastre!
ENCARGADO : Sí, ya veo...
ANTONIO : No, usted no ve nada. El frigorífico está en el recibidor, ¿quién lo mueve a la cocina?
ENCARGADO : En cinco minutos vamos a cambiar sus muebles.
ANTONIO : ¡Eso espero! ¡Adiós!

leccióncinco5
LA ALDEA GLOBAL. ¡NO TE PIERDAS!

5.2

LOLA : ¿Diga?
JULIÁN : ¡Hola, soy Julián!
LOLA : ¡Hola Julián! ¿Cómo estás?
JULIÁN : Perdido, estoy en el centro de la ciudad y no sé cómo llegar a casa.
LOLA : ¿Dónde estás?
JULIÁN : Estoy al lado del Ayuntamiento.
LOLA : Tranquilo, estás muy cerca. Yo te indico.
JULIÁN : Sí, sí, dime.
LOLA : A la izquierda del Ayuntamiento hay una estación de metro. ¿La ves?
JULIÁN : Sí, sí, sigue.
LOLA : Bien, tú sigues todo recto hasta el centro comercial. ¿Lo ves?
JULIÁN : Sí, ya estoy enfrente del centro comercial.
LOLA : Bueno, pues sigues recto hasta la farmacia, continúas y pasarás delante de un cibercafé. ¿Sí?
JULIÁN : ¿Cibercafé?
LOLA : Exacto. Pasas el cibercafé y giras por la primera calle a la derecha, ¿ves el parque a tu izquierda?
JULIÁN : Sí, estoy al lado del parque. ¿Falta mucho para llegar a casa?
LOLA : No, ya llegas. Casi al final de la calle hay un cine.
JULIÁN : Sí, sí, ya lo veo.
LOLA : Bueno, giras la calle del cine a la izquierda y estás en la calle Aviñón, ¿verdad?
JULIÁN : Sí, ¿y ahora?
LOLA : Ahora busca el número 5.
JULIÁN : Ya está, ahora llamo a la puerta...
LOLA : Vale, vale ya te oigo. Ahora abro.

5.3

JOSÉ : ¡Hola Juan! ¡Cuánto tiempo sin verte! ¿Cómo estás?
JUAN : Muy bien. ¿Y tú?
JOSÉ : Bien, voy a trabajar.
JUAN : ¿Ah sí?, ¿dónde trabajas?
JOSÉ : Aquí mismo, al lado del Ayuntamiento.
JUAN : Ah, pues yo trabajo un poco más lejos, en la calle Huertas.
JOSÉ : La conozco, es una zona muy agradable.
JUAN : Sí, y además desde la calle Huertas hasta mi casa sólo hay 15 minutos. Por cierto, ¿y tú dónde vives?
JOSÉ : Cerca de tu trabajo, al lado del parque. Así comes en casa todos los días...
JUAN : No, normalmente voy a un restaurante, está detrás de mi trabajo, es bueno y barato. ¿Y tú?

JOSÉ : Yo como siempre en casa, del trabajo a mi casa sólo hay 5 minutos a pie.

5.4b

LOLA : ¡Qué buena idea venir a comer aquí!
JULIÁN : Sí, he pasado por delante de este restaurante cuando iba a casa. El precio está muy bien.
CAMARERO : Buenas tardes. ¿Quieren ver el menú?
LOLA : Sí, gracias. Queremos ver el menú turístico.
CAMARERO : Muy bien, aquí tienen.
JULIÁN : Gracias.
LOLA : ¡Camarero, por favor!
CAMARERO : ¿Ya saben qué quieren de primero?
LOLA : Sí, para mí macarrones.
JULIÁN : Yo quiero paella.
CAMARERO : ¿Y de segundo?
LOLA : Yo filete de ternera.
JULIÁN : Pues yo, pechuga de pollo.
CAMARERO : ¿Y de beber?
JULIÁN : ¿Vino tinto?
LOLA : Sí, me parece bien. Vino tinto de la casa.
(...)
CAMARERO : ¿Qué les traigo de postre?
JULIÁN : ¿Qué tienen?
CAMARERO : Helado con nueces, fruta en almíbar y fresas con nata.
LOLA : Yo quiero fresas con nata.
JULIÁN : Para mí fruta en almíbar.
CAMARERO : ¿Melocotón, pera o piña?
JULIÁN : Pues... melocotón, gracias.
(...)
CAMARERO : ¿Tomarán café?
LOLA : No, gracias.

5.4c

SEÑOR 1.º : Me han recomendado este restaurante.
SEÑOR 2.º : Hay mucha gente.
SEÑORA : Y un solo camarero...
CAMARERO : ¡Buenas tardes! ¿Quieren la carta?
SEÑOR 1.º : Sí, por favor. Queremos ver el menú gastronómico.
CAMARERO : Excelente idea. Me permiten que les recomiende algún plato...
SEÑORA : Por supuesto.
CAMARERO : De primero tenemos espinacas con piñones...
SEÑOR 1.º : Estupendo, me encantan las espinacas.
SEÑORA : ¿Tiene sopa?
CAMARERO : Sopa al ajo blanco, sopa fría de calabaza, sopa de yogur, sopa de almendras helada...
SEÑORA : Esa última está bien.
CAMARERO : ¿La sopa de yogur o la sopa de almendras?
SEÑORA : La última, la sopa de almendras.
CAMARERO : ¿Y el señor?
SEÑOR 2.º : Yo tomaré las espinacas también.
SEÑORA : ¿Y de segundo? ¿Qué nos recomienda de segundo?
CAMARERO : De segundo, los calamares rellenos, pescado fresco...
SEÑOR 1.º : A mí no me gusta el pescado. ¿Qué tienen de carne?
CAMARERO : Carne, mm... sí, tenemos pollo al vino blanco, el entrecot a la pimienta o quizá la paella; nuestro chef es valenciano y...
SEÑOR 1.º : No se hable más; paella.
SEÑORA : Yo tomaré los calamares rellenos.
SEÑOR 2.º : Pues yo quiero el entrecot a la pimienta.
CAMARERO : Excelente... ¿Puedo recomendarles algún postre?
SEÑOR 1.º : ¿Tienen helado?
CAMARERO : ¿Con fresas, con nata, con almendras, con nueces, solo...?
SEÑORA, SEÑOR 1.º y SEÑOR 2.º : ¡Solo!
CAMARERO : De beber, ¿qué les parece un vino blanco italiano...?
SEÑOR 2.º : Confiamos en usted, gracias.
SEÑORA : Me parece que con este camarero tienen bastante.
SEÑOR 1.º : ¡Vaya memoria!

5.9

1
CAMARERO : ¿Qué tomarán?
CLIENTE A : Un café con leche y un bocadillo de jamón.
CLIENTE B : Un café solo.
CLIENTE C : Una limonada y una tapa de queso.
2
CAMARERO : ¿Qué les pongo?
CLIENTE A : Yo quiero... una lata de coca-cola y una bolsa de patatas fritas.
CLIENTE B : Pues yo una jarra de cerveza. Perdone, perdone, ponga también un pincho de tortilla.
CLIENTE C : Y yo un vaso de leche y un bocadillo de queso.
3
CAMARERO : ¿Qué desean tomar?
CLIENTE A : ¿Me puede traer un té con limón y unas galletas, por favor?
CAMARERO : Muy bien, ¿y usted?
CLIENTE B : No sé..., póngame una jarra de cerveza... ¿o no? No, mire, mejor me pone una copa de vino tinto y una tapa de jamón. ¡Sí, eso sí!

lecciónseis6
¡DE COMPRAS!

6.2

DEPENDIENTE : Buenos días. ¿Qué quería?
BEGOÑA : Hola, quería una falda y una camisa.
DEPENDIENTE : ¿Cómo las quiere?
BEGOÑA : La camisa la quiero roja, de manga corta y de algodón. La falda la quiero de color azul y larga.
DEPENDIENTE : ¿Qué talla tiene de falda?
BEGOÑA : La 40.
DEPENDIENTE : Mire, aquí la tiene.
BEGOÑA : Muchas gracias. ¿Dónde está el probador?
DEPENDIENTE : Al fondo a la derecha.
(...)
DEPENDIENTE : ¿Qué tal le quedan?
BEGOÑA : Bien.
DEPENDIENTE : Perfecto. ¿Quería alguna cosa más?
BEGOÑA : Sí, quería también unos zapatos marrones con poco tacón.
DEPENDIENTE : A ver... Acompáñeme a la sección de zapatería, por favor.
(...)
DEPENDIENTE : ¿Éstos le gustan?
BEGOÑA : ¡Qué bonitos! Me los pruebo ahora mismo. ¿Cuánto cuestan?
DEPENDIENTE : 40 Euros.
BEGOÑA : Bueno, pues... me lo llevo todo.
DEPENDIENTE : De acuerdo, pase por caja, por favor. ¿Cómo paga, en efectivo o con tarjeta?
BEGOÑA : Con tarjeta, tome.

6.3a-b

LOLA : Hola Julián. ¿Puedes hacer la compra? Seguro que sí, así conoces el barrio. Mira, compra una caja de galletas, un paquete de pilas, tres latas de atún y dos bolsas de patatas fritas. ¡No olvides comprar el periódico! Y también compra un ramo de flores para Begoña, porque es su cumpleaños. Déjame pensar... ¡Ah, sí! Un bolígrafo azul, uno rojo y un bloc de notas. Ah, me olvidaba, ¡qué despistada soy! Falta el pan: tres barras de pan de cuarto. ¡Ahora ya está! ¡Que te diviertas!
(...)
LOLA : Julián, el dinero está encima del frigorífico, gracias por todo.

6.3c

JULIÁN : ¡Uy, qué caro es todo! Vamos a ver si las cantidades son correctas en la factura. Veamos: las galletas, 4,36 €; las pilas, 1,95 €; las tres latas de atún, 1,54 €; las patatas fritas, 2,11 €; el periódico, 1 €; las flores de Begoña, 3,5 €; los bolígrafos y el bloc de notas, 3,23 €; y el pan 1,76 €; A ver cuánto suma todo... 19´45 €.

6.8
BEGOÑA : ¿Hacemos un pastel?
LOLA : Vale, pero yo no sé hacer pasteles, ¿tú sí?
BEGOÑA : Sí, tengo una receta de pastel de limón buenísima.
LOLA : ¿Qué necesitamos?
BEGOÑA : A ver..., déjame pensar... ¿Tomas nota?
LOLA : Sí, dime. Yo compro.
BEGOÑA : Mira, un kilo de limones y dos naranjas.
LOLA : ¿Qué más?
BEGOÑA : Harina.
LOLA : ¿Compro un paquete?
BEGOÑA : Sí, ¿qué más?... Huevos.
LOLA : ¿Compro media docena o una?
BEGOÑA : Media. También necesitamos 50 gramos de mantequilla, un sobre de levadura y un poco de sal.
LOLA : ¿Compro mantequilla y sal?
BEGOÑA : No, sólo tienes que comprar limones, naranjas, harina, huevos, levadura y... ¡Ah! 400 gramos de nata.

BLOQUETRES3

lecciónsiete7
DESPIERTA, DESPIERTA. LOS DÍAS Y LAS HORAS

7.2
TÉCNICO : Servicio de asistencia técnica "Arreglarroto".
VECINO : Mire, mi radio no funciona bien.
TÉCNICO : Ya, bueno, pues traiga la radio al taller.
VECINO : ¿No podría usted pasar por mi casa?
TÉCNICO : ¡Cómo no! ¿Le va bien esta tarde, a las cuatro y media?
VECINO : ¡Buff! Imposible a esa hora. Tengo hora en el médico. ¿Y a las seis y media?
TÉCNICO : No puede ser, tengo que visitar otra casa.
VECINO : Bueno... ¿qué tal mañana a las diez y media? A ver, déjeme pensar. A las nueve compro en el supermercado y después limpio un poco la casa... Sí, ¿a las diez y media puede ser?
TÉCNICO : Mmm, a las diez y media, no. Tiene que ser a las doce.
VECINO : ¡Imposible! Salgo de casa para ir a trabajar.
TÉCNICO : Mire, mejor usted trae la radio aquí al taller. Nuestro horario por la mañana es de nueve a una y media, y por la tarde, de cuatro y media a ocho. De lunes a viernes, ¿eh?; el sábado cerramos.
VECINO : Sí, está bien..., si no hay más remedio.

7.3
¡Buenos días! Señoras y señores. ¿Han dormido bien? Ahora mismo les voy a decir el horario de hoy. Después de desayunar, a las nueve, iremos al Museo de Arte Moderno. Vamos a estar allí desde las diez menos cuarto hasta las doce menos cuarto. Después vamos a la fábrica de cerámica. Llegamos allí a las doce y media y tenemos tiempo para visitar la fábrica hasta las dos. A esa hora vamos a comer. Después de comer, volvemos al hotel para que puedan dormir la siesta. A las seis y media vamos a una exposición. A las ocho y media volvemos al hotel y nos arreglamos para la fiesta de bienvenida del hotel. Mmm, la fiesta empieza a las diez. ¿Les parece bien? ¿Alguna pregunta? ¿No? Pues ¡adelante, todos al autocar!

7.4
1
A : ¿A qué hora empieza el partido de fútbol?
B : A las dos.
2
A : ¿A qué hora llega mi hermano?
B : A las seis y cuarto de la tarde.
3
A : ¿A qué hora sales del trabajo?
B : Normalmente, a las doce menos cuarto de la noche. Es que trabajo en un hospital.
4
A : ¿Comemos a las dos y media?
B : Vale.
5
A : ¿A qué hora llega el tren?
B : Supongo que a las ocho menos diez.
6
A : ¿Te levantas pronto normalmente?
B : Sí, a las siete y cuarto.
7
A : ¿A qué hora vamos al teatro?
B : A las siete y media.
8
A : A las nueve y media de la noche empieza la película.

7.5
1
BEGOÑA : Julián, ¿quieres darte prisa?, que ya son las seis en punto.
2
ANA : Lázaro, ¿a qué hora te levantas normalmente?
LÁZARO : Cuando voy a trabajar, me levanto a las siete y media.
3
BEGOÑA : Andrew, ¿a qué hora empieza la película?
ANDREW : Creo que a las seis y media.
4
ANTONIO : ¡Es tardísimo! Pero... ¡si son las tres menos cuarto de la madrugada! Me voy a la cama.
5
ANDREW : Begoña, ¿cenamos? Es que ya son las diez menos cuarto.
6
JULIÁN : ¡Lola, llegas tarde otra vez! Te estoy esperando desde la una y media.
7
LOLA : Vamos a merendar, que son las siete.
8
ANTONIO : ¿Sabéis qué hora es?
LOLA : Sí, son las diez y media, la hora de irnos.
9
JULIÁN : Ana, ¿tiene hora, por favor?
ANA : Sí, son las doce y cuarto.

7.6
AMIGA : ¡Qué tarde salen de casa esas chicas del tercero segunda!, ¿no?
ANA : Depende del día. Lola casi siempre sale de casa a las nueve y media; creo que va al gimnasio dos veces por semana. La otra chica, Begoña, sale más tarde de casa, sobre las diez y media, aunque a veces sale con Lola a las nueve y media. Me parece que Lola trabaja tres días a la semana, pero no sé dónde. Todos los martes y jueves tienen ensayo en eso del teatro, ya sabes.
AMIGA : ¿Y cuándo van al supermercado? ¿No comen nunca?
ANA : ¡Ay, hija!, claro que comen, comen cada día en un bar, pero no sé cuándo compran. Supongo que compran cada sábado; ¿no es cuando compra todo el mundo?
AMIGA : No sé, yo compro todos los días. Y siempre por la mañana.

7.8
BEGOÑA : ¿Diga?
MADRE : Hola, Begoña. Soy mamá. ¿Cómo estás?
BEGOÑA : Hola, mamá. Muy bien.
MADRE : ¿Qué estás haciendo?
BEGOÑA : Pues ahora estoy viendo la tele.
MADRE : ¿Y tus amigos, están bien? Oigo mucho ruido.
BEGOÑA : Sí, están todos aquí. Andrew está jugando a las cartas con Julián.
MADRE : ¿Y Lola?
BEGOÑA : Lola está preparando la comida; hoy le toca a ella.

MADRE : Bueno, ya me quedo más tranquila. Yo estoy terminando un informe. Ya te llamaré otro día. Adiós, hija, adiós.
BEGOÑA : Sí, mamá. Adiós, adiós.

lecciónocho8
Y TÚ... ¿QUÉ OPINAS?

8.3
BEGOÑA : ¿Cómo ha ido el examen?
LOLA : No demasiado bien.
BEGOÑA : ¿Por qué?
LOLA : ¡Porque tengo un dolor de muelas horrible!
BEGOÑA : ¿Quieres ir al dentista?
LOLA : ¡No, no!
BEGOÑA : Pero ¿por qué?
LOLA : Porque... ya no me duele tanto.
BEGOÑA : Bueno, ¿te duele o no te duele?
LOLA : Mira, me duele mucho, pero ir al dentista me da mucho miedo; ¡no lo soporto!
BEGOÑA : Ya, yo tampoco. Bueno..., podemos buscar algún remedio... ¿Qué tal una aspirina?
LOLA : ¡Vale! Pero todavía no he comido. ¿Y tú?
BEGOÑA : No, yo tampoco. ¿Por qué no comemos y después te tomas la pastilla?
LOLA : ¡Perfecto! Todo menos ir al dentista.
BEGOÑA : Pero... ¿no has ido nunca al dentista?
LOLA : Sí, una vez; por eso no quiero volver.

8.4
1
BEGOÑA : ¿Os gusta el jazz?
JULIÁN : A mí no.
LOLA : A mí tampoco.
2
BEGOÑA : Me parece que tu hermano tiene sueño.
LOLA : Sí, a mí también.
3
LOLA : No tengo ganas de comer.
ANDREW : Nosotros tampoco.
4
JULIÁN : ¿Te ha gustado el libro?
LOLA : A mí sí, ¿y a ti?
JULIÁN : A mí no.
5
JULIÁN : ¿Os ha parecido divertida la fiesta?
BEGOÑA : Sí, a nosotros sí, ¿y a vosotros?
JULIÁN : A nosotros no.
6
LOLA : No me interesa ver esta exposición.
JULIÁN : Pues a mí sí.
7
BEGOÑA : ¡No quiero levantarme tan pronto!
LOLA : Yo tampoco.

8.5
CAROLINA : Bueno, mi último día en casa... Vamos a ver si lo tengo todo. ¿Dónde está mi agenda? Ah, ahí, encima de la mesa. Todavía no he confirmado la reserva en la residencia de estudiantes, pero ya he confirmado la reserva del avión; sale a las ocho y media. He comprado toda la ropa de verano que necesito. ¡Ah! Todavía no he comprado las sandalias. Bueno, puedo comprarlas en Salamanca. Ya he hecho la maleta. ¿He llamado a Andrew? No, no lo he llamado todavía, ni a la prima Lucía, para decirles cuándo llego. Ya he llamado a mis padres para despedirme. ¡Vaya! Todavía no he revisado el pasaporte, pero no creo que haya problema. ¡Huy! Voy a dar de comer al perro... ¡El perro! ¡Todavía no lo he llevado a casa de mi hermano!

8.8
LOLA : Este musical ha estado muy bien, ¿verdad?
JULIÁN : ¿Sí? Pues a mí no me ha parecido muy interesante.
LOLA : ¿De verdad? Yo creo que se han inspirado en Van Gogh para hacer el escenario... ¡Qué colores! ¡Una maravilla!
JULIÁN : Sí, estoy de acuerdo. Pero esas escenas con tantos actores y todos cantando a la vez... En fin, que me duele un poco la cabeza.
LOLA : ¡Ah! ¿Quieres una aspirina?
JULIÁN : No, gracias. No me gusta tomar pastillas, prefiero descansar un poco en el sofá.
LOLA : Ya te entiendo, a mí tampoco me gustan las pastillas, pero...
JULIÁN : ¿Te importa si duermo un rato?
LOLA : No, no, al contrario. Yo también voy a descansar hasta la hora de la cena.

8.10
BEGOÑA : Lola, ¿ya has visto *El perro Andaluz*, de Buñuel?
LOLA : No, todavía no. ¿Dónde la ponen?
BEGOÑA : Aquí al lado, en la Filmoteca. Hoy hay un pase a las ocho y media.
LOLA : ¿Tú ya la has visto?
BEGOÑA : No, tampoco. Pero Julián ya la ha visto y...
LOLA : ¿Y qué le ha parecido?
BEGOÑA : No le ha gustado mucho.
LOLA : ¿Por qué?
BEGOÑA : Porque es una película extraña.
LOLA : Sí. Algo difícil, ¿no?
BEGOÑA : Puede ser, pero yo prefiero verla antes de opinar.
LOLA : Sí, yo también.
BEGOÑA : Pues... vamos al cine, que ya son las ocho y cuarto.

8.12
LOLA : ¡Pareces muy contento!
JULIÁN : Sí, ¡estoy contento! Porque he comprado un cuadro precioso de un pintor joven.
LOLA : ¿Ah, sí? y... ¿dónde lo has comprado?
JULIÁN : En la galería de un amigo. Todos sus cuadros son muy interesantes.
LOLA : Yo nunca he ido a una galería de arte.
JULIÁN : Pues, si quieres, vamos a la de mi amigo. Está aquí mismo.
LOLA : Vale, me apetece ver una exposición de pintores jóvenes, y... ¡quién sabe!, con el dinero que he ahorrado a lo mejor puedo comprar algún cuadro.
JULIÁN : Por cierto, ¿has visto la exposición de Frida Kahlo en el Museo de Arte Moderno?
LOLA : Sí, ya la he visto.
JULIÁN : ¿Y qué te ha parecido?
LOLA : ¡Fantástica! ¡Me encanta esa pintora!
JULIÁN : A mí también.

lecciónnueve9
REUNIÓN DE AMIGOS

9.2
ANDREW : Antonio, ¿quieres un poco más de zumo?
ANTONIO : Sí, gracias Andrew. Ponme un poco más, por favor.
(...)
JULIÁN : Begoña, ¿no quieres tomar nada?
BEGOÑA : No, gracias. Ahora no me apetece.
(...)
ANTONIO : Lola, ¿te apetecen patatas fritas?
LOLA : Sí, gracias. Están buenísimas.
(...)
BEGOÑA : Julián, ¿puedes traerme un poco de agua, por favor?
JULIÁN : Sí, claro. ¿La quieres con hielo o sin hielo?
BEGOÑA : Sin hielo, gracias.
(...)

ANTONIO : ¿Os apetece cenar en mi casa el martes?
TODOS : Sí, sí. Perfecto.

9.3

LOLA : Bueno Begoña, faltan dos días para el cumpleaños de Julián y todavía no hemos preparado nada. ¿Qué hay que hacer?
BEGOÑA : ¡Ay, es verdad! Deja que piense. Lo primero, claro, comprar un pastel.
LOLA : ¿Por qué no lo compras tú, Begoña?
BEGOÑA : ¡No, Lola! El pastel lo tienes que traer tú porque tienes más tiempo que yo. Cerca de la escuela de teatro hay una pastelería muy buena. ¡Ah! Y las velas, también las tienes que comprar tú. Se pueden comprar velas en las pastelerías, ¿verdad? Sí, creo que sí.
LOLA : De acuerdo. Yo compro el pastel, las velas y preparo la comida. ¿Y tú?
BEGOÑA : Yo también tengo que hacer muchas cosas: comprar el regalo de cumpleaños, llamar por teléfono a los invitados a la fiesta... ¡Ah! Se me olvidaba, hay que avisar a los vecinos para no molestarlos.
LOLA : ¡Vale! ¿Y no falta nada? ¡La música! ¿Quién trae la música? ¡No se puede organizar una fiesta sin música! ¡Y nosotros no tenemos equipo de música! Esta tarde tengo que ir a casa de unas amigas. Seguro que me dejan el suyo. La música la traigo yo.
BEGOÑA : ¡Fantástico! Ya lo tenemos todo.

9.4

1
BEGOÑA : ¿Has ido por fin al bar de la esquina?
ANDREW : Sí, ¿sabes que se pueden tirar los papeles al suelo?
BEGOÑA : ¿Sí? ¿Y nadie te dice nada?
ANDREW : ¡Qué va! Todo el mundo lo hace.
2
BEGOÑA : ¿Qué estás haciendo?
ANDREW : ¿No lo ves? Estoy encendiendo un cigarrillo.
BEGOÑA : ¡Estás loco! No se puede fumar dentro del cine. Hay que salir de la sala para fumar.
3
BEGOÑA : ¡Chss! Estamos en un hospital. No se puede hablar alto.
ANDREW : Perdona, no lo sabía. Oye, ¿se puede fumar?
BEGOÑA : ¡No! ¡A fumar a la calle!
ANDREW : ¡Chss! Recuerda que no se puede gritar.
4
ANDREW : He comprado el billete de avión a Ibiza.
LOLA : ¿Y vas en fumadores o en no fumadores?
ANDREW : En los vuelos nacionales no se puede fumar.
LOLA : ¡Ah!, no lo sabía. Oye, ¿a qué hora sale el vuelo?
ANDREW : A las nueve de la mañana, pero hay que estar en el aeropuerto una hora antes de la salida.

BLOQUECUATRO4

leccióndiez10
¿QUIERES CONOCER UN POCO MÁS A NUESTROS AMIGOS?

10.2

1
BEGOÑA : ¡Me encanta esta foto! Es genial. ¿Quién es?
JULIÁN : Yo, ¿quién va a ser? ¡Fue muy divertido! Creo que mis hermanos y yo estuvimos todo el verano en la piscina.
BEGOÑA : ¡Qué suerte! ¿Y jugaste mucho dentro del agua?
JULIÁN : Sí, casi siempre con mis hermanos. La verdad es que fue un verano muy divertido. Enséñame tu foto, ¿de cuándo es?
BEGOÑA : De hace muchos años... Era una niña.
JULIÁN : A ver..., ¡qué guapa!, ¡y qué pelo tan rubio! ¿Dónde te hicieron la foto?
BEGOÑA : En casa de mis abuelos, en otoño. ¡Cuántas manzanas recogí! Me lo pasé muy bien en casa de los abuelos. ¡Fue muy divertido ser pequeña!
2
LOLA : ¡Qué pequeño! ¡No pareces tú!
ANDREW : ¡Qué exagerada! No hace tanto tiempo de esta foto.
LOLA : ¿Ah no? ¿Cuándo te la hicieron?
ANDREW : Creo que fue con once años. ¡Qué bien me lo pasé en aquel río!
LOLA : Mira ahora esta foto. ¿Sabes quién es ésta?
ANDREW : ¡No! ¿Eres tú?
LOLA : Sí, ¿no me reconoces? Pero si estoy igual.
ANDREW : ¡Qué dices! Estás muy diferente. No eres tú, estoy seguro. Tan deportista... esquiando con tanto estilo... ¡imposible!
LOLA : ¿Deportista? ¡Muy gracioso! Yo siempre he hecho mucho deporte, no como tú... y además aquí aprendí a esquiar.

10.3

1
BEGOÑA : ¿Esta montaña es de los Andes?
LOLA : No, me parece que es de las islas Canarias.
2
LOLA : Julián. ¿Cuál es la capital de Nicaragua?
JULIÁN : ¡Nunca me acuerdo! A ver..., creo que es Tegucigalpa.
3
LOLA : ¿Cuándo fuiste a Cuba?
JULIÁN : Si no recuerdo mal..., creo que fue en el 97.
4
ANDREW : ¿La isla de Pascua está en Chile?
BEGOÑA : Sí, pienso que sí. Pregúntaselo a Julián.
5
BEGOÑA : ¿Las patatas se llaman papas en Latinoamérica?
LOLA : Me parece que sí.
6
LOLA : ¿Seguro que Paraguay no tiene mar?
BEGOÑA : Sí, sí, seguro.
7
ANDREW : ¿Sabes cuál es la fiesta de Carnaval más famosa del mundo?
JULIÁN : Pues claro, el Carnaval de Río de Janeiro, en Brasil.

10.4

BEGOÑA : Buenos días.
BLANCA : ¿Qué tal Begoña?
BEGOÑA : Muy bien.
BLANCA : Encantada. Soy Blanca. Si te parece, podemos pasar a mi despacho.
BEGOÑA : Perfecto.
(...)
BLANCA : A ver, primero explícame dónde naciste, de dónde eres...
BEGOÑA : Bueno, pues nací en Bilbao. Mis padres son de allí y siempre hemos vivido en el País Vasco.
BLANCA : Pero ahora estás viviendo en Barcelona, ¿verdad?
BEGOÑA : Sí, vine aquí hace un par de meses para estudiar teatro.
BLANCA : ¿Te gusta el teatro?
BEGOÑA : Sí, muchísimo. Me gusta desde pequeña.
BLANCA : Begoña, háblame un poco de tu formación: qué has estudiado, dónde...
BEGOÑA : Pues, estudié bachillerato en el Instituto Menéndez Pidal. Cuando terminé, hice un curso de animadora social de adolescentes en un centro cultural. Organizamos un taller de teatro. Fue una experiencia fantástica.
BLANCA : ¿Y tu experiencia laboral?
BEGOÑA : He hecho un poco de todo. En Bilbao trabajé en una emisora de radio como ayudante de producción en un programa de música para jóvenes.
BLANCA : ¿Fue interesante?
BEGOÑA : Mucho. Gracias a este trabajo, después colaboré en un periódico local. Estuve en la sección de cultura y espectáculos.
BLANCA : ¿Tienes alguna experiencia profesional en el mundo del teatro?
BEGOÑA : Sí, en julio de 1999 colaboré en la organización del III Encuentro de Compañías de Teatro para Aficionados de Bilbao. También soy miembro de una compañía teatral de Bilbao. El año

pasado participamos en el IV Concurso de Teatro para Aficionados de San Sebastián.
BLANCA : Y para terminar, Begoña, ¿por qué no me hablas de tus aficiones?
BEGOÑA : Bueno, como le he dicho, el teatro es mi gran afición. Pero, además, también me gusta pasear y escuchar música.

10.5

LOCUTOR : Buenas noches. Bienvenidos una noche más a nuestro programa. Un espacio en el que podéis hablar de vuestras vidas..., porque nosotros estamos aquí para escucharos. Aquí tenemos el primer oyente. Buenas noches. ¿Con quién hablo?
JAVIER : Con Javier.
LOCUTOR : Encantado Javier. ¿Y qué nos quieres explicar?
JAVIER : Pues hoy he visto a un antiguo profesor mío y me he acordado de la escuela.
LOCUTOR : ¿Y cuándo tuviste a ese profesor?
JAVIER : Pues... hace veinte años.
LOCUTOR : Y después de tantos años, ¿recuerdas su nombre?
JAVIER : Sí claro. Se llama Pedro. Fue un profesor estupendo.
LOCUTOR : Muchas gracias, Javier. Pasamos ahora a Santander. ¿Hola? ¿Quién eres?
GEMA : Hola, soy Gema.
LOCUTOR : Gema, ¿cómo estás?
GEMA : Muy bien, gracias.
LOCUTOR : ¿Qué quieres contarnos?
GEMA : Pues la última vez que mi marido y yo hicimos un viaje al extranjero fuimos a Australia.
LOCUTOR : ¿Por qué nos lo quieres contar?
GEMA : Porque fue muy especial. Fue el verano de 1995. Aquello es precioso. Y lo pasamos muy bien.
LOCUTOR : Estupendo, Gema. Pasamos a la última llamada. ¿Con quién hablo?
MARCOS : Buenas noches. Soy Marcos.
LOCUTOR : ¿Desde dónde llamas?
MARCOS : Desde Teruel.
LOCUTOR : ¿Qué nos cuentas, Marcos?
MARCOS : Pues que anteayer fue el cumpleaños de mi hija. Se llama Laura y tiene veinticinco años. Fuimos toda la familia a celebrarlo a un restaurante.

10.9

LOLA : ¿Qué tal van las clases de español, Andrew?
ANDREW : Muy bien. Esta mañana hemos estudiado en clase un poco de historia. Yo sé muy pocas cosas sobre la historia de España, pero me parece muy interesante.
LOLA : A mí me gusta mucho la historia.
ANDREW : A mí también. Pero no recuerdo las fechas; para eso están las enciclopedias o Internet. Oye, ¿por qué no me ayudas, Lola? Para mañana tengo que buscar información sobre algunos acontecimientos históricos.
LOLA : ¿Qué acontecimientos te interesan?
ANDREW : Mira la lista de lo que tengo que buscar: la guerra civil, las Olimpiadas de Barcelona, el franquismo...
LOLA : Uy, un momento. Esto está muy desordenado. Poco a poco. A ver, primero la guerra civil, que duró tres años. Empezó en 1936 y acabó en el 39. Después, la dictadura de Franco, de 1939 a 1975.
ANDREW : He oído hablar de Franco. Después de su muerte en 1975 empezó la democracia, ¿no?
LOLA : Sí, en el 77 hubo elecciones generales. Primero gobernó un partido de centro que se llamaba UCD, que ahora no existe. Después, el Partido Socialista gobernó de 1982 a 1996.
ANDREW : Oye, y España, ¿en qué año entró en la Unión Europea?
LOLA : En enero de 1986. Las cosas cambiaron mucho. Al principio la gente no estaba muy segura, pero poco a poco...
ANDREW : Y en el 92 se celebraron las Olimpiadas de Barcelona, ¿a que sí?
LOLA : Sí, sí, en 1992.
ANDREW : Yo vi los partidos de baloncesto desde mi casa. ¡Qué equipo el de Estados Unidos!
LOLA : Pues yo participé como voluntaria. Fue muy emocionante.
ANDREW : ¡Qué suerte! Oye, ¿y la Exposición Universal?
LOLA : Fue en Sevilla, en el mismo año que las Olimpiadas.

10.12

JULIÁN : Esta mañana he recibido una carta de mi madre.
LOLA : Y ¿qué tal está?
JULIÁN : Bien, está muy contenta por mí. A mi madre siempre le ha gustado que yo me dedique al teatro.
LOLA : ¡Qué suerte! Mis padres nunca han entendido mi pasión por el teatro.
JULIÁN : Bueno, con el tiempo seguro que cambian de opinión.
LOLA : No lo sé. Oye, ¿tus padres han estado alguna vez en España?
JULIÁN : Sí, el año pasado fueron a Galicia, a casa de una amiga.
LOLA : ¿Y siempre han vivido en México?
JULIÁN : No, mi madre nació en Buenos Aires. Al terminar la escuela empezó a trabajar y después, creo que en el 58, conoció a mi padre, que es mexicano, de Guadalajara.
LOLA : ¡Qué interesante!

lecciónonce 11
TUS EXPERIENCIAS Y RECUERDOS

11.2

JULIÁN : Abuelo, ya sabes que este año para Nochevieja no voy a estar aquí.
ABUELO : Sí, y es una lástima. Todavía me acuerdo de la Nochevieja del año 92. Todos nuestros hijos y nietos vinieron a casa. Estaban tus padres, tus hermanos, tú... incluso Canelo, el perro que teníais, ¿te acuerdas?
JULIÁN : Claro que sí, abuelo.
ABUELO : Aquella fue una noche muy especial para tu abuela y para mí porque hacía años que no reuníamos a toda la familia.
JULIÁN : Abuelo, y cuando eras joven, ¿cómo celebrabas la Nochevieja?
ABUELO : Siempre la celebraba en casa de la tía Juliana porque era la mayor de los hermanos. Ella preparaba la cena.
JULIÁN : Y ¿qué comíais?
ABUELO : Uy, de todo. La tía Juliana era una cocinera excelente. Hacía pavo al horno con ciruelas.
JULIÁN : Y ¿bebíais champán?
ABUELO : ¡Qué dices! Sólo unos pocos podían pagar el precio de una botella de champán. La gente tomaba sidra, que era más barata.
JULIÁN : Y a las doce...
ABUELO : Comíamos doce uvas. Por cada uva, es decir, por cada mes del año próximo, pedíamos un deseo.
JULIÁN : Ah, así las cosas no han cambiado tanto. La gente sigue celebrando esta fiesta de la misma manera.
ABUELO : Sí, pero cada vez es más difícil reunir a toda la familia. Antes los jóvenes no viajábamos tanto. Cuidábamos de la familia trabajando muy duro. Pero me alegro por ti, Julián; seguro que en España haces muy buenos amigos.
JULIÁN : Gracias, abuelo. Este año no estaré aquí con vosotros, pero el año que viene volveré a casa por Navidad.

11.3

LOLA : ¡Qué bien!, mira, ésta es de Fin de Año.
BEGOÑA : ¿Y lo pasaste bien?
LOLA : Estupendamente.
BEGOÑA : ¡Qué suerte!, porque el año pasado yo lo pasé fatal.
LOLA : ¿Qué pasó?
BEGOÑA : Verás, yo llegaba tarde a la fiesta de Fin de Año que un amigo hacía en su casa. Cuando llegué a la portería eran las doce menos cuarto. Ricardo esperaba el ascensor; también llegaba tarde. A su lado había un señor algo gordo. Di dos besos a Ricardo y saludé al señor. Llegó el ascensor y subimos los tres. El señor iba al quinto piso, y nosotros, al ático. Pues bien ¡ni el señor ni nosotros llegamos! El ascensor se paró en el cuarto piso. ¡No se movía! Hicimos sonar

la alarma, gritamos, pero nadie nos oía y... ¡Ya eran las doce menos cinco! ¡Adiós fiesta de Fin de Año! Ricardo recordó que llevaba teléfono móvil y llamó a casa de nuestro amigo. Al final nos sacaron del ascensor a la una y cuarto. ¡He pasado noches mejores, te lo aseguro!

11.4

BEGOÑA : La semana pasada creo que vi un ovni.
LOLA : ¿Ah, sí?
BEGOÑA : Creo que sí, era una luz muy brillante... una enorme bola de luz delante de mi coche.
LOLA : ¡No me digas! ¿Y qué pasó?
BEGOÑA : La verdad, no mucho. La luz no se movía y yo tampoco, claro. No pude mover ni un dedo.
LOLA : ¡Qué susto! ¿Y no pasó nada más?
BEGOÑA : Bueno, me pareció oír música, pero no lo puedo asegurar.
LOLA : ¡Qué extraño! ¿No fuiste a la policía?
BEGOÑA : ¡Qué va! Ellos no creen estas cosas.
LOLA : Lo entiendo perfectamente, yo tampoco me lo creo mucho.

11.5

PRESENTADOR : Y pasamos al tiempo. Esta noche saludamos a nuestra compañera Lola. Buenas noches, Lola.
LOLA : Buenas noches.
PRESENTADOR : Lola, ¿qué le pasa al tiempo? Últimamente parece que está un poco loco, ¿no? A ver, cuéntanos, ¿qué tiempo ha hecho hoy y qué tiempo se espera para mañana?
LOLA : En esta época del año es normal este tiempo tan variable. Hoy ha sido un día complicado. En la mitad norte del país ha hecho sol, aunque por la tarde ha llovido en algunas localidades. En la mitad sur ha llovido intensamente durante todo el día y en algunas zonas ha caído granizo. En el litoral mediterráneo ha brillado el sol, aunque a primeras horas de la mañana han aparecido bancos de niebla. En los Pirineos ha nevado durante buena parte del día. Como ven, ha habido de todo: sol, lluvia, granizo, niebla y nieve.

11.11

BEGOÑA : Lola, ¿qué tal la fiesta de Raquel? ¿Fue ayer o anteayer?
LOLA : Ayer, ayer. Estuvo muy bien.
BEGOÑA : ¡Qué suerte! ¿Había alguien de la Escuela de Teatro?
LOLA : No, nadie.
BEGOÑA : ¡Qué pena!
LOLA : Todos eran excompañeros del instituto de Raquel. No importa, porque todos eran muy simpáticos.
BEGOÑA : ¿Ah sí?
LOLA : Sí, sí, estuvimos riendo toda la noche. Uno de ellos, Pablo, no paraba de contar chistes.
BEGOÑA : Y entre tantos chicos... ¿alguno en especial?
LOLA : ¡Qué dices!, Begoña, tú siempre pensando en lo mismo. Todos eran muy simpáticos, pero no me gustó ninguno.
BEGOÑA : No te enfades. Oye, ¿al final tuviste tiempo de comprar algo para la fiesta?
LOLA : No, nada. Raquel no me pidió nada porque tenía todo lo necesario para la fiesta : bebida, comida, pastel, música y... ¡amigos!
BEGOÑA : ¡Qué bien!

11.12

1
BEGOÑA : ¡Buenos días!
ANA : ¡Hola! Menuda lluvia, ¿eh?
BEGOÑA : Sí, me parece que hay lluvia para todo el día.
ANA : Bueno... dicen que es bueno para el campo.
2
LOLA : ¡Qué calor hace hoy!
BEGOÑA : Sí, pero... hizo más calor ayer, ¿no?
LOLA : Sí, sí. Ayer fue insoportable, llegamos a 40 grados.
3
LOLA : ¡Qué viento!
JULIÁN : Ya lo creo. ¡Casi no se puede andar!
LOLA : No, pero se puede volar...
4
JULIÁN : Hoy no hace frío.
BEGOÑA : ¡¿Qué no hace frío?! ¡Pero si está nevando!
JULIÁN : Bueno, pero cuando nieva no hace frío.
5
BEGOÑA : ¡Brrr!, ¿qué temperatura hace hoy?
ANDREW : En la radio han dicho cuatro grados.
BEGOÑA : ¡Cuatro grados, qué frío!
6
LOLA : Hace buen tiempo, ¿verdad?
BEGOÑA : Sí, la semana pasada hizo mucho frío, pero ahora se está bien.

lecciòndoce12
JULIÁN SE VA DE VACACIONES

12.2

BEGOÑA : Julián, ¿a qué país quieres ir de vacaciones?
JULIÁN : Quiero ir a Venezuela.
BEGOÑA : ¿Y cuándo te vas? ¿Ya has hecho la reserva?
JULIÁN : Sí. Me voy en febrero, el día 3.
BEGOÑA : ¿Vas a hacer una ruta por el país?
JULIÁN : Sí, primero pienso ir a Caracas, la capital. Quiero visitar la casa de Simón Bolívar y el Museo de Bellas Artes; ¡me han dicho que es una maravilla! También quiero ir a El Hatillo, porque dicen que es un pueblo encantador y está muy cerca de Caracas.
BEGOÑA : ¿Cuántos días piensas estar en la capital?
JULIÁN : Unos..., unos cuatro días. La ciudad es muy grande, pero yo no tengo mucho tiempo.
BEGOÑA : ¿Dónde piensas ir después?
JULIÁN : Quiero ir a Cumaná. Allí hay unas playas preciosas, ¡me encantan las playas! También quiero visitar las Cuevas de Guácharo, son unas cuevas muy grandes que se descubrieron en el siglo XVIII.
BEGOÑA : ¡Cuánta visita! ¿No piensas ir a ninguna fiesta?
JULIÁN : Sí, claro. Además es Carnaval. Supongo que voy a ir al carnaval de Carúpano, es uno de los carnavales más famosos del Caribe, ¡yo también quiero disfrazarme!
BEGOÑA : Pero... ¿vas a ir a una fiesta de disfraces?
JULIÁN : Seguro que sí. Además me han dicho que es muy divertido, porque allí hacen las fiestas en la calle, al aire libre.
BEGOÑA : Pero ¿tú sabes qué tiempo va a hacer?
JULIÁN : No exactamente, aunque creo que en esa época del año ya hace calor.
BEGOÑA : ¡Qué suerte! Creo que el próximo año me voy contigo.

12.3

1
LOLA : Si no te das prisa, no vamos a llegar al teatro.
BEGOÑA : Ya voy... Si sólo son las siete.
LOLA : Sí, y la obra empieza a las siete y media... No nos van a dejar entrar hasta el segundo acto.
2
JULIÁN : He reservado mesa en el restaurante a las diez.
BEGOÑA : Vale, ¿y a qué hora va a llegar Lola?
JULIÁN : Lola siempre es puntual.
BEGOÑA : Bueno, vamos a tener tiempo de llegar.
3
LOLA : Vamos a llegar tarde, ¡como siempre!
BEGOÑA : ¿A qué hora es la boda?
LOLA : A las doce y media.
BEGOÑA : No te preocupes, la iglesia está muy cerca.
4
ANDREW : Quiero estar dos horas antes de que salga el avión.

BEGOÑA : ¿Dos horas antes? Bueno, no te preocupes, tenemos tiempo, el avión va a salir a las seis y media.
ANDREW : Ya, pero yo pienso estar allí dos horas antes.

12.4

1

INFORMACIÓN : Información, buenos días. Le atiende Manuel Espinosa.
BEGOÑA : Buenos días, ¿podría darme el teléfono del Museo Arqueológico?
INFORMACIÓN : Sí, por supuesto. Tome nota, el teléfono es el nueve, tres, dos, quince, veintisiete, cuarenta y seis.

2

JULIÁN : ¡Hola!, en este momento no estamos en casa o no podemos atender la llamada. Si quieres dejar un mensaje, habla después de oír la señal.

3

GERMÁN : ¡Buenas tardes! ¿Está Lola?
BEGOÑA : No, lo siento. ¿De parte de quién?
GERMÁN : Soy Germán, un amigo. ¿A qué hora la puedo encontrar?
BEGOÑA : Yo creo que sobre las ocho. Ya le digo que ha llamado.
GERMÁN : Muy bien, gracias. Adiós.

4

SEÑOR : Buenos días, ¿se puede poner Enrique?
LOLA : ¿Enrique? Creo que se equivoca.
SEÑOR : ¿Eh? Estoy llamando al tres, ochenta y cuatro, cuarenta y nueve, ochenta y dos.
LOLA : No, no. ¡Se ha equivocado! Mi teléfono no es ése.
SEÑOR : Lo siento. Perdone, adiós.

5

TELEFONISTA : Eripsa, ¿dígame?
ANTONIO : Buenas tardes, ¿me pone con el señor Gutiérrez?
TELEFONISTA : Lo siento, pero no puede ponerse ahora. ¿De parte de quién?
ANTONIO : Soy Antonio Gómez. ¿Podría decirle que me llame al teléfono móvil?
TELEFONISTA : Sí, señor, ¿él tiene su teléfono?
ANTONIO : Sí, sí lo tiene.
TELEFONISTA : Muy bien, yo le doy el recado.
ANTONIO : Muchas gracias.
TELEFONISTA : De nada, adiós buenas tardes.

6

LOLA : A ver..., el seis, treinta y seis, cincuenta y cuatro, cuarenta y dos, veintitrés, cinco... A ver si hay suerte.
(...)
LOLA : ¡No puede ser! ¡Lleva tres horas hablando por teléfono!

12.5

1

BEGOÑA : ¿Diga?
CRISTINA : Hola Begoña, soy Cristina. ¿Cómo estás?
BEGOÑA : ¡Muy bien!, ¿y tú?
CRISTINA : Pues mira, un poco aburrida. ¿Por qué no vamos a la playa? ¿Te va bien?
BEGOÑA : Ahora mismo me va fatal; estoy estudiando..., pero si me das una hora, ¡perfecto!
CRISTINA : Vale, quedamos en tu casa a la una y media, ¿sí?
BEGOÑA : Sí, sí, perfecto. ¡Hasta la una y media!
CRISTINA : ¡Hasta luego!

2

LÁZARO : ¿Qué tal, chicos? ¿Cómo estáis?
JULIÁN : Bien, como siempre.
LÁZARO : Oye, mañana voy a ir a vuestro piso a arreglar la lavadora. Pero necesito que alguno de vosotros me acompañe a comprar las piezas.
JULIÁN : Yo puedo ayudarte. ¿Cómo quedamos?
LÁZARO : Mañana a las once aquí, en el piso.
JULIÁN : Muy bien, te espero.

3

JULIÁN : Begoña, ¿me acompañas a comprar? Es que necesito unos pantalones.
BEGOÑA : ¿Ahora? Si son casi las ocho; van a cerrar las tiendas.
JULIÁN : ¡Vaya, siempre me pasa lo mismo!
BEGOÑA : Si quieres te acompaño otro día.
JULIÁN : ¡Vale! ¿Qué día quedamos?
BEGOÑA : ¿El sábado te va bien?
JULIÁN : ¿A qué hora?
BEGOÑA : No sé..., a las seis o a las seis y media.
JULIÁN : Mejor a las seis y media; y ¿dónde quedamos?
BEGOÑA : En la puerta del centro comercial.
JULIÁN : ¡Perfecto!

4

LOLA : He quedado con María para ir al teatro, ¿quieres venir?
BEGOÑA : ¿Qué vais a ver?
LOLA : Una obra experimental en la que actúa su novio.
BEGOÑA : ¿A qué hora empieza?
LOLA : Creo que a las ocho y media. Pero si hoy no te va bien, podemos ir el jueves a la misma hora.
BEGOÑA : Si lo dejáis para el jueves, no faltaré.
LOLA : Pues ahora llamo a María y cambio la cita. Oye, ¿dónde quedamos?
BEGOÑA : ¿ Te va bien en la puerta del teatro?
LOLA : Estupendo.

12.6

BEGOÑA : ¿Diga?
MARIBEL : Hola, soy Maribel.
BEGOÑA : ¿Quién?
MARIBEL : Maribel, de la Escuela de Teatro.
BEGOÑA : Ah, sí, perdona Maribel, ¿cómo estás?
MARIBEL : Muy bien, ¿y tú? ¿Cómo va todo?
BEGOÑA : Pues... últimamente con mucho trabajo.
MARIBEL : Mira, te llamo porque este sábado por la noche vienen a cenar a casa unos amigos. ¿Te apetece venir?
BEGOÑA : ¡Claro! ¿Celebras algo especial?
MARIBEL : No, pero tengo muchas ganas de hacer una cena y ver a mis amigos. Este fin de semana mis padres no están en casa porque se van de viaje. ¡Tengo que aprovechar esta oportunidad!
BEGOÑA : ¡Por mí, estupendo!
MARIBEL : Así que... ¿cuento contigo?
BEGOÑA : ¡Por supuesto! ¿A qué hora quedamos?
MARIBEL : Yo os espero a partir de las nueve y media.
BEGOÑA : ¿Quedamos en tu casa directamente?
MARIBEL : Sí, es muy fácil llegar. Está muy cerca de la Escuela, en la calle Milagros...
BEGOÑA : Espera un momento, que voy a buscar un lápiz para apuntar la dirección... A ver, dime.
MARIBEL : Calle Milagros, número quince, segundo primera.
BEGOÑA : Espera un momento. Calle Milagros, número quince, segundo primera.
MARIBEL : Sí, eso es.
BEGOÑA : ¡Perfecto! Oye, ¿necesitas ayuda para preparar algo?
MARIBEL : No, tú no te preocupes, que trabajas mucho. ¡Tú tranquila!
BEGOÑA : Fantástico. Gracias. Pues hasta el sábado.
MARIBEL : ¡Hasta el sábado!

12.13

LOLA : Julián, necesito ayuda. Estoy desesperada.
JULIÁN : ¿Qué te pasa?
LOLA : Tengo que preparar información para el reportaje de Perú y lo único que conozco de Perú es el Machu-Pichu.
JULIÁN : Bueno, por algo se empieza. Mira, yo siempre que viajo tomo nota de los lugares que visito, de las recomendaciones que me hace la gente, de la información que busco antes del viaje... Hago un cuaderno de viaje.

LOLA : Y, por casualidad, ¿no tendrás aquí el cuaderno de Perú?
JULIÁN : Estás de suerte, nunca me separo de mis cuadernos.
LOLA : ¿Puedo verlo, por favor?
JULIÁN : Aquí está. Veamos qué información encontramos.
LOLA : En Perú hay selva, ¿verdad?
JULIÁN : Sí, en Perú hay tres grandes zonas: la costa, la sierra y la selva. En la región de la selva es donde están las reservas naturales. Yo estuve en un parque natural cerca del Machu-Pichu y del lago Titicaca.
LOLA : ¡La selva! Parece una película de aventuras como las de Indiana Jones.
JULIÁN : ¡Qué va! Nada de aventura. Todo está muy controlado. Hay zonas de la selva a las que sólo puedes acceder si vas por agencia.
LOLA : Oye, ¿y qué tipo de precauciones tienes que tomar para ir a Perú?
JULIÁN : Es obligatorio vacunarse contra la fiebre amarilla.
LOLA : ¡Cuánto trabajo!, pero seguro que el viaje es precioso.
JULIÁN : Sí, aunque entre los meses de noviembre y marzo no es recomendable viajar a Perú porque es época de lluvias. Si vas algún día, no te olvides de ir bien preparada contra el calor y los mosquitos. La gente cree que hay que llevar ropa de verano por las altas temperaturas, pero lo mejor son las camisas de manga larga y los pantalones largos.
LOLA : Julián, ¿qué significan los números que tienes aquí anotados?
JULIÁN : Que Perú es uno de los ocho países del mundo donde hay más variedad de animales y plantas. Mira, más del 10 % de las especies animales del planeta.
LOLA : ¡El año que viene me voy a Perú!

12.14

Comenzamos en la recta de las nacionalidades:
¿De qué nacionalidad son las personas nacidas en estos países?
Casilla 1: Norteamérica...
Casilla 2: Francia...
Casilla 3: Italia...
Atención la curva de las profesiones:
Casilla 4: el hombre de la ilustración a) es un ...
Cuidado, manchas de aceite en *parentescos*:
Casilla 5: el hermano de tu padre es tu ...
Casilla 6: La madre de tu madre es tu ...
Zona tranquila, *partes de la casa*:
Casilla 7: ¿En qué parte de la casa se cocina? ...
Casilla 8: ¿Dónde nos duchamos? ...
Casilla 9: ¿Dónde dormimos? ... .
Zona de adelantamiento, *números*:
Casilla 10: ¿Cuántas ruedas tiene tu coche de carreras? ...
Casilla 11: ¿Y una moto? ...
Casilla 12: ¿Cuántos dedos tenemos en las manos? ... .
Llegamos a la recta de los *colores*:
Casilla 13: La nieve es ...
Casilla 14: Durante el día el cielo es ...
Casilla 15: La hierba es ...
Casilla 16: El Sol es ...
Casilla 17: ¿De qué color es el cielo durante la noche? ... .
Atención, curvas: *tiendas*:
Casilla 18: ¿Dónde compramos la fruta? ...
Casilla 19: La carne la compramos en la ...
Casilla 20: El pescado lo compramos en la ... .
Cuidado, manchas de aceite: *días de la semana*:
Casilla 21: ¿Qué dos días forman el fin de semana? ... .
Meses del año:
Casilla 22: ¿Cuál es el primer mes del año? ...
Casilla 23: ¿Y el quinto? ...
Casilla 24: ¿Y el último? ... .
Peligro, la curva de las *funciones comunicativas*:
Casilla 25: Ring, ring, ring..., suena el teléfono. ¿Qué contestas? ...
Casilla 26: Es el cumpleaños de tu mejor amigo. ¿Qué le dices? ...
Casilla 27: Le haces un regalo. ¿Qué te contesta? ...
Casilla 28: ¿Qué hora es en el reloj del estadio? ... .
Zona tranquila: *Aficiones y deportes:*
Casilla 29: ¿A qué juegan los chicos de la ilustración b)? ... .
Atención, acelera: *Recta de llegada:*
Casilla 30: ¿Cuál es la estación del año más calurosa? ...
Casilla 31: ¿Cómo se llama el medio de transporte de la ilustración c)? ...
Casilla 32: ¿Cómo se llama el mueble de la ilustración d)? ...
Casilla 33: Francia, Colombia y Canadá son ...
Casilla 34: Nueva York, Buenos Aires y Pekín son ...
Casilla 35: El padre de tu hermano es tu ...
Casilla 36: Enhorabuena, has llegado a la ...
Comprueba ahora las soluciones: cada respuesta acertada es un punto; suma los puntos y averigua tu clasificación.

soluciones

answer key

Soluciones
Answer key

lecciónuno 1

2
a Andrew **b** Andrew...Julián

3a
1 está usted **2** ¿Cómo estás? **3** ¡Hasta mañana!
4 ¿Qué tal? **5** ¿y usted?

3b
1 presentación, formal **2** saludo, informal **3** despedida, informal
4 presentación, informal **5** saludo, formal

4
francés-de Francia japonés-de Japón mexicana-de México
estadounidense-de Estados Unidos portugués-de Portugal
ruso-de Rusia alemana-de Alemania británico-de Gran Bretaña

5
Julián-mexicano Lola-española
Andrew-norteamericano...estadounidense

6
Marie: francesa...32 años...Lyon...943578254.
Peter: británico...30 años...Londres...914587982.
Jacques: belga...29 años...Brujas...653216897.
Pietro: italiano...35 años...Florencia...659307698.
Rose: irlandesa...20 años...Dublín...no tiene.
Matthew: norteamericano...36 años...
San Francisco...94578625.

7a
chino-China italiana-Italia francés-Francia española-España
alemán-Alemania estadounidense-Estados Unidos

7b
a-española **b**-francés **c**-estadounidense **d**-italiana **e**-chino **d**-alemana

8
Conoce: México, Colombia, Cuba, Puerto Rico, Bolivia, Venezuela y Panamá.
No conoce: Argentina, Chile, El Salvador, Uruguay, Ecuador y Perú.

9
América: Canadá, Estados Unidos, Chile, Brasil, Cuba, Argentina.
Europa: Alemania, España, Francia, Grecia, Italia, Gran Bretaña.
África: Namibia, Marruecos, Sudán, Etiopía, Guinea Ecuatorial, Egipto.
Asia: Japón, China, India, Mongolia, Vietnam, Indonesia.
Oceanía: Australia, Nueva Zelanda.

11
1 hola **2** carro **3** jota **4** cosa **5** gente **6** cose
7 cana **8** Lola **9** año

12
1 gente **2** letras **3** hombre **4** fácil **5** español
6 sonido **7** ruso **8** veinte

13
vuelo AO475...destino Ámsterdam...hora 7.35...puerta doce.
vuelo IB597...destino Sevilla...hora 9.20...puerta cinco.
vuelo AS975...destino La Coruña...hora 15.05...puerta siete.
vuelo LA171...destino León...hora 17.05...puerta ocho.

14
a ocho meses **b** veinticinco años **c** cinco años
d treinta y tres años **e** dieciocho años **f** diez años
g ochenta años **h** cincuenta años

16

	M	E	X	I	C	O		
		C						
		U	R	U	G	U	A	Y
B		A						
O		D		C	H	I	L	E
L		O		U				S
I		R		B				P
V				A				A
I								Ñ
A	R	G	E	N	T	I	N	A

(Advertencia: México lleva acento, pero Ecuador no.)

17
español: Ecuador, España, Filipinas, Colombia.
alemán: Alemania, Suiza, Austria.
inglés: Canadá, Gran Bretaña, Estados Unidos.
francés: Bélgica, Francia, Suiza, Canadá.

evaluación

1
1 eres... Soy...vivo **2** tiene usted...Tengo cuarenta y tres

2
a
- ¿Cómo te llamas?
- Me llamo Susana.
- ¿Cómo se escribe?
- Ese-u-ese-a-ene-a.
- ¿De dónde eres?
- De Irlanda.
- ¿Dónde vives?
- En México.
- ¿Cuál es tu teléfono?
- El 6959714.

b
- Perdone, ¿es usted alemán?
- No, yo soy venezolano.
- ¿De dónde es usted?
- De Caracas, ¿y usted?
- Yo soy de Berlín.

3
17-diecisiete 58-cincuenta y ocho 26-veintiséis
31-treinta y uno 15-quince 79-setenta y nueve

lecciióndos

1
1-tres **2**-moreno **3**-alta, delgada y pelirroja **4**-Andrew **5**-Antonio
6-es profesor de teatro

2a
Carlos: padre, alto y moreno, periodista, sesenta y cinco años (65).
Sofía: madre, alta y pelirroja, ama de casa, sesenta y tres años (63).
Luis: hermano, moreno, policía, treinta y tres años (33).
Marta: cuñada, rubia, psicóloga, treinta años (30).

2b
a Sí, María quiere ver la foto. **b** La foto es bonita.
c Sí, es guapa. **d** Juan tiene tres hermanos más.

3
¿Puedes hablar más alto?-**5** ¿Puedes repetir?-**2**
¿Cómo se dice *moustache* en español?-**1**
¿Cómo se pronuncia autobús?-**4**
¿Puedes hablar más despacio, por favor?-**6** ¿Cómo se escribe?-**3**.

4a
Sr. Martínez... Antonia Alonso... Carmen Iglesias...
Manuel Martínez ... Don Arturo Iglesias.

4b
Sr. Martínez: abogado...marido de Antonia y padre de Manuel...moreno y pelo rizado.
Antonia Alonso: enfermera...mujer del Sr. Martínez y madre de Manuel...pelo largo
Manuel Martínez: periodista...hijo de los señores Martínez y novio de Carmen...alto y delgado.
Carmen Iglesias: estudiante...novia de M. Martínez e hija de Arturo Iglesias...rubia y pelo corto.
Arturo Iglesias: profesor...padre Carmen...tiene barba.

5
taxi-**g**-taxista pincel-**a**-pintor teléfono móvil-**d**-agente de bolsa
bandeja-**f**-camarero fonendoscopio-**e**-médico ordenador-**b**-informático
llave inglesa-**c**-mecánico

6
1 arquitecto **2** peluquero **3** florista **4** profesora
5 estudiante **6** enfermera

7
1 En la oferta n.° 1 buscan a una mujer.
2 En los números 1, 2 y 4.
3 En la de ejecutiva.
4 La de vendedor / a.
5 Necesitan dependientes en Barcelona.

8a
Carlos y Sofía tienen cinco hijos. Luis es el mayor, Juan, Marcelo y Victoria son los medianos, y Eva es la menor. Luis está casado con Marta. Victoria vive con Sergio. Eva, Juan y Marcelo están solteros. Juan y Marcelo no tienen novia, y Eva tiene novio, Vicente. Carlos y Sofía ya son abuelos. Tienen dos nietos, Diego y Julia. Luis y Marta son los padres de Diego. Victoria y Sergio, los de Julia. Diego y Julia son primos.

8b
1 Carlos es el marido de Sofía. Sofía es la mujer de Carlos. Carlos y Sofía están casados.
2 Luis es el marido de Marta. Marta es la mujer de Luis. Luis y Marta están casados.
3 Eva es la novia de Vicente. Vicente es el novio de Eva. Eva y Vicente son novios.
4 Diego es el primo de Julia. Julia es la prima de Diego. Diego y Julia son primos.
5 Carlos y Sofía son los abuelos de Diego y Julia. Diego y Julia son los nietos de Carlos y Sofía.
6 Juan y Marcelo son los cuñados de Marta. Marta es la cuñada de Juan y Marcelo.

9
1 Julián es joven, alto y guapo. Tiene el pelo corto, liso y moreno.
2 Begoña es joven y guapa. Tiene el pelo largo, liso y pelirrojo.
3 Andrew es joven, alto y guapo. Lleva barba. Tiene el pelo corto y rizado.
4 Lola es joven y guapa. Tiene el pelo largo, rubio y rizado.
5 Lázaro es bajo y feo. Lleva una gorra.

11

					P	r	o	f	e	s	o	r	a
	i	n	f	o	R	m	á	t	i	c	o		
m	ú	s	i	c	O								
					F	o	t	ó	g	r	a	f	o
				s	E	c	r	e	t	a	r	i	a
f	l	o	r	i	S	t	a						
				p	I	l	o	t	o				
				p	O	l	i	c	í	a			
			c	a	N	t	a	n	t	e			
		m	i	n	E	r	a						
			p	a	S	t	o	r					

13
a El médico es un señor mayor. **b** El chico joven es camarero.

evaluación

1
tengo...soy...Málaga...vivo....ojos...pelo...Soy...casado...
norteamericana...rubia...años...mi

El personaje se llama Antonio Banderas.

2
1-se **2**-qué **3**-como **4**-en **5**-es **6**-Su **7**-está.

leccióntres3

1
1-golf **2**-esgrima **3**-esquí **4**-natación **5**-montañismo **6**-atletismo
7-ciclismo **8**-gimnasia

2
a Andrew practica el fútbol y la natación.
b Andrew colecciona cómics.
c La secretaria colecciona monedas de distintos países.
d Para conocer mejor a los empleados.

3
Se llama **Antonio**. Tiene 27 años. Vive en Sevilla. Es pintor. Es moreno, con el pelo castaño y los ojos verdes. Llama porque necesita una modelo.
Se llama **Miguel**. Tiene 37 años. Vive en Santiago de Compostela. Es profesor de español. Tiene el pelo corto, rizado y rubio, y los ojos verdes. Llama porque quiere conocer chicas.
Se llama **Bárbara**. Tiene 23 años. Vive en Sevilla. Es estudiante. Es morena con el pelo largo, delgada y tiene los ojos verdes. Llama para conocer gente.
Se llama **Cristina**. Tiene 35 años. Vive en Buenos Aires. Es doctora. Es pelirroja, tiene el pelo largo, los ojos marrones y muchas pecas. Llama para conocer gente de su edad.

4
mi...nuestro...tus...Mi...mi...mi...su...sus...vuestra...nuestro

5
1 jugar al 2 montar en 3 Voy de 4 Vamos al 5 vamos a la 6 Van de

6
Deporte de balón: fútbol, baloncesto, rugby, voleibol.
Deporte de lucha entre dos: lucha libre, boxeo, kárate.
Deporte con vehículo: ciclismo, motociclismo, automovilismo.
Deporte acuático: natación, salto de trampolín, natación sincronizada.
Deporte de invierno: esquí, hockey sobre hielo, patinaje sobre hielo.

7
Montar a: caballo.
Jugar al: golf, fútbol, baloncesto, tenis.
Montar en: bicicleta.
Practicar: kárate, esquí, natación.

8
1 10 años, soltera, estudiante, patinaje. 2 65 años, viuda, jubilada, golf.
3 45 años, casado, informático, informática.
4 35 años, divorciado, desempleado, baloncesto.
5 50 años, casado, abogado, jardinería.

9
ver: la televisión.
ir: al teatro, al cine.
hacer: deporte, puzzles.
aprender: español.
coleccionar: postales, sellos.
escribir: novelas, postales.
leer: novelas, postales.
cantar: en un grupo de rock.

11
1 Andrew y Julián leen. 2 Lázaro escucha música.
3 Julián monta en bicicleta. 4 Lola y Ana hacen deporte.
5 Andrew y Julián estudian. 6 Begoña escribe.
7 Lola y Begoña cocinan. 8 Lola habla por teléfono.

12
olfg-golf burgy-rugby tesonoblac-baloncesto
lobsibé-béisbol úfbtlo-fútbol sinte-tenis

13
1 correr 2 leer 3 nadar 4 cocinar 5 bailar
6 jugar 7 viajar 8 escribir

14
fútbol: un balón y dos porterías
béisbol: un bate de béisbol y una pelota
baloncesto: una pelota y dos canastas

15
El ciclismo

evaluación

1a
Tengo...alta...rizado...periodistas...estudia...mis...hermano...juego al...escribo...viven.

1b
a-chica delgada, no muy alta, ojos marrones, pelo largo y rizado.

evaluaciónbloqueuno1

1
años...qué... profesora... conocer... oscuros... nombres... normales... practicamos... tocamos... aficiones

2
1 Bien, gracias. 2 Soy ingeniero. 3 De Mallorca.
4 Veintisiete. 5 No, soy soltera.

3
1 Búscanos en Internet 2 Ejercicio con audio 3 Usa el diccionario
4 Relación con el Libro de Ejercicios 5 Evaluación de lección
6 Ampliación en el Apéndice Gramatical 7 Sección de Recursos

leccióncuatro4

1a
1 sala de estar...sofá 2 comedor...mesa 3 cocina...detrás 4 encima
5 al lado...encima 6 entre 7 delante de

1b
1 comedor 2 cocina 3 baño 4 dormitorio 5 sala de estar

2
1 V 2 F (no es oscura) 3 V 4 F (el barrio es muy alegre) 5 V
6 F (es nueva) 7 V 8 V 9 F (Begoña comparte piso con dos chicos y una chica) 10 F (Andrew tiene la habitación más pequeña).

3

4a
La **agenda** está en la habitación, encima de la mesa.
Las **gafas** de sol están al lado de la televisión.
Las **llaves** están en la mesa del recibidor, detrás del florero.
La **dirección de Internet** está en la agenda de Begoña.
La **tarjeta del metro** está en el comedor, al lado del teléfono.

4b

5
¿Dónde están los muebles?
La cama está debajo de la ventana. La mesa del comedor está en el pasillo. El sofá está en el dormitorio. El frigorífico está en el recibidor.

¿Dónde los quiere Antonio?

Quiere la cama enfrente de la puerta. Quiere la mesa en el comedor. Quiere el sofá en el salón. Quiere el frigorífico en la cocina.

6a

Anuncio 3

6b

1 dormitorio 2 comedor 3 cocina 4 cuarto de baño 5 terraza 6 pasillo

7

salón o comedor: sofá, televisor, mesa, silla.
cuarto de baño: ducha, váter, lavabo.
cocina: microondas, lavadora, nevera.
dormitorio: cama, mesita.

8a

1 El número 2. 2 No, los números 1 y 2 no tienen ascensor.
3 El número 2 tiene dos baños. 4 El número 1. 5 El número 2.
6 El número 3.

8b

anuncio 1-a anuncio 2-c anuncio 3-b

9

1 encima de 2 debajo de 3 dentro de 4 al lado de
5 entre 6 enfrente de

10

En el comedor: comer.
En el salón: leer, hablar por teléfono, ver la televisión, escuchar música.
En el baño: ducharse.
En el recibidor: despedirse, recibir a las personas, entrar, salir.
En el balcón: mirar la calle, tomar el aire, entrar, salir.
En la cocina: cocinar, comer.
En el pasillo: pasar de una habitación a otra.
En el estudio: estudiar, escuchar música, trabajar con el ordenador, hablar por teléfono, leer.
En el dormitorio: dormir, escuchar música, leer.

11

Hay un teléfono...**A**-Está en el suelo...**B**-Está encima de la mesa.
Hay un libro...**A**-Está encima de la silla...**B**-Está entre el teléfono y el ordenador.
Hay una lámpara...**A**-Está encima del equipo de música...
B-Está encima de la mesa o Está al lado del ordenador.
Hay un ordenador...**A**-Está en el suelo...**B**-Está encima de la mesa.
Hay dos cuadros...**A**-Están encima del ordenador...**B**-Están en la pared o Están entre el equipo de música y la puerta.
Hay una mesa...**A**-Está a la derecha de la ventana...**B**-Está al lado de la puerta.
Hay un equipo de música...**A**-Está debajo de la mesa...**B**-Está encima de o Está en la estantería.

12

13

dormitorio...mesalónevera...ordenarmariordenadorecibidoroperolvidarecibir...
...lavaplatosofá...frigoríficomedor...ducharsestudiar...puertanunciar...cama

14

a silla b sillín c sillón

15

1-V 2-F 3-F 4-V

evaluación

1

a-V b-F c-V d-V e-F f-F

leccióncinco5

1

1 ayuntamiento 2 hospital 3 centro comercial
4 farmacia 5 cibercafé 6 parque 7 cine
8 zona industrial 9 aeropuerto 11 museo 13 iglesia

2a y 2b

3

1 al lado del 2 lejos... calle 3 desde... hasta
4 cerca del... al lado del 5 detrás de 6 del... a

4a

Ensalada verde-Ensalada mediterránea con cebolla, pimiento y olivas
Paella mixta-Paella de marisco
Macarrones-Pasta italiana con salsa carbonara
Filete de ternera con guarnición-Entrecot de ternera con setas
Helado con nueces-Helado con frutos secos
Fresas con nata-Frutas del bosque con nata

4b

Julián: paella, pechuga de pollo, vino tinto, fruta en almíbar
Lola: macarrones, filete de ternera, vino tinto, fresas con nata

4c

	Primer plato	Segundo plato	Postre	Bebida
Señor 1.º	*Espinacas con piñones*	*paella*	*helado solo*	*vino blanco*
Señora	*sopa de almendras*	*calamares rellenos*	*helado solo*	*vino blanco*
Señor 2.º	*Espinacas con piñones*	*entrecot a la pimienta*	*helado solo*	*vino blanco*

5

pasta-1 fruta-2 tomate-3 pan-4 queso-5 pastel-6 embutido-7
verdura-8 huevo-9 café-10 marisco-11 carne-12.

6
1 En el piso primero, segunda puerta. 2 1010-A.
3 Javier Llanes. 4 En la calle Tamarí. 5 En el número 39.

7
Para pedir direcciones:
Perdona, ¿sabes dónde está ....?
Por favor, quiero ir al ....
Disculpe, ¿para ir a la calle..........?
¿El ...., por favor?
Disculpe, busco la ....
Perdone, ¿hay un/ una ... por aquí cerca?

Para dar direcciones:
Sí claro. Mira. ¿Ves ....? Pues en la siguiente esquina.
Sigues todo recto hasta ...., y justo detrás está el ....
¿Ve ....? Pues al lado hay ....
Sí, aquí mismo. Justo después de .... Está a diez minutos.
¿Ve aquella plaza? Bien, pues todo recto y la tercera calle a la derecha.
Pues a mano derecha y todo recto.

8
Enfrente de...plaza...Avenida Asturias...semáforo...a la derecha ...cruce...esquina...al lado de.

9a
1 una jarra de cerveza 2 una lata de coca-cola 3 un café solo 4 un café con leche 5 una copa de vino 6 una taza de té 7 una tapa de jamón 8 un bocadillo de jamón 9 una bolsa de patatas fritas 10 un pincho de tortilla

10a
primero... quiere... segundo... prefiere... prefiero... quiero

10b

	Querer	Preferir
yo	*quiero*	*prefiero*
tú	*quieres*	*prefieres*
él/ella/usted	*quiere*	*prefiere*
Nosotros/as	*queremos*	*preferimos*
Vosotros/as	*queréis*	*preferís*
Ellos/ellas/ustedes	*quieren*	*prefieren*

11
1 pienso 2 aquel 3 segundo 4 un jamón 5 tercero 6 Mi 7 estos 8 Una manzana 9 quiere 10 al final. 11 este 12 un pollo 13 novena o nona 14 un queso 15 aquel

12
1-V 2-V 3-F 4-V 5-F 6-F 7-F 8-V 9-V

13
1-V 2- F 3-V 4-F 5-V

evaluación

1
1 El mío es ése verde. 2 En esta farmacia de la esquina.
3 Aquel señor de allí es mi padre. 4 Prefiero carne.
5 La primera calle a la derecha. 6 En el tercer piso.

2
barrio...cerca de...esquina...aquel...allí...enfrente...
séptimo...cuarta...ciudad...a

lecciónseis6

1a
a Preocupados. **b** Escribe la lista de la compra. **c** La nevera vacía. **d** Mira la botella de leche vacía. **e** Una botella de zumo. **f** Van a hacer la lista de la compra.

1b
La verdura, la carne, el queso, el embutido y el pescado deben conservarse en la nevera.

2a
1 camisa ☒ 2 falda ☒ 3 camiseta ☐ 4 zapatos ☒ 5 bolso ☐
6 pantalones ☐ 7 guantes ☐ 8 calcetines ☐

2b
1
Dependiente: Buenos días, ¿Qué quería?
Begoña: Hola, quería una falda y una camisa.
2
Dependienta: ¿Cómo las quiere?
Begoña: La camisa la quiero rosa, de manga corta y de algodón. La falda la quiero de color azul y larga.
3
Dependienta: ¿Qué talla tiene de falda?
Begoña: La 40.
4
Dependienta: Mire, aquí la tiene.
Begoña: Muchas gracias. ¿Dónde está el probador?
Dependienta: Al fondo a la derecha
5
Dependienta: ¿Qué tal le quedan?
Begoña: Bien.
6
Dependienta: Perfecto. ¿Quería alguna cosa más?
Begoña: Sí, quería también unos zapatos marrones con poco tacón.
Dependienta: A ver... Acompáñeme a la sección de zapatería, por favor.
7
Dependienta: ¿Éstos le gustan?
Begoña: ¡Qué bonitos! Me los pruebo ahora mismo. ¿Cuánto cuestan?
8
Dependienta: 8.500 pesetas.
Begoña: Bueno pues..., me lo llevo todo.
9
Dependienta: De acuerdo, pase por caja, por favor. ¿Cómo paga, en efectivo o con tarjeta?
Begoña: Con tarjeta, tome.

3a
supermercado... quiosco... floristería... papelería... panadería

3b
1 caja... 2 paquete... 3 latas... 4 bolsas... 5 ramo... 6 barras... 7 bloc

3c
Galletas: 4'36**€**, Pilas: 1'95**€**, Latas de atún (3) 1'54**€**
Patatas fritas: 2'11**€**, Periódico: 1'00**€**
Flores de Begoña: 3'5**€**,
Papelería (bolígrafos, bloc): 3'23**€**, Pan: 1'76**€**.
Total =19'45 **€**

4a
papelería-d-lápices zapatería-c-zapato frutería-b-fruta pastelería-f-pastel carnicería-g-carne panadería-e-pan charcutería-a-embutido

Todos los nombres de las tiendas terminan en *-ería*.

4b
1 estanco 2 floristería 3 zapatería 4 frutería 5 pescadería
6 supermercado 7 carnicería 8 droguería 9 bodega

5a
1 Estos pantalones son muy anchos; los prefiero más estrechos.
2 Esta falda es demasiado corta; la quiero un poco más larga.
3 Estas gafas son demasiado caras; las busco un poco más baratas.
4 Este jersey es un poco pequeño, ¿no?; lo prefiero más grande.
5 Este teléfono móvil está muy anticuado; lo prefiero más moderno.
6 Estos zapatos son muy formales; los prefiero más informales.

5b
1 anchos/ estrechos, 2 corta/ larga, 3 caras/ baratas,
4 pequeño/ grande, 5 anticuado/ moderno, 6 formales/ informales.

6
Rojo: bufanda, chándal. *Verde*: chaqueta, corbata, gorra. *Azul*: pantalones, zapatillas de deporte. *Amarillo*: pijama, vestido, camisa. *Marrón*: botas, abrigo, cinturón, guantes. *Gris*: traje.

7
1 El jersey azul cuesta tanto como el jersey amarillo.
2 Los calcetines largos son tan caros como los cortos.
3 El jersey azul es tan barato como el pantalón estrecho.
4 El pantalón ancho es más caro que el pantalón estrecho.
5 La chaqueta roja es más cara que el pantalón ancho.
6 Los calcetines son más baratos que el jersey amarillo.

8a
1 limones 2 botella de vino 3 paquete de harina 4 zumo de limón 5 botella de aceite 6 naranjas 7 docena de huevos 8 paquete de arroz 9 mantequilla 10 tableta de chocolate 11 sobre de levadura 12 nata 13 lata de aceitunas 14 paquete de sal

8b
1 kilo (de limones)...2 (naranjas)...un paquete (de harina)...media docena (de huevos)...50 gr (de mantequilla)...un sobre (de levadura)...un poco (de sal)...400 grs. (de nata)

9
fru*ta*baco, chánda*l*ibro, chaquet*a*brig*o*rra, p*an*illo, zapa*to*mate

10a
1 cuadrado 2 triángulo 3 círculo 4 rectángulo 5 irregular

10b
a cuadrado **b** triángulo **c** círculo **d** rectángulo **e** irregular

11
1 hormiga 2 abeja 3 cigarra 4 hiena 5 jirafa
6 águila 7 león 8 buitre

12
1 La piñata es una tradición de origen italiano.
2 La piñata contiene fruta, dulces y pequeños regalos.
3 La piñata se rompe con un palo.
4 El niño da tres vueltas.

evaluación

1
la...carnicería...más...que... frutería... pescado... carísima... zapatería... los... más... librería... joyería... más... que... la... falda.

2
1 Bueno, ¡pues vamos a la frutería! 2 Casi doscientos años. 3 Cuatrocientos millones. 4 Los quiero negros. 5 No, es más barato que el tuyo. 6 Sí, está buenísimo.

evaluaciónbloquedos2

1
barrio...supermercado...comida...parque...piso...cine...calle...películas...ropa...tienda

2
1 valen 2 quieren 3 prefieres 4 hay 5 está 6 hay
7 tienen 8 compramos 9 duermen 10 tiene

3
1 derecha 2 hay...está 3 postre 4 carísimos 5 cuarto primera (4.° 1.ª)

lecciónsiete7

1a
1 Es por la mañana 2 Nuestros amigos están desayunando
3 Desayunan café, zumo, fruta y pastas. 4 Lola tiene prisa.

1b
por la mañana: despertarse, ducharse, afeitarse, vestirse
por la tarde: merendar, ir a pasear, ir de compras
por la noche: ducharse, cenar, acostarse, dormir, ir de fiesta

2a
1 a las 16.30 2 a las 12 3 a las 18.30 4 10.30
5 de 9.00 a 13.30 6 de 16.30 a 20.

2b
Hoy a las 4.30 va al médico.
Mañana a las 9.00 compra en el supermercado.
Después limpia un poco la casa.
Mañana a las 12.00 sale de casa para ir a trabajar.

3

Actividad	Inicio	Final
Desayuno	------	9.00
Visita al Museo de Arte Moderno	9.45	11.45
Visita a la fábrica de cerámica	12.30	14.00
Visita a la exposición	18.30	20.30
Fiesta de bienvenida	22.00	-------

4
1 a las 2 2 a las 18.15 3 a las 11.45 4 a las 14.30
5 a las 7.50 6 7.15 7 7.30 8 9.30

5
a-4-tres menos cuarto b-5-diez menos cuarto c-2-siete y media
d-1-seis en punto e-6-una y media f-8-diez y media
g-7-siete en punto h-9-doce y cuarto i-3-seis y media

6
1 Lola sale de casa a las nueve y media casi siempre.
2 Lola va al gimnasio dos veces por semana.
3 Begoña sale con Lola a veces a las nueve y media.
4 Lola trabaja tres días a la semana.
5 Ellas tienen ensayo todos los martes y jueves.
6 Ellas comen cada día en un bar.
7 Begoña y Lola compran cada sábado.
8 La amiga Ana compra cada día por la mañana.

7
1 está leyendo 2 está buscando 3 está fumando 4 está comiendo
5 está llorando 6 está leyendo 7 está ladrando 8 está escuchando

Soluciones
Answer key

9 está hablando 10 están esperando

8
1 viendo 2 jugando a las cartas 3 preparando la comida
4 terminando un informe

9a
1 ¿qué hora es? 2 ¿tiene hora? 3 ¿qué hora es?
4 ¿me puede decir la hora, por favor? 5 ¿tienes hora?

9b
1 hablan de *tú*. 2 hablan de *usted*.

10a
a-9-comer b-7-salir de casa c-12-acostarse d-3-ducharse
e-4-vestirse f-11-mirar las noticias g-1-despertarse h-6-desayunar
i-8-trabajar j-2-levantarse k-10-cenar l-5-peinarse

10b
1 Se despierta a las siete 2 Come a las dos 3 Trabaja de ocho y media a siete 4 A las ocho y media 5 A las ocho 6 A las doce

11
1 se levanta 2 digo 3 tiene 4 te vistes 5 hago
6 Me pongo 7 repites 8 vengo 9 pide 10 sigo

12

S	E	I	A	M	D	M
I	T	L	B	I	O	I
F	A	R	N	É	J	L
M	A	V	E	R	U	U
A	L	D	A	C	E	M
J	U	U	B	O	V	R
O	E	S	N	L	E	R
M	A	R	T	E	S	N
V	I	C	R	S	S	E
I	T	U	R	S	L	V
V	I	E	R	N	E	S

13
1 nunca...nieva 2 llueve siempre 3 a menudo...arañas
4 nunca llueve 5 desprendimientos 6 normalmente...serpientes
7 siempre nieva 8 a menudo...lobos

14
El aire.

15
España: 12 de la mañana.
Bolivia: 7 de la mañana.
Argentina: 8 de la mañana.
Guinea Ecuatorial: 12 de la mañana.

16
a-F b-F c-V d-V

evaluación

1
1 Son las 19.45 2 A las 9.00 3 Mi madre está trabajando
4 Voy dos veces a la semana 5 Normalmente, a las 6 de la tarde
6 Está acostando a su hija

2
se levantan... desayunan... salen... nos levantamos... vamos... comemos... trabaja... va... estudia... sale.

lecciónocho8

1a
1 Lola y Begoña están discutiendo. 2 Están escuchando y riéndose.
3 En el teatro. 4 El guión que están ensayando. 5 Porque opinan cosas diferentes.

1b
discutiendo...escuchando...riéndose...en el teatro...el guión que están ensayando...porque opinan cosas diferentes.

2
1 gusta 2 Me 3 gusta...me...mucho 4 me gusta
5 te...interesa 6 gustan

3
1 Porque tiene un dolor de muelas horrible. 2 No, no quiere.
3 Porque le da miedo. 4 No, todavía no. 5 Una aspirina. 6 Una vez.

4
1-acuerdo 2-acuerdo 3-acuerdo 4-desacuerdo
5-desacuerdo 6-desacuerdo 7-acuerdo

5
Ya: Ya ha confirmado el billete de avión. Ya ha comprado la ropa de verano. Ya ha preparado la maleta. Ya se ha despedido de su familia.
Todavía no: Todavía no ha confirmado la reserva de la residencia. Todavía no se ha comprado unas sandalias. Todavía no ha llamado a Andrew. Todavía no ha llamado a Lucía. Todavía no ha revisado el pasaporte. Todavía no ha llevado el perro a casa de su hermano.

6
1 me interesa...y a ti...A mí sí 2 A ti te gusta...y a ti...A mí tampoco
3 No te gusta...me aburre 4 Os ha parecido...y a vosotros...A nosotros tampoco 5 y tú...también 6 Me parece...a mí también
7 Te ha gustado... y a ti.. me ha parecido.

7
1 Tengo sueño. 2 Estoy despierto. 3 Tengo hambre. 4 Estoy cansado. 5 Estoy contento. 6 Tengo sed. 7 Estoy nervioso. 8 Estoy relajado. 9 Estoy harto.

8
1-F 2-V 3-V 4-F 5-F 6-V 7-F

9
1 Ana es muy seria. 2 Estoy aburrido. 3 Andrew y Julián están tranquilos. 4 Lola es alegre. 5 Begoña está guapa. 6 Estoy nervioso.

10
1 todavía...ha visto 2 tampoco...ha visto 3 ya...ha gustado
4 prefiere 5 también

11
1 Oye, Andrew, ¿tú... 2 Sí, un poco. Siempre... 3 A mí me encanta...
4 Sí, ¿y tú? 5 Sí, claro. La... 6 Sí, lo sé, pero... 7 Ya sabes que...

12
1 he comprado 2 has comprado 3 he ido
4 he ahorrado 5 has visto 6 he visto 7 ha parecido

13
Frases posibles
1 Me gustan los ejercicios. Me parecen divertidos.
2 No me gustan las páginas de gramática. Me parecen aburridas.
3 Me aburren los temas. Me parecen confusos.
4 Me encantan las fotos. Me parecen divertidas.

14
Diálogos incorrectos: 1, 4 y 6
1 A mí tampoco. 4 A nosotros tampoco. 6 A mí no.

16
Cleopatra-nariz La Gioconda-boca Clark Gable-orejas
P. Newman-ojos Pelé-piernas A. Schwarzenegger-músculos
Groucho Marx-bigote Sansón-pelo

17
1 En una residencia de ancianos. 2 Porque no ha encontrado un piso de alquiler. 3 Es grande y luminosa. 4 Muy contento.

18
1 alegría 2 dolor 3 sorpresa 4 autocontrol 5 grito 6 sospecha 7 disimulo

evaluación

1
me interesa...gusta...músicos...todavía...hemos...interesante... dolor... llegado...he decidido...a mí.

2
1 Ha sido muy divertido. 2 La espalda. 3 A mí también. 4 El brazo. 5 No, no he tenido tiempo. 6 Me han encantado.

lecciónnueve**9**

1a
1 En casa de Lola. 2 Están haciendo una fiesta.
3 Andrew. 4 Están brindando. 5 Alegres.

1b
1 antifaz ☒ 2 globos ☒ 3 bicicleta ☐ 4 cartas ☒ 5 brújula ☐

2a
1 Andrew ofrece zumo a Antonio. 2 Begoña no quiere nada.
3 Antonio le ofrece patatas fritas. 4 Sí, gracias. Están buenísimas.
5 ¿Puedes traerme un poco de agua, por favor?
6 Sí, claro. ¿La quieres con hielo o sin hielo?
7 Sin hielo, gracias. 8 ¿Os apetece cenar en mi casa el martes?

2b
Invitar y ofrecer: ¿Quieres un poco más de zumo? ¿No quieres tomar nada? ¿Te apetecen patatas fritas? ¿La quieres con hielo o sin hielo? ¿Os apetece cenar en mi casa el martes?

3
Begoña: Comprar el regalo de cumpleaños, llamar a los amigos, avisar a los vecinos.
Lola: Comprar el pastel y las velas, preparar la comida y llevar la música.

4a
hospital-3 aeropuerto-4 cine-2 bar-1

4b
1 se pueden 2 no se puede 3 no se puede...hay que
4 no se puede... Hay que

5a
a-6 b-5 c-4 d-2 e-1 f-3

5b
Piden permiso: **a**, **c**, **d**, **f** Ofrecen ayuda: **b**
Piden que alguien haga algo: **e**

6
a-Prohibido dar comida a los animales. **b**-Prohibido pasar. **c**-Prohibido acampar. **d**-Prohibido llevar teléfonos móviles. **e**-Prohibido tocar, hacer fotos y filmar. **f**-Prohibido comer. **g**-Prohibido llevar animales sueltos. **h**-Prohibido pisar el césped.

7a
a-tú b-usted c-usted d-tú e-usted f-tú g-usted h-tú i-usted j-tú

7b
1-a 2-g 3-c 4-b 5-i 6-f 7-d 8-h 9-e 10-j

8
1 la 2 los 3 lo 4 la...la 5 las 6 los 7 lo

9
1 acuérdate 2 ve 3 estudia 4 cómpratelos 5 id 6 avísame

10
1 hay que llevar bañador. 2 hay que jugar a la lotería.
3 hay que tomar el sol. 4 hay que tener novia.
5 hay que llevar botas. 6 hay que llevar ropa de abrigo.

11
a Tráeme los billetes-Tráemelos **b** Deja las maletas aquí-Déjalas aquí
c Cómprate la maleta-Cómpratela **d** Dele el libro- Déselo
e Enséñale el pasaporte-Enséñaselo **f** Póngale el abrigo-Póngaselo

12a
1 Compra la camisa a su hermano. 2 Escribe la nota a mi prima.
3 Envía los mensajes a tu amigo. 4 Da la comida al niño.
5 Sube las sillas a los vecinos.

12b
1 a su hermano 2 a su prima 3 a tu amigo 4 al niño
5 a los vecinos

13
1 selos 2 selo 3 sela 4 selo 5 sela

14
1 Come 2 venir 3 hemos venido 4 Salta 5 apetece 6 piensas
7 Venid 8 duermen 9 que 10 puedo 11 Dejádmelo 12 está
13 le 14 viene 15 está 16 Tráemelas 17 habéis llegado
18 Dásela 19 vas 20 Subídmelo

15
a Cuenta **b** Discusión **c** Invitar **d** Propina

16
1-V 2-F 3-V 4-F

evaluación

1
1-V 2-F 3-F 4-V

2
1 Sí claro, ahora mismo. 2 No, no es necesario. 3 Es que no puedo.
4 ¡Muchas gracias! 5 Ahora no puedo, lo siento. 6 Pues envíasela, ¿no?

evaluación**bloque**tres**3**

1
1 A la Patagonia. 2 Deshacer la maleta. 3 En bicicleta. 4 Por el estrecho de Magallanes. 5 Crema solar y gafas de sol. 6 No, no hay que vacunarse. 7 Con el agua potable. 8 Español y mapuche. 9 Muy parecida a la nuestra. 10 Tienes que comerla muy caliente.

2
1 Siempre la he tenido en invierno. 2 Sí, después de desayunar. 3 No, me he duchado con agua caliente. 4 Ha sido interesante. 5 Puedes dársela. 6 A las nueve de la noche. 7 ¡Muchas gracias! 8 No se puede usar el teléfono móvil. 9 come primero. 10 desayuno cada día. 11 Bien, gracias. 12 Yo también.

lecciióndiez 10

1a
1 Begoña 2 Lola 3 Julián 4 Andrew.

1b
1 cuatro años. 2 ocho años. 3 once años. 4 diez años.

2
Audio 1: De recoger manzanas en otoño y de un verano en la piscina.
Audio 2: De un verano en el río y de aprender a esquiar.

3
a-**2** (Honduras y Nicaragua) b-**7** (Río de Janeiro) c-**3** (Cuba)
d-**4** (Isla de Pascua) e-**1** (Las islas Canarias) f-**5** (patatas) g-**6** (Paraguay)

4a
Datos personales: a, c, d, f, j
Experiencia laboral: b, g, i, l, m
Formación: e, k
Aficiones: h

4b
b-4 **e**-2 **g**-3 **h**-8 **i**-5 **k**-1 **l**-6 **m**-7

5
1 Hoy 2 Javier se ha acordado de la escuela 3 Hace 20 años
4 Con su marido 5 A Australia 6 En el verano de 1995
7 Anteayer 8 Toda la familia 9 A un restaurante.

6a
1 El Museo de Arte Contemporáneo... 2 Los ciudadanos disfrutaron durante...
3 El alcalde de la ciudad... 4 Al finalizar el acto... 5 En resumen, ayer...

6b
artistas del futuro...jóvenes creadores...nuevos talentos.

7a y 7b
1 Gaudí (DISEÑAR) diseñó la Sagrada Familia. 2 Felipe González (SER) fue presidente del Gobierno español. 3 Gabriel García Márquez (GANAR) ganó el premio Nobel de Literatura. 4 Narcís Monturiol (INVENTAR) inventó el submarino. 5 Gallo y Montaigner (DESCUBRIR) descubrieron el virus del SIDA.

8
estuvimos... hicieron... tomamos... nos bañamos... fuimos... comimos... bebimos... hicimos

9
1 1936...terminó 2 1975 3 fueron 4 1982 5 entró 6 1992

10
1 Carlota fue a Almería en tren. 2 Se alojó en el Albergue Juvenil Aguadulce. 3 Sí, visitó el Museo de Almería. 4 Sí, fue de excursión al Paraje Natural Punta Entinas-Sabinar. 5 La hizo en bicicleta.

11
nació... tuvo... empezó... conoció... se casó... hizo...dijo... fue... murió

12a
1 esta mañana 2 siempre 3 nunca 4 alguna vez
5 el año pasado 6 siempre 7 Al terminar 8 en el 58

12b
Indefinido: el año pasado...siempre...nunca...al terminar...en el 58
Perfecto: Esta mañana...siempre...nunca...alguna vez

13a
1 leído 2 bebido 3 visto 4 cocinado 5 tenido 6 hablado

13b
1 Sí, alguna vez he leído una novela hispanoamericana.
2 No, nunca he bebido sangría.
3 Sí, alguna vez he visto un templo budista.
4 Sí, muchas veces he cocinado para mis amigos.
5 No, nunca he tenido un animal exótico en casa.
6 Sí, dos veces he hablado en público.

14a
huellas...camino...andar...mar.

14b

									6					
									S					
1		3			5				o					
e	2	p			S				l				8	
s	M	o	4		e				e			7	M	9
p	a	e	L		v				d			C	a	C
A	N	T	O	N	I	O		M	A	C	H	A	D	O
ñ	u	a	r		l				d			s	r	l
o	e		c		l				e			t	i	l
l	l		a		a				s			i	d	i
a												l		u
												l		r
												a		e

El autor es Antonio Machado.

15a
Presente: ayuda.
Perfecto: ha mostrado, ha tratado, ha logrado.
Indefinido: duró, fue, fueron, empezó, conoció, fue.

15b
1 Por el desplazamiento de las inversiones a Europa oriental.
2 entre 1950 y 1980. 3 empezó en el año 1989.
4 Se trató de recuperar el estado anterior.

evaluación

1
1-En 1989 2-fue 3-hiciste 4-has hecho
5-Mi cumpleaños fue en abril 6-supieron

2
invité...hablamos...tiró...marchó...bebió...
Pagué...subimos...fue...He visto...hemos cenado.

lecciiónonce 11

1
1-Mi abuelo me llevaba... 2-Mi hermano y yo...
3-Cuando tenía tres años... 4-Siempre me ha gustado mucho

2
1 celebrabas 2 celebraba 3 era 4 preparaba 5 comíais 6 era
7 hacía 8 bebíais 9 tomaba 10 comíamos 11 pedíamos

3a
1 llegaba 2 hacía 3 eran 4 esperaba 5 llegaba
6 había 7 iba 8 se movía 9 oía 10 eran 11 llevaba

3b
Este tiempo verbal se llama pretérito imperfecto y se utiliza para describir algo ocurrido en el pasado.

4a
1-F 2-V 3-F 4-V

4b
¿Ah sí?... ¡Qué susto!.. ¡Qué extraño!...

5a
1 nieve 2 niebla 3 sol 4 lluvia 5 granizo

5b

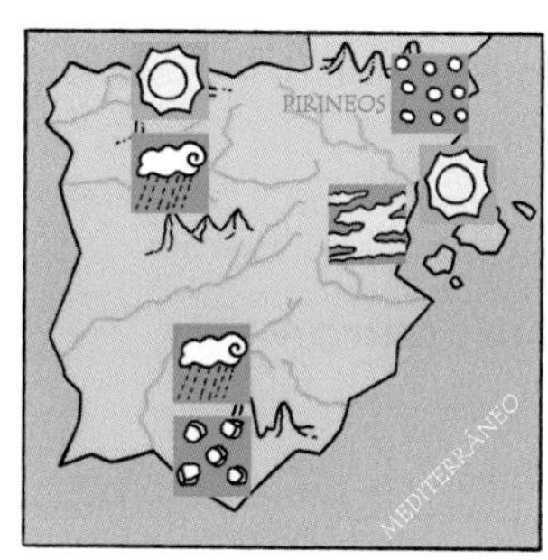

6
era...vivía...había...estaban...tenía...merendábamos...
nos gustaba...prefería...había...era

7
1 estuve...estabas...estaba...Estuvimos
2 estuve...tuve...estuve...fui
3 estuve...estuvo...Fue/Iba
4 estuvimos...estuvisteis...estuvimos...vimos

8a
1 porque 2 Cuando 3 cuando 4 porque 5 Cuando 6 porque
7 porque 8 porque 9 Cuando 10 porque 11 cuando 12 cuando

8b
Explica la circunstancia, la situación y el momento: **cuando**.
Explica el motivo o la razón: **porque**.

9
1 sol 2 lluvia 3 nubes 4 nieve 5 niebla 6 viento

10
1 Alguien...nadie 2 algo...nada 3 algún...ninguno 4 ninguna 5 nadie
6 ninguno 7 alguien 8 ninguna 9 nada 10 Nadie...nada

11
Alegría: ¡Qué suerte! ¡Qué bien! **Pena**: ¡Qué pena!
Sorpresa o **rechazo**: ¡Qué dices! **Interés**: ¿Ah sí?

12
1 llueve 2 hace calor 3 hace viento 4 está nevando
5 hace frío 6 hace buen tiempo

13
1 trabajaba...compré 2 saliste...estuve 3 Vi...estaba
4 tomó...estaba 5 empezó...fue 6 encendí...tenía 7 era...lloraba
8 comió...estaban 9 acompañó...tenía 10 era...se perdió

14
Primero lleno la botella de cinco litros.
Después lleno la botella de tres litros con agua de la botella de cinco litros.
Luego vacío la botella de tres litros.
Al final lleno la botella de tres litros con los dos litros que quedan en la botella de cinco litros.

16
1-V 2-F 3-F 4-V

17
d ... c ... b ... a

evaluación

1
1 Ha venido alguien 2 miré 3 nada 4 porque
5 llovía 6 estaba...llamé

2
1 Pensaba 2 Llegaba 3 sacaba 4 tocaba 5 Le gustaba 6 permitía
7 enfrente de 8 nadie 9 grabó 10 pensó

leccióndoce 12

1a
1-Julián 2-Porque lleva una maleta 3-No, está un poco triste
4-En la puerta del piso 5-Le dice adiós con la mano
6-Antoni, Ana y Lázaro

1b
1 Cepillo de dientes 2 Equipaje 3 Pasaporte 4 Maleta 5 Billete
6 Guía de viaje.

2
1 Sí 2 A Venezuela 3 En febrero 4 Unos cuatro días
5 A Julián 6 Sí, al carnaval 7 Las van a hacer en la calle

3
1 van al teatro...a las 19.30
2 van al restaurante...a las 22.00
3 van a una boda...a las 12.30
4 van al aeropuerto...a las 18.30

4
a-4 b-3 c-2 d-5 e-6 f-1

5
1 Hoy, 13.30... En casa de Begoña... A la playa
2 Mañana, 11.00... En el piso de los chicos... A comprar
3 Sábado, 18.30... En la puerta del centro... A comprar
4 Jueves, 20.30... En la puerta del teatro... Al teatro

6
a-6 b-2 c-5 d-4 e-1 f-3

7
1 camping 2 hotel 3 apartamento 4 barco
5 caravana 6 albergue

8
1 A Perú 2 Montañismo 3 Tropical 4 De verano y de invierno
5 Los lagos Churup y Uspaychoca 6 Muy agradable

9
1-c 2-d 3-a 4-f 5-e 6-b

10
1 Piensan 2 Quieren 3 Van a 4 va a 5 Piensan 6 va a 7 Van a

11
de...a...por...a...a...en...en...por...por

12
1 que... donde 2 que 3 donde 4 donde 5 donde
6 que 7 que 8 donde 9 que 10 que 11 que

13
1 selva 2 naturales 3 agencia 4 vacunarse 5 noviembre y marzo 6 calor 7 camisas... pantalones 8 diez

14
1 norteamericanas 2 francesas 3 italianas 4 mecánico 5 tío 6 abuela 7 en la cocina 8 en el cuarto de baño 9 en el dormitorio 10 cuatro 11 dos 12 diez 13 blanca 14 azul 15 verde 16 amarillo 17 negro 18 en la frutería 19 carnicería 20 pescadería 21 sábado y domingo 22 enero 23 mayo 24 diciembre 25 ¿Diga? / ¿Dígame? 26 Feliz cumpleaños / Felicidades 27 Gracias / Muchas gracias 28 Son las tres y cuarto 29 Al baloncesto 30 el verano 31 es un tren 32 silla 33 países, estados o naciones 34 ciudades 35 padre 36 meta

15
En tren.
Recomendaciones: paciencia.
Dificultades: medio poco desarrollado en la Patagonia.
Características: carísimos, un lujo, no siempre llegan puntuales.
En autobús.
Recomendaciones: comparar precios.
Dificultades: normalmente van muy cargados.
Características: rápidos y baratos, numerosas compañías.
Caminos de agua.
Recomendaciones: pastillas para el mareo.
Dificultades: --------------.
Características: la forma habitual de transporte para cruzar los canales y los grandes lagos.
En coche.
Recomendaciones: un protector de piedras para el parabrisas; poner gasolina en Argentina.
Dificultades: grandes distancias; existen pocas carreteras en buenas condiciones.
Características: toda una aventura.
En bicicleta.
Recomendaciones: es mejor traerse la bici de casa.
Dificultades: sólo se puede viajar con ruedas de montaña, los vientos, la falta de calidad de las pistas.
Características: una buena manera de hacer deporte.

evaluación

1
1-vamos a ir 2-Te apetece 3-por 4-a 5-van a venir 6-Sí, ahora se pone.

2
organizando...salgo de...queremos ir...turistas...pensamos esquiar...pasar por...montañas...queremos pasar...va a ser...montaña

evaluación**bloque**cuatro**4**

1
ha ofrecido... por... descubrir... parece... de... por... viajar... nunca... has visto... todavía... quieres... por... seguro... rutas... quieren... en... hace... nadie
2
1 parece 2 Como 3 hace 4 nadie 5 van 6 nada
7 después 8 adonde...en 9 estuve

3
1 Fui a México con mi novio. 2 Sí, dos veces. 3 Creo que está enferma. 4 No, no he visto nada. 5 No, no fuimos porque estuvimos estudiando todo el día. 6 donde 7 que 8 por...después 9 por

esespañol 1
beginnerlevel